헌법의 자리

헌법의 자리
시민을 위한 헌법 수업

1판 1쇄 발행 2022. 9. 26
1판 3쇄 발행 2024. 2. 5

지은이 박한철

발행인 박강휘
편집 이혜민 디자인 지은혜 마케팅 고은미 홍보 이한솔
발행처 김영사
등록 1979년 5월 17일(제406-2003-036호)
주소 경기도 파주시 문발로 197(문발동) 우편번호 10881
전화 마케팅부 031)955-3100, 편집부 031)955-3200 | 팩스 031)955-3111

값은 뒤표지에 있습니다.
ISBN 978-89-349-4064-7 03360

홈페이지 www.gimmyoung.com   블로그 blog.naver.com/gybook
인스타그램 instagram.com/gimmyoung   이메일 bestbook@gimmyoung.com

좋은 독자가 좋은 책을 만듭니다.
김영사는 독자 여러분의 의견에 항상 귀 기울이고 있습니다.

헌법의 자리

시민을 위한 헌법 수업

박한철 지음

김영사

저자의 말

법은 고상한 분야가 아니다. 존재Sein와 비존재Nicht-Sein의 문
제를 아름다운 서사와 심오한 사변으로 풀어내는 문학과 철
학이 고상한 분야다. 텍스트 속의 법은 칼과 저울을 든 정의의
여신으로 형상화되어 있지만, 현실 속의 법은 충혈된 두 눈을
부릅뜨고 날 선 독설을 퍼붓는 분노하는 인간의 모습을 하고
있다.

　법률가의 소임은 법Gesetz, 法律을 해석하는 일이다. 그 일은
단칼에 고르디우스의 매듭을 자르는 영웅의 일이 아니라, 인
내심을 갖고 마구 뒤엉킨 뜨개실을 풀거나 몇 달에 걸쳐 난해

한 고차방정식을 풀어내는 연금술사의 일이다. 법률가로 살아가는 내내 법Recht, 法이 무엇인지 궁금했다.

법률가로서 가장 원숙한 시기에 헌법재판관이 되었다. 인생에서 가장 중요한 시기를 '정치적인 것das Politische'의 변방에서 지냈다. 정확히 말하자면 법과 정치의 경계에서 지낸 것이다. 카를 슈미트Carl Schmitt는 헌법을 '국민의 정치적 의지 politische Wille eines Volkes가 부여된 형식'이라고 말하지 않았던가. 위대한 철학자 루소가 바라던 이상적인 민주국가에는 단 하나의 일반의지volonté générale를 지닌 단 하나의 국민만이 존재한다. 하지만 우리가 사는 현실 속 민주국가에는 무수히 많은 개별의사를 지닌 파편화된 군중이 존재할 뿐이다.

헌법재판관과 헌법재판소장으로 지낸 6년 동안 총 1만 649건의 헌법재판을 처리했다. 물론 나 혼자가 아니라 그 시절의 재판관 모두가 함께해낸 것이다. 그중에는 헌법소원심판 1만 448건, 위헌법률심판 174건, 권한쟁의심판 24건, 정당해산심판 2건, 탄핵심판 1건이 포함되어 있다. 특히 정당해산심판은 2013년 11월 5일 정부의 제소로 시작되어 2014년 12월 19일 인용결정으로, 탄핵심판은 2016년 12월 9일 국회의 소추로 시작되어 2017년 3월 10일 인용결정으로 종결되었다. 나는 2017년 1월 31일 임기가 종료되었기 때문에 탄핵심판을 마무리 짓지 못하고 퇴임했다.

헌법재판소장 재직 중에 국제회의나 국제 심포지엄에 참석하여 세계 각국의 헌법재판소장이나 재판관, 헌법학자를 만날 기회가 많았다. 그때 이들은 이구동성으로 "한국 헌법재판소는 민주주의 발전에 역동적으로 기여해왔다"고 평가했다. 또 상당수는 "한국의 헌법재판소 판례는 연구 가치가 매우 높아 벤치마킹하고 있다"고 이야기하곤 했다. 2014년 9월 '헌법재판과 사회통합'을 주제로 109개 헌법재판기관 대표 등 305명이 참가한 제3회 세계헌법재판회의 총회에서 나는 기조연설을 통해 세계 각국의 사회통합과 국제사회의 연대를 위해 아시아 인권재판소 설립을 제안했다. 이 제안은 "아시아 지역의 인권 신장과 아시아 인권재판소 설립 추진을 위해 공동 협력하기로 한다"는 내용의 '서울 코뮤니케'로 정리되었고, 참가국이 이를 만장일치로 통과시켰다.

헌법은 정치 세력 간 타협의 산물이다. 따라서 태생적으로 미래의 정치질서를 대상으로 하기에 그 개념이 추상적일 수밖에 없어 '개방적'이고, 사회 구성원이 대화와 타협을 통해 구체화하기 때문에 역동적이고 형성적이라는 의미에서 '정치적'이다. '헌법재판'은 이렇듯 정치적, 개방적 규범인 헌법을 심사 기준으로 삼기 때문에 본질적으로 정치적 성격을 띨 수밖에 없다. 그러나 헌법재판소의 최종 판단이 정치적 파급효과와 영향력을 가진다 하더라도, 분쟁의 심사 기준이 어디까지나 법규범으로서의 헌법이라는 점에서, 헌법재판은 법적 판단이며 궁극적으로 사법 기능에 해당한다. 따라서 문제가 되는 공권력 작용이 과연 정치적으로 타당한지, 합목적적인지가 아니라, 그 행위와 결과가 헌법적으로 허용되는지 여부, 즉 위헌 여부를 판단할 뿐이다. 이처럼 헌법재판은 사법기관의 사후적 법 인식 작용이라는 점에서 정치기관의 적극적 법 형성 기능과는 현저한 차이가 있다.

오늘날 전 세계는 고용 불안, 교육 차별, 소득 격차, 인종·문화·종교 갈등 및 이로 인한 사회적 양극화로 몸살을 앓고 있다. 승자독식의 자본주의는 경제적 불평등을 심화하고, 정치적 무관심과 배타적 민족주의, 자국우선주의와 정치적 포퓰리즘을 초래했다. 최근에는 코로나19COVID-19의 전 세계적 확산으로 글로벌 경제가 위축되고 사회 안전망이 약화되면서 자유민주주의의 존립마저 위협받고 있는 상태다. 한국도 마찬가지다. 우리 공동체 내에서도 정치, 경제, 사회, 문화 등 다양한 영역에서 계층 간 이해 충돌, 사회적 대립이 크게 증가하고 있다. 특히 최저임금 인상, 근로시간 단축, 비정규직 및 파견근로자 등 근로 형태의 문제, 복지제도의 재원, 국민건강보험료 부과 체계, 부동산 문제 등을 둘러싸고 계층 간 갈등이 크게 심화하고 있다.

다양한 사람들이 모여 사는 사회에서는 여러 이해관계를

둘러싸고 수많은 갈등이 생기기 마련이다. 이러한 갈등을 적절히 조정하고 해결함으로써 공동체의 공존과 지속, 번영을 도모하는 것이 바로 정치의 고유한 기능이자 책무다. 하지만 오늘날 정치는 그 본연의 역할을 다하지 못할뿐더러 스스로 갈등을 양산하고 있기도 하다. 이에 따라 우리 사회의 각 분야에 생각지 못한 부담이 가중되고, 이로 인해 사후적 법 인식 기관인 헌법재판소와 사법부에도 보다 적극적인 역할이 요구되고 있다.

그동안 헌법재판소는 첨예한 사회갈등 상황에서 정치적, 사회적 파장이 큰 여러 사건을 해결함으로써 분쟁을 종식하고 정치적 평화 보장과 사회적 소수자 보호, 공동체의 안정에 기여해왔다. 우리 헌법재판소가 헌법의 해석을 통해 최종적 가치판단과 방향을 제시함으로써 분쟁을 종국적으로 해결하고 사회통합에 기여하는 기능을 나름 제대로 수행해온 것이다. 그러나 한편으로는 정치의 과도한 사법화 현상에 따른 부담 증가와 이로 인한 문제점도 지적되고 있다.

이 책을 통해 중요한 헌법재판 사례를 살펴봄으로써 국가의 역할, 정치의 본질, 국민의 권리, 헌법적 가치에 대해 이야기해보고자 한다. 나는 훌륭한 헌법재판이란 직선과 곡선, 그리고 색채가 조화를 이룬 아름다운 음악과 같다고 생각한다. 좀 더 풀어서 말하면 국가와 사회의 지속성을 의미하는 직선,

공동체의 발전에 필요한 창의성을 뜻하는 곡선, 그리고 의견과 가치의 다양성을 상징하는 색채가 어우러져 고된 현실에 부대끼는 국민의 마음을 편안하게 하고 희망을 주는 선율이 되어야 한다는 의미다. 따라서 헌법재판 사례를 선택함에 있어서는 사회적, 정치적 갈등이 첨예했던 사례, 헌법재판을 통해 의식·문화·제도의 개혁을 초래하거나 커다란 사회변화를 가져온 사례, 갈등을 극복하고 사회통합이라는 과제를 실현하는 데 중요한 방향성을 보여주는 사례, 외형상 일차적으로는 종결되었으나 여전히 미완의 과제로 남아 있는 사례 등을 기준으로 삼았다.

플라톤의 정치 기획이 '냄새나는 바다를 피하고 고약한 파도로부터 등을 돌리는 전향의 정치'였다면, 이 책의 정치 기획은 '비린내 나는 바다를 향하고 민주주의라는 요동치는 파도를 헤치며 미래로 나아가는 대응의 정치, 희망의 정치'를 의미한다.

이 책을 발간하는 데는 무엇보다 서울시립대 대학원에서 법학박사를 취득한 신상준 박사의 도움이 매우 컸다. 신 박사는 나의 헌법판례 연구 강의를 수강하면서 늘 예리한 질문으로 강의의 수준을 높이는 데 큰 원동력이 되어주었다. 개별 사건에 있어 헌법가치 간의 충돌과 조화의 문제, 관련 헌법 이념과 가치판단의 기준, 결정문에는 명확하게 드러나지 않은 상위의 근원적 질문과 역사적·문화적·법철학적 고민 등에 대한 깊이 있는 토론에도 자주 주도적 역할을 자처하곤 했다. 당시의 연구 경험을 토대로 이 책이 탄생했다. 또 이 책을 쓰면서 주요 쟁점과 근거를 세부적으로 정리하는 데 많은 고생을 해주었다. 한편 그의 아내이자 소설가인 고은주 작가는 책을 내는 데 결정적으로 동기부여를 해주었고 책이 보다 쉽게 읽힐 수 있도록 여러 조언을 해주었다. 이 자리를 빌려 나의 제자 신상준 박사와 고은주 작가에게 각별한 고마움을 전한다.

2022년 9월

박한철 제5대 헌법재판소장, 동국대학교 법과대학 석좌교수

차례

❖

_____

1부

클리셰

_____

01

우연의 역사, 필연의 역사

모든 '제도'는 저마다 '역사적 층위'를 지닌다. '제도'란 인간의 행태를 규율하는 유·무형의 규칙을, '역사적 층위'란 제도가 쌓아 올린 시간의 깊이를 의미한다. 위대한 역사가 페르낭 브로델Fernand Braudel은 물질문명과 시장경제, 자본주의를 이해하기 위해서는 '아주 먼 시계視界, longue durée'를 가지고 세상을 바라봐야 한다[1]고 말한 바 있다. 시간적, 공간적 제약 속에서 존재하는 인간이 자신의 현존재를 이해하기 위해서는 단편적 사건보다는 장기적 구조를 통해 세상을 바라봐야 한다는 것을 의미한다. 아마도 이러한 인식 방법은 우리가 국가와 사회, 헌법을 이해하는 데도 큰 도움이 될 것이다. 왜냐하면 인간의 현존재Da-sein는 단순히 '지금 여기에da 있음sein'을 의미하는 것이 아니라, 세계에 관심을 갖고 이와 교섭하는 '세계 내존재In-der-Weltsein'인 동시에 타자와 함께 존재하는 공동존재Mitsein이기 때문이다.[2]

에른스트볼프강 뵈켄푀르데Ernst-Wolfgang Böckenförde는 헌법의 개별성과 특수성을 강조한다.[3] 하지만 우리가 가능한 한 높은 곳에서 '아주 먼 시계'를 통해 세상을 바라본다면 모든 헌법은 개별적이고 특수하면서도 일반적이고 추상적일 수밖에 없을 것이다. 1987년 민주화 열기 속에서 탄생한 현행 헌법은 독일식 헌법재판 제도를 도입하면서, 헌법재판을 위헌법률심판, 탄핵심판, 정당해산심판, 권한쟁의심판, 헌법소원심판의 다섯 가지 유형으로 규정하고 있다(헌법 제111조). 하지만 헌법은 인위적으로 이식된 서양의 제도다. 이렇게 이식된 제도는 우리에게 이중의 고통을 안겨준다. 하나는 역사적 단절로 인한 이해의 곤란이고, 또 하나는 번역된 외국어가 주는 소통의 곤란이다. 이러한 생소함은 우리에게 다섯 가지 유형의 헌법재판이 동일한 역사적 층위를 지니는 것으로 오해할 여지를 안겨준다. 하지만 우리 헌법 제111조가 열거하고 있는 다섯 가지 유형이 모든 헌법재판을 망라하는 것도 아니고 동일한 역사적 층위를 갖는 것도 아니다.

탄핵제도impeachment는 14세기 말 에드워드 3세 치하의 영국에서 형성되었다. 당시에는 정부고관 및 대귀족에 대해서는 통상법원의 소추가 인정되지 않았기 때문에 의회가 소추하는 특수한 사법제도인 탄핵제도가 만들어진 것이다. 영국에서 만들어진 탄핵제도는 미국 헌법제정회의에서 논의를 거쳐[4] 1787년 미합중국 헌법에 수용되었다. 이후 1791년 프랑스 헌법, 1818년 독일 바덴헌법에 차례로 도입되면서 근대헌법의 일반 제도로 보편화되었다.[5] 특히 미국에서는 1789년 연방헌법이 발효된 이래 2022년까지 20건의 탄핵소추가 있었다. 피소추자들은 대통령 3명,[6] 장관 1명,[7] 상원의원 1명,[8] 연방법원 판사 15명이다.[9] 하원이 소추한 20건 중 상원은 16건에 대한 심리를 완결했는데[10] 이 중 탄핵 인용은 8건에 불과하고 모두 연방판사에 대한 것이었다.[11] 탄핵으로 문제가 된 대통령 4명 중 앤드루 존슨, 빌 클린턴, 도널드 트럼프는 상원의 탄핵심판 결과 기각결정을 받았고, 워터게이트 사건으로 가장 악명 높은 리처드 닉슨의 경우 하원의 탄핵소추 직전 스스로 사임했다.

우리 헌법에는 규정되어 있지 않지만 독일 기본법에는 개인의 권리를 박탈하는 기본권 실효 제도Grundrechtsverwirkung가 존재한다. 이미 14세기 유럽, 특히 영국에는 사권박탈법bill of attainder이라는 제도가 존재했다. 이 제도는 법원의 재판 없이 개인에게 유죄를 선고하고 처벌할 수 있는 의회의 행위를 의미했다. 의회가 사권박탈법을 만들면, 대상자는 그 법이 명시한 바에 따라 시민권, 재산권(상속권), 생명권, 귀족의 특권을 박탈당했다.[12] 당시 의회는 오늘날의 의회와 달리 귀족으로 구성된 회의체로 국왕의 자문기관이자 최고재판소의 역할을 담당했다. 영국에는 이미 정치적 목적에 의해 기본권 실효 제도 비슷한 것이 존재했던 것이다. 18세기 영국은 사권박탈법을 북미 대륙의 식민지 통치에 악용했고, 사권박탈법에 대한 식민지인들의 분노는 미국혁명의 중요한 원인이 되었다. 그 결과 1789년 미국 헌법은 "의회는 사권박탈법 또는 소급입법을 제정하지 못한다"[13]는 명문 규정을 두어 의회의 권한에 일정한 한계를 설정했다. 물론 사권박탈법과 기본권 실효 제도를 같은 선상에 놓고 볼 수는 없다. 기본권 실효 제도는 제2차 세계대전 이후 나치의 흔적을 역사에서 지워내야 했던 독일인들의 고뇌의 산물이기 때문이다. 기본권 실효 제도는 특정한 개인이 자유민주적 기본 질서를 공격할 목적으로 표현의 자유, 출판의 자유, 교수의 자유, 집회의 자유, 결사의 자유, 재산권 등을 남용하는 경우 헌법재판소의 결정에 의해 문제가 된 개인의 기본권을 일정 기간 실효시키는 제도를 말한다.[14] 기본권 실효 제도는 한편으로는 헌법재판 절차에 의하지 않고서는 기본권이 실효될 수 없다는 점에서 실효 당사자의 기본권을 보호하고, 다른 한편으로는 기본권을 악용하는 사람의 기본권을 실효시킴으로써 다른 국민의 기본권을 보호하는 이중적 기능을 수행한다. 사권박탈법은 의회 제정 법률에 의해 불특정 다수인의 기본권을 포괄적, 전면적으로 박탈할 수 있는 반면, 기본권 실효 제도는 헌법재판소의 재판 절차를 통해 특정한 개인의 특정한 기본권을 부분적으로 제한한다는 점에서 양자에 차이가 존재한다.

15세기 유럽의 신성로마제국에서는 영방국가Territorialstaat 사이의 분쟁을 해결하기 위해 제국황실법원Reichskammergericht 이 존재했다.¹⁵ 당시 신성로마제국은 느슨한 형태의 국가연합 같은 것이어서 지방국 상호 간 분쟁이 끊이지 않았다. 물론 당시에는 지금같이 형사재판과 민사재판, 일반재판과 헌법재판이 명확하게 구분되어 있지도 않았다. 정치적인 이유로 소송을 수백 년 동안 질질 끄는 경우도 허다했다. 하지만 이미 15세기 유럽에는 정치적 분쟁을 평화적으로 해결하기 위해 오늘날의 권한쟁의Organstreitverfahren 비슷한 것이 존재했다. 물론 권한쟁의의 역사를 19세기 입헌주의 발달 과정에서 형성된 독일 협약헌법의 계약적 성격에서 찾는 견해¹⁶도 있다. 협약헌법이란 황제와 군주 또는 군주와 국민대표가 협약해서 만든 헌법을 의미한다. 협약헌법의 경우 국가권력의 분배가 당사자 간의 협약으로 이루어지기 때문에 권력 행사와 관련된 분쟁(권한쟁의)도 국사재판소가 협약의 해석을 통해 해결한다. 대표적인 협약헌법으로는 1867년 북독일연방헌법Verfassung des Norddeutschen Bundes을 들 수 있다. 북독일연방이란 비스마르크의 주도 아래 프로이센이 1866년 오스트리아와의 전쟁에서 승리한 이후 독일 지역을 북부와 남부로 나누고 북부 지역의 23개 국가를 묶어 결성한 과도기적 연방국가를 의미한다. 헌법상으로는 인구 2,000만 명의 프로이센Preußen과 인구 3만 명의 샤움부르크리페Schaumburg-Lippe가 동등한 주권을 행사할 수 있어, 연방과 지방, 지방 상호 간에 권한다툼이 발생한 경우 실질적으로는 프로이센이 정치적으로 분쟁을 해결하더라도 명목상으로는 헌법해석을 통해 권한다툼을 해결하게 된다.

전혀 새로운 의미의 헌법재판이 이루어진 것은 1803년 미국에서였다. 1803년 2월 24일 미국 대법원은 '마버리 대 매디슨Mabury v. Madison' 사건이라는 불멸의 판결을 통해 위헌법률심사Normenkontrolle라는 전대미문의 헌법재판 제도를 창조해냈다. 이 판결은 세계 최초로 의회가 제정한 법률을 의회 아닌 기관이 무효로 선언한 판결이었다. 이후 이 판결은 유럽인들의 정신세계에 심대한 영향을 미쳤으며 오늘날 전 세계 대부분의 국가가 위헌법률심사 제도를 채택하는 계기가 되었다.

1776년 독립선언과 함께 공식화된 미국혁명은 1783년 파리조약을 통해 전쟁의 종결과 독립을 승인받는 결과로 이어졌다. 13개 식민지 대표자들은 1787년 연방헌법을 제정하고 조지 워싱턴을 초대 대통령으로 하는 공화국을 탄생시켰다. 그러나 어제의 혁명 동지들은 공화국 수립 13년 만에 정치적 이념과 경제적 이해관계를 달리하는 두 개의 정치집단으로 나뉘었다. 중앙집권적 통치 철학을 가진 알렉산더 해밀턴, 존 애덤스 등이 주도한 연방파Federalist Party는 공업과 금융이 발달한 북부 지역을 중심으로 형성되었고, 지방분권적 통치 철학을 가진 토머스 제퍼슨 등이 주도한 민주공화파Democratic-Republic Party는 농업이 발달한 남부 지역을 중심으로 형성되었다.[17] 1800년대 초 미국에서는 오늘날 공화당과 민주당의 전신에 해당하는 연방파와 민주공화파라는 두 개의 거대 정파가 탄생했고 이들은 극심한 정치적 갈등을 겪고 있었다.

1800년 미국의 제3대 대통령 선거에서는 현직 대통령 존 애덤스와 경쟁자 토머스 제퍼슨이 경합을 벌이고 있었다.[18] 연방파 출신인 애덤스는 중앙집권적이고 친기업적인 정치노선을, 민주공화파 출신인 제퍼슨은 지방분권적이고 친농업적인 정치 노선을 추구했다. 그러나 선거를 치르기 오래전부터 미국의 여론은 연방파를 반대하는 방향으로 돌아섰다. 왜냐하면 애덤스 정권하에서 연방파는 국가보안법Alien and Sedition Acts을 만들어 야당과 언론을 탄압하고, 경제적 이해관계로 영

국과의 유대를 강조했지만 영국과의 군사적 긴장이 재점화되었기 때문이다.[19]

연방파의 대선 패배가 확실해지면서, 애덤스는 잔여 임기 동안 대통령으로서의 모든 권한을 행사해 주요 공무원직을 연방파로 채워 제퍼슨 발목 잡기에 나서기로 결심한다.[20] 1801년 3월 2일 애덤스는 자신의 대통령 임기가 끝나기 불과 이틀 전에 60명의 연방파를 새로운 연방판사로 지명했고, 바로 다음 날인 3월 3일 여전히 연방파가 장악하고 있던 상원은 애덤스가 지명한 연방판사의 임명을 일괄 승인했다. 3월 3일 국무 장관 존 마셜은 즉시 판사 임명장을 작성해 대통령 애덤스의 서명을 받고 바로 봉인하여 발송했다. 당시 존 마셜은 1801년 2월 새로운 대법원장으로 취임했지만 1801년 3월 애덤스 대통령 임기 종료 시까지는 국무 장관의 임무를 계속 수행하고 있었다.[21] 그러나 애덤스의 임기 마지막 날 급하게 임명장을 전달하는 바람에 몇 사람의 임명장이 누락되는 사고가 발생했다.[22] 임명장이 누락된 '한밤중 날치기 판사midnight judges' 중에는 열렬한 연방파이며 애덤스 대통령의 추종자였던 메릴랜드 출신의 부유한 사업가 윌리엄 마버리가 포함되어 있었다.[23]

다음 날인 1801년 3월 4일, 토머스 제퍼슨은 미국의 제3대 대통령으로 취임했다. 백악관에 입성한 제퍼슨은 대통령 집무실 바닥에 판사 임명장 몇 장이 떨어져 있는 것을 발견했다. 이 사실을 확인하고 화가 난 제퍼슨은 새로운 국무 장관 제임스 매디슨에게 그 임명장을 전달하지 말 것을 지시했다. 제퍼슨은 애덤스가 임기 종료 전에 판사 임명장을 전달하지 못했기 때문에 그 임명장은 무효라고 판단했던 것이다.[24] 이후 몇 달 동안 마버리는 국무부에 판사 임명장 전달을 요청했지만 국무 장관 매디슨은 계속해서 이를 거부했다. 마침내 마버리는 1801년 12월 대법원에 매디슨을 상대로 소송을 제기했고 이 소송은 역사상 가장 유명한 마버리 대 매디슨[25] 소송(이하 '마버리 사건')으로 남는다. 당시에는 임명장이 없으면 판사의 직분과 임무를 개시할 수 없었다.

마버리 사건의 쟁점은 크게 세 가지였다. 첫째, 마버리는 임명장을 수령할 권리가 있는가? 둘째, 마버리에게 임명장을 수령할 권리가 있다면, 이를 위한 법적 구제 수단이 있는가? 셋째, 법적 구제 수단이 있다면 대법원은 판결을 통해 마버리의 권리를 구제할 수 있는가?

먼저, 대법원은 마버리에게 임명장 수령 권한이 있다고 판단했다. 임명장에 대통령의 서명과 국무 장관의 봉인이 있는 이상, 임명장은 적법하게 성립했고 임명장 전달 행위는 관습에 따른 통지 행위에 불과하다고 보았다.[26]

다음으로 대법원은 직무집행영장writ of mandamus[27]을 통해 마버리의 권리구제가 가능하다고 판단했다. 직무집행영장이란 '공무원이나 국가기관에 법적 작위의무, 즉 적극적 행동을 할 의무가 있는 경우 법원의 판결을 통해 그 집행을 강제하는 제도'를 말한다. 엄격한 권력분립 원리가 지배하는 미국 헌법 하에 사법부가 행정부에 속하는 매디슨을 지휘할 권한이 있는지가 또 다른 쟁점이 되었지만, 대법원은 이미 해당 공무원에게 법적 의무가 발생했고 그것이 재량에 맡겨졌거나 고도의 정치적 문제가 아닌 이상 법원은 법적 구제 수단을 제공할 수 있다고 판단했다.[28] 왜냐하면 영미 관습법은 고대 로마법의 '법적 권리가 있는 곳에 법적 구제 수단이 있다ubi jus, ibi remedium'는 원칙에 따라 법적 권리가 있는 경우 소송에 의한 법적 구제가 가능하다고 인정해왔기 때문이다.[29] 게다가 미국 헌법상 미국 정부는 인간이 통치하는 정부가 아니라 법이 통치하는 정부이기 때문이다.[30]

대법원이 판결을 통해 권리를 구제할 수 있는지에 대해서는 대법원의 관할권이 문제가 되었고,[31] 이와 관련해서는 1789년 헌법과 법원조직법[32]의 해석이 관건이었다. 그리고 이것이 마버리 사건의 명암을 갈랐다. 미국 대법원은 원심관할original jurisdiction과 상소관할appellate jurisdiction이라는 두 개의 관할권을 가지고 있었다. 여기서 원심관할이란 대법원이 제1심 법원으로서 사실 판단과 법률 판단을 모두 할 수 있는 경우를, 상소관할이란 대법원이 최상급 법원으로서 법률 판단을 통해 하급심법원의 판결을 수정·정정할 수 있는 경우를 의미한다. 1789년 미국 헌법 제3조[33]에는 대법원의 원심관할을 "외국의 고위인사 또는 미국의 주(지방정부)가 소송당사자인 사건"으로 한정하는데, 1789년 미국 법원조직법 제13조에는 "모든 법원과 공직자에 대한 직무집행영장 발부 사건"을 대법원의 원심관할로 정해놓아 하위법인 법원조직법이 상위법인 헌법을 위반하고 있다는 것이었다.

미국 헌법은 사법부에 법률에 대한 사법심사judicial review 권한을 부여한 적이 없다.[34] 그럼에도 대법원장 존 마셜은 법적 논리만 가지고 법원의 사법심사(위헌법률심사) 권한과 함께 법률을 파기할 권한까지 도출해냈다. 당시 존 마셜이 제시했던 법적 논거는 다음과 같다. 첫째, 성문헌법의 원칙으로부터 법률에 대한 사법심사 기능이 도출되며[35, 36] 둘째, 사법부의 의무는 '법이 무엇인지' 말하는 것이고, 헌법과 법률이 충돌하는 경우 헌법을 우위에 두는 것은 불변의 원칙이다.[37] 셋째, 대법원이 의회에 대한 헌법의 우위를 부정하는 경우, 법원은 왼쪽 눈을 감고 헌법은 보지 않은 채 오른쪽 눈만 떠서 법률만 봐야 한다. 대법원이 헌법에 위반되는 법률을 무효로 하지 않는다면 국민 모두가 의회를 전능한 지위에 올려놓고 우러러 봐야 한다.[38] 넷째, 미국 헌법 제3조에 따르면 법원은 '이 헌법하에서' 발생하는 사건을 결정할 권한이 있으므로 이 헌법에 저촉되는 법률을 무효화할 권한이 있으며,[39] 미국 헌법 제6조가 의미하는 '최고법'은 '헌법과 모든 연방 법률'이 아니라 '헌법과 헌법에 근거해 제정된 법률'을 의미하므로 미국 헌법 제3조와 제6조를 통해 법원의 위헌법률심사 권한이 도출될 수 있다.[40]

그러나 아직 놀라기는 이르다. 미국인들의 독창성이 여기서 끝나지 않았기 때문이다. 존 마셜은 미국 헌법 제3조와 제6조에 대한 해석을 바탕으로 1789년 법원조직법의 위헌성을 논증한 후 법원조직법 제13조의 해당 문구를 직접 무효화했다. 따라서 마버리가 요청한 매디슨 국무 장관에 대한 직무집행영장을 발부할 법적 근거가 사라져버린 것이다. 결국 대법원은 국무 장관을 상대로 직무집행영장을 발부할 법적 권한(관할권)이 없으므로 본안을 심리할 수 없다며 각하판결을 내렸다.

이 판결을 통해 존 마셜은 어려운 정치적 문제를 한꺼번에 해결했다. 만약 대법원이 마버리에게 승소판결을 내렸다면 분노한 제퍼슨 대통령이 법원의 판결을 무시해버렸을 것이고,[41] 패소판결을 내렸다면 애덤스와 연방파에게 정치적 타격을 주었을 것이다. 하지만 마셜은 매디슨 국무 장관이 마버리에게 임명장을 전달하지 않은 부작위는 원칙적으로 위법하다고 판단함으로써 자신이 소속된 연방파를 기쁘게 했고, 대법원이 이 사건에 대한 관할권이 없으므로 판결하지 않겠다는 각하판결을 내림으로써 제퍼슨과 민주공화파가 원하는 정치적 결과를 실현해주었다. 그리고 무엇보다도 헌법-법률-명령으로 이어지는 법의 위계질서를 근거로 대법원이 의회가 제정한 법원조직법을 무효화함으로써 미국 헌법이 부여한 적 없는 위헌법률심판 권한을 대법원이 보유하게 되었다. 이와 같이 역사에 모습을 드러낸 헌법재판은 단순히 정치적 격랑에 좌초될 위기에 처한 '연약하고 교활한 법관'의 처절한 몸부림이 탄생시킨 역사적 우연에 불과할까?

이후 마버리 사건은 전 세계 법률가들에게 심오한 영감을 주었고, 오스트리아, 독일, 프랑스에 헌법재판소를 설치하는 계기가 되었다. 이 사건은 헌법재판의 본질을 가장 극명하게 보여준다. 헌법재판은 독립된 사법기관의 법해석 작용으로서 본질적으로 사법 기능에 해당하지만, 그 대상이 되는 사건은 의회가 제정한 법률의 위헌성을 판단하여 무효화하는 등 매우 정치적인 사건이라는 점이다.

슬픈 외국어와 시대정신

인류학자 레비스트로스Claude Lévi-Strauss는 인간을 '말하는 자 locuteur'로, 철학자 베르그송Henri Louis Bergson은 인간을 '만드는 자(호모 파베르homo faber)'라고 정의한 바 있다. 양자를 결합하면 결국 인간은 '언어를 사용하여 도구를 제작하는 자'가 된다. 인간은 도끼, 자동차, 항공기 등 유형의 도구를 제작하기도 하지만 수학, 법률, 금융 등 무형의 도구를 만들기도 한다. 인간이 도구를 제작하고 이용하는 데 중추적 역할을 하는 것은 언어, 즉 '말'이다.

인간은 말을 이용하여 의사소통 행위를 한다. 의사소통 행위의 수단인 말은 사회적 동물인 인간이 만들어낸 '특수한 기호'다. 언어학자 로만 야콥슨Roman Jakobson에 따르면 인간은 '말하는 행위'를 통해 하나의 '메시지'를 전달하며, 그것은 발신자, 수신자, 전달하는 내용, 사용되는 부호라는 네 가지 요소의 결합이다.[1] 나중에 살펴보겠지만, 이러한 야콥슨의 분석적 설명은 복잡한 법률 개념과 법률관계를 이해하는 데도 큰 도움을 준다.

인간을 독특한 존재로 규정짓는 '의사소통 행위'는 '수직적' 행위와 '수평적' 행위로 구분할 수 있다. 부모, 교사, 성직자가 아이들에게 공동체의 규범, 지식, 의식을 가르치는 경우가 '수직적' 의사소통 행위라면, 아이들끼리, 부모들끼리, 성직자들끼리 정보를 주고받는 경우가 '수평적' 의사소통 행위다. 법은 국가가 우월적 지위에서 국민에게 지시하고 명령하는 행위이므로 수직적 의사소통 행위라고 볼 수 있다.

인간 생활의 모든 측면은 교환 도구인 '기호의 지배'를 받는다. 인간 사회의 근저를 이루고 있는 모든 계약은 '말의 교환'이라는 원초적 교환을 '필수적' 조건으로 한다. 철학자 칸트는 '필수적'이란 말 대신 '선험적'이라는 어려운 용어를 사용했다. 칸트는 "인간 오성의 구조는 인식에 있어 선험적 조건이다"라는 유명한 말을 남겼다. '오성'은 '이해하는 능력'을 의미하고 '선험적'이란 '경험에 앞서는a priori'이라는 의미를 담고 있으므로,[2] 결국 철학자 칸트는 "인간이 사물을 인식하려면 이해하는 능력이 필요하다"라는 지극히 당연한 말을 했을 뿐이다. 이렇게 현학적인 예를 든 이유는 현대 법학이 사용하는 현학적이고 복잡한 용어와 개념도 알고 보면 별것 아니라는 사실을 알려주고 싶어서다.

플라톤은 《크라틸로스Kratylos》에서 "이름은 본래 그 어떤 곳에도 속하지 않으며 오직 법과 규범에 따를 뿐이다"라고 말한 바 있다. 즉 언어(기호)란 인간 사이의 관습에 따라 기능할 뿐 본성에 따라 기능하는 것이 아니라는 의미다.[3] 언어학자 소쉬르는 자신의 저서 《일반언어학 강의》를 통해 이러한 플라톤의 생각을 보다 구체화했다. 그에 따르면 언어적 기호記標(시니피앙signifiant)와 그 기호가 나타내는 개념인 기의記意(시니피에signifié) 사이에는 내재적 관계가 성립하지 않는다.[4] 예를 들어 '삶'의 의미와 그것을 표현하는 '기호의 연쇄(ㅅ+ㅏ+ㄹ+ㅁ)' 사이에는 사회적 약속 이외에 다른 어떤 것도 개입하지 않는다. 다른 언어와 마찬가지로 법률 개념도 그것이 형성된 역사적·사회적·규범적 맥락에서 이해해야 한다.

헬렌 켈러Helen Adams Keller는 태어난 지 19개월 만에 심한 열병을 앓은 후 후유증으로 귀와 눈이 멀고, 말을 못하게 되었다. 하지만 헬렌 켈러는 촉각만으로 사실을 기호화함으로써 언어를 배울 수 있었다. 그의 스승 앤 설리번Anne Sullivan은 헬렌 켈러의 한쪽 손바닥을 수도꼭지 밑에 놓은 다음, 다른 손바닥 위에 손가락으로 '물water'이라는 글자를 그려주었다. 두 가지 감촉, 즉 손바닥을 타고 흐르는 차가운 '물의 감촉'과 일정한 형태로 그녀의 손에 닿는 '손가락의 감촉' 간에는 의미(기의)와 기호(기표)의 관계가 성립한다. 헬렌 켈러는 이러한 관계를 이해함으로써 언어의 봉인을 해제하고 의사소통의 세계에 진입할 수 있었다.

헬렌 켈러의 사례에서 알 수 있듯 언어의 사용은 그 자체로 제도적이다. '제도'란 법률이나 관습에 따라 일상생활 속에 굳어진 사회적 규범을 의미한다. 따지고 보면 인간의 모든 활동은 제도와 행태를 통해 이루어진다. 여기서 '제도'는 무형의 규칙을, '행태'는 유형의 활동을 의미한다. 예를 들어 '축구'라는 스포츠는 '경기 규칙'이라는 '제도'와 '경기 활동'이라는 '행태'를 통해 구체화된다. 인간의 사회 활동도 이와 마찬가지로 제도와 행태를 통해 이루어진다.

앞에서도 언급했지만 대부분의 제도, 특히 법률과 법체계는 인위적으로 이식된 서양의 제도다. 이렇게 이식된 제도는 우리에게 이중의 고통을 안겨준다. 하나는 역사적 단절로 인한 이해의 곤란이고, 또 하나는 번역된 외국어가 주는 소통의 곤란이다. 시각과 청각을 모두 잃은 헬렌 켈러가 촉각에만 의지해 언어를 습득했듯 법학을 이해하고 그 지식을 습득하는 과정은 역사적·사회적 맥락에서 해석과 창조를 병행해야 하는 고통스럽고 지난한 작업이다. 특히 한 국가의 역사와 시대정신을 반영하는 헌법의 경우 더 큰 고통과 고민의 과정을 거쳐야 한다.

03

정치의 규범화와 헌법재판의 문제

헌법Verfassungsrecht의 개념에 대한 정의는 아주 다양하다. 헌법은 "국가의 행동과 작용, 정치적 의사 형성 그리고 국민과 국가의 관계를 규정하거나 형성하는 모든 규정들의 총체"[1]라 하기도 하고, "국가의 근본법으로서 국가의 통치 조직과 통치 작용의 원리를 정하고, 국민의 기본권을 보장하는 최고법"[2]이라 하는가 하면 "국가적 공동체의 존재 형태와 기본적 가치 질서에 관한 국민적 합의를 법 규범적인 논리체계로 정립한 국가의 기본법"[3]이라고도 한다.

따라서 헌법은 기본적으로 "정치적 통일을 형성하고 국가적 과제를 수행하기 위한 지도 원리를 규정하고 있는 국가의 법적 기본질서"[4]라 정의할 수 있다. 물론 헌법은 "주권자인 국민이 국가 공동체의 정치적 생활 방식에 대해서 내린 정치적 결단"[5]을 통해 형성된 "국가적 통합 과정의 법적 질서"[6]를 의미한다. 이러한 '통합 과정'은 "의식적, 계획적, 조정적 협동작용"[7]이기도 하고 "올바른 것의 이념하에서 안정화 작용을 하며 부단히 실행을 필요로 하는 행위 계획"[8]을 의미하기도 한다. 하지만 헌법은 무엇보다도 "권력을 제한하고 합리화하는 것과 자유로운 정치적 생활 과정을 보장"[9]하는 것을 목적으로 하는 "국가의 법적인 기본질서"[10]다.

1945년 식민지 해방에서부터 1948년 대한민국 헌법 제정과 공화국의 탄생에 이르기까지 전 과정을 살펴보면 잘 알 수 있듯 헌법은 사회 내 제 세력의 정치적 투쟁과 타협의 결과로 만들어진 '정치 규범'이다. 또 헌법은 이해관계를 달리하는 사회 내 제 세력이 공존을 위해 만들어낸 타협과 절충의 산물이기 때문에 한 국가 사회의 최고 가치로 존중되어야 하는 '최고 규범'이다. 또 헌법은 파편화된 사회가 정치적으로 통일된 국가라는 형태로 조직되고 기능하기 위한 구조적 계획을 의미하기 때문에 '조직 규범'이기도 하다.[11] 하지만 일단 국가라는 정치적 일원체가 성립된 이후에는 정치적 타협과 절충의 결과 탄생한 헌법을 준수하는 일이 가장 중요하다. 따라서 헌법은 정치 세력이 상호 견제·감시하도록 함으로써 특정 세력이 정치적 합의를 벗어나지 못하게 하는 '권력 합리화 규범' 또는 '권력 통제 규범'의 기능을 수행한다.[12] 헌법은 그 자체가 목적적인 규범이 아니라 국민 생활의 안정과 기본권 보호라는 지극히 중요하고 현실적인 목적을 지닌 '생활 규범'이다. 헌법의 생활 안정화 기능은 정치적 권력을 제한하고 합리화해 공존의 정치적 생활질서를 보장하는 가운데 달성할 수 있다.

이러한 여러 이유로 헌법을 수호해야 할 당위적 필요성이 생긴다. 헌법의 수호란 헌법이 확립해놓은 헌정 생활의 법적·정치적 기초가 흔들리거나 무너지는 것을 막음으로써 헌법적 가치질서를 지키는 것을 말한다. 헌법에 대한 침해는 사회단체, 정당 등에 의한 상향식 침해도 있지만, 국가권력에 의한 하향식 침해도 존재할 수 있다. 하지만 우리의 역사적 경험에 비추어 보면 국가권력의 남용에 의한 기본권 침해와 헌법적 가치질서의 붕괴가 더 크게 문제 된다. 따라서 국가권력의 남용, 즉 통치권, 입법권, 행정권, 사법권의 과잉 행사로 헌법적 가치질서가 침해되는 것을 예방할 수 있는 가장 강력한 제도적 수단은 헌법재판Verfassungsgerichtsbarkeit 이다.

헌법재판은 헌법을 운용하는 과정에서 헌법의 규범 내용이나 기타 헌법 문제에 대한 다툼이 생긴 경우 이를 유권적으로 해결함으로써 규범적 효력을 지키고 헌정 생활의 안정을 유지하려는 헌법의 실현 작용이다.[13] 하지만 이러한 추상적 개념 정의는 '지금 그리고 여기에hic et nunc' 존재하는 헌법재판 제도를 이해하는 데는 큰 의미가 없다. 다소 순환논법처럼 보이지만, 헌법재판을 이해하기 위해서는 역사적 산물로서의 헌법재판소를 이해해야 하고, 헌법재판소를 이해하기 위해서는 헌법적 당위로서의 헌법재판을 이해해야 한다. 헌법재판과 헌법재판소는 양차 대전 전후의 극단적인 정치적 혼란과 헌법 파괴에 대한 역사적 경험을 바탕으로 만들어진 구체적이고 실천적인 제도이기 때문이다.

우리 헌법재판소는 대한민국 헌법 제6장[14]에 근거하여 설치된 헌법기관으로 대통령, 국회, 법원과 함께 우리 헌법상 최고기관 중 하나다. 헌법재판소는 사법기관, 즉 재판기관이다. 헌법재판소는 헌법과 법률에 의해 부여된 권한의 범위 내에서 구체적인 법적 분쟁을 해결한다. 헌법재판소의 특별한 지위는 그가 사용할 수 있는 헌법이라는 규범에서 비롯된다. 헌법재판소는 헌법의 적용에 있어 독점적 결정 권한을 갖는다. 일반법원이 행하는 재판과 달리 헌법재판소가 행하는 재판에는 개방적 규범, 즉 구체화가 요구되는 규범인 헌법이 적용된다. 따라서 헌법재판은 특별한 방식의 법 형성 작용이자 법 창조 행위다.

한편 헌법은 정치적인 법politisches Recht이다. 국가의 의지 형성, 정치적 지도에 필요한 법적 기준을 미리 정해놓기 때문이다. 따라서 헌법재판소가 헌법재판을 통해 헌법의 구체적 내용을 제시하는 것은 국가의 정치적 지도 행위에 개입한다는 의미다. 그러므로 헌법재판은 개념 필수적으로 정치적 재판politische Rechtsprechung이다.[15] 헌법기관으로서 헌법재판소의 중요성은 이러한 헌법재판의 특수성에서 비롯된다. 헌법재판소는 독자성과 독립성을 보유하며, 이를 바탕으로 다른 모든 헌법기관에 대해 최종적이고 구속력 있는 결정을 내린다. 이는 헌법재판소가 '국가 지도적으로staatsleitend tätig' 행위하는 경우도 마찬가지다.

다시 한번 말하지만 헌법재판의 기능은 국가의 중추적 기능 보호, 즉 헌법 수호Schutz der Verfassung다.[16] 헌법재판은 ① 헌법기관 간의 갈등을 해결하는 절차와 ② 일반 시민의 헌법상 권리를 보호하는 절차, 그리고 ③ 좁은 의미의 헌법의 적으로부터 헌법을 보호하는 절차로 구분된다.

첫 번째 기능 영역에는 국가기관 간의 분쟁을 해결하는 기관쟁의 절차, 구체적 사건성(법원의 재판)과 무관하게 의회의 입법 행위를 통제하는 추상적 규범통제 절차, 연방국가의 경우 중앙정부와 주정부 간의 헌법적 분쟁을 해결하는 연방-지방 간 분쟁 해결 절차 등이 이에 속한다. 두 번째 기능 영역에

는 국민의 기본권 보호를 위한 헌법소원 절차, 구체적 사건성
(법원의 재판)을 전제로 적용법규의 위헌성 여부를 심사하는
구체적 규범통제 절차 등이 이에 해당한다. 마지막으로 세 번
째 기능 영역에는 헌법상 의무위반을 이유로 국가기관을 경
질하는 탄핵심판 절차, 개인의 위헌적 기본권 행사를 정지시
키는 기본권 실효 절차, 정당의 위헌적 정치 활동을 금지하는
정당 해산 절차 등이 이에 속한다.

우리나라의 경우 앞에서 언급한 헌법재판 절차 중에서 권
한쟁의(기관쟁의) 절차, 헌법소원 절차, 구체적 규범통제 절차,
탄핵심판 절차, 위헌정당 해산 절차를 인정하고 있다.[17]

IN SEARCH OF
THE CONSTITUTION

2부

헌법재판이 걸어온 길

헌법재판은 다양한 헌법적 분쟁 사건에 대해 헌법의 해석을 통하여 최종적인 가치판단과 방향을 제시함으로써 분쟁을 종국적으로 해결하고 사회통합에 기여한다. 정치적 규범인 헌법을 심사 기준으로 삼기 때문에 헌법재판소의 판단은 본질적으로 정치적 성격을 띤다.[1] 특히 헌법의 개방성 때문에 헌법재판소가 일종의 법 창조적 해석을 통해 헌법 규범의 내용을 최종적으로 구체화하고 확정함으로써 국회, 행정부 등 정치적 헌법기관에 대한 활동 범위와 한계를 제시한다는 점에서 헌법재판의 정치적 성격은 더욱 뚜렷하게 드러난다고 할 수 있다.

그러나 헌법재판소의 최종 판단이 정치적 파급효과와 영향력을 가진다 하더라도 분쟁의 심사 기준은 어디까지나 법 규범으로서의 헌법이라는 점에서 법적 판단이며 본질적으로 사법 기능에 해당한다.[2] 따라서 대상이 되는 국가기관의 공권력 작용이 과연 정치적으로 타당한지, 합목적적인지가 아니라 그 행위 및 결과에 있어 헌법적 허용 여부, 즉 위헌 여부를 판단할 뿐이다. 즉 헌법재판은 기본적으로 사후적인 사법적 법인식 작용이라는 점에서 적극적 정치 형성 기능과는 현저한 차이가 있다.

헌법재판소는 구체적으로 국회 내부에서 의사 절차의 합법성 여부를 둘러싼 권한쟁의 또는 국회와 행정부 사이의 권한쟁의에 관해 심판하면서 위헌적 법률의 효력을 무효화 또는 취소하거나, 국회의 탄핵소추에 의해 고위 공직자를 파면하고, 정부의 소추에 따라 위헌정당을 해산하며, 법원의 위헌법률심판 제청에 따라, 또는 국민의 헌법소원에 따라 위헌적 법률을 무효화하거나 위헌적인 공권력 행사를 취소 또는 무효 확인하면서 정치에 필연적으로 관여한다.

특히 정치적 쟁점을 둘러싼 권한쟁의심판, 정당해산심판, 탄핵심판은 그 성질상 정치적 영역에서 발생하는 분쟁을 사법심사를 통해 해결하는 제도이므로 실질적 작동 여부는 헌정질서의 유지와 국정의 안정적 운용이라는 측면에서 매우 중요하다. 이와 같이 헌법재판소는 첨예한 사회갈등의 국면에서 정치적·사회적 파장이 큰 사건을 해결함으로써 분쟁을 종국적으로 종식하고 정치적 평화 보장과 소수자 보호, 사회 안정에 기여한다.

대한민국은 국민의 민주화 열망에 힘입어 1987년 헌법을 대폭 개정했고, 이 헌법에 근거해 1988년에 헌법재판소가 창립되었다. 30년 남짓한 짧은 기간에 대한민국은 전 세계의 헌법재판을 주도하는 모범적인 국가 중 하나로 발전했다. 그사이에 우리 헌법재판소는 국민의 자유와 권리 수호, 인권 존중과 보호의 강화, 소수자 보호, 민주정치의 성숙과 발전, 사회갈등의 해소 등을 위한 노력을 경주하여, 현재 국민으로부터 가장 신뢰받고 영향력이 큰 헌법기관으로 자리매김했다.

2부에서는 우리 헌법재판소가 첨예한 사회갈등 상황에서 헌법적 해석과 최종적 가치판단을 통해 사회적, 정치적 파장이 큰 분쟁을 종국적으로 해결하고 사회통합에 이바지하여 정치적 평화의 보장과 사회적 소수자의 보호, 공동체의 안정에 기여한 특별하고 중요한 사례를 살펴보려 한다. 서두에서도 언급했지만, 헌법재판 사례를 선택함에 있어 사회적, 정치적 갈등이 첨예했던 사례, 헌법재판을 통해 의식·문화·제도의 개혁을 초래하거나 커다란 사회변화를 가져온 사례, 갈등을 극복하고 사회통합의 과제를 실현하는 데 중요한 방향성을 보여주는 사례, 외형상 일차적으로는 종결되었으나 여전히 미완의 과제로 남아 있는 사례 등을 기준으로 삼았다.

참고로 다소 복잡해 보이는 헌법판례의 제목에는 많은 의미가 숨겨져 있다. '제대 군인 가산점 사건(헌재 1999. 12. 23. 98헌마363, 판례집 11-2, 770)'을 예로 들어보자. '제대 군인 가산점 사건'은 이 사건의 별칭이다. 괄호 안의 '헌재'는 헌법재판소의 줄임말이고 '1999. 12. 23.'은 선고일, '98'은 접수 연도, '363'은 접수번호를 의미한다. '헌마'는 헌법재판소 마류 사건, 즉 권리구제형 헌법소원 사건을 의미한다. '11-2'는 헌법판례집의 권수, '770'은 쪽수(페이지 번호)를 의미한다.

헌법판례를 표기하는 방법은 법적 전통에 따라 다르다. 미국 등 영미법계 국가는 원고, 즉 '소송 건 자'와 피고, 즉 '소송 당한 자'의 이름(마버리 대 매디슨Marbury v. Madison)을 붙여서 표기하는 데 반해, 독일 등 대륙법계 국가는 법원의 명칭 뒤에 숫자를 붙인다(예를 들어 BVerfGE 21, 363는 독일 연방헌법재판소 판례집 제21권 363쪽 이하 게재된 판례를 의미. BverfGE는 독일 연방헌법재판소Bundesverfassungsgericht의 줄임말). 대륙법계에 속하는 한국은 독일과 비슷하게 재판소의 명칭 뒤에 숫자를 붙인다.

헌법재판소 사이트(https://www.ccourt.go.kr)에서 헌법판례를 검색할 경우 고유번호(예를 들어 98헌마363)나 주제어(예를 들어 제대 군인)를 입력하면 된다. 참고로 헌법재판소의 판례 유형은 한글의 '가나다라'를 붙여 구별한다. '헌가' 사건은 위헌법률심판, '헌나' 사건은 탄핵심판, '헌다' 사건은 정당해산심판, '헌라' 사건은 권한쟁의심판, '헌마' 사건은 권리구제형 헌법소원심판, '헌바' 사건은 위헌심사형 헌법소원심판을 의미한다. 헌법적으로 매우 중요한 사건의 경우 앞에서 보았듯 '제대 군인 가산점 사건'처럼 별칭을 붙이기도 한다.

01

정의란 무엇인가

제대 군인 가산점 사건(1999. 12. 23.)[1]

정의正義라는 단어의 사전적 의미는 '바르고正 옳은 도리義'
다. 하지만 무엇이 바르고 옳은 것일까? 정의라는 말은 보
편적 이상을 의미하는 동시에 개인적인 미덕을 의미한다.
또 정의라는 말은 합리적 엄정성을 포함한다. 정의로운 사
람은 성인聖人에 가까우면서 동시에 수학적 정확성을 가
진 사람이다. 정의로운 사람은 타협을 거부하고 과오를 범
하지 않으면서 자신의 의무를 지키는 사람이다. 우리의 이
성은 객관성과 공정성을 이상으로 삼는다. 정의에는 일종
의 수학적 엄정성이 들어 있다. 정의는 개인의 권리를 엄정

하게 존중하는 것이다. 정의Gerechtigkeit, justice는 법Recht, Ius에서 나온 말이고, 법은 규칙, 당위, 권리를 의미한다. 정의란 개인에게 개인의 법, 즉 개인의 권리를 부여해주는 것이다jus suum cuique tribuere.

라틴어 'jus suum cuique tribuere'는 '각자의 것은 각자에게로'라고 번역된다. 이 말은 고대 그리스, 특히 플라톤의 정의 관념과 깊은 관련이 있다. 플라톤은 자신의 저서 《국가》를 통해 우리에게 정의에 대한 잠정적 개념을 제공한다. 그에 따르면 "정의는 모든 사람이 자기 일에만 신경 쓰고, 남의 일에 간섭하지 않는 것을 의미한다.[2] 모든 사람은 자신의 능력과 재능에 따라 국가와 사회에 봉사해야 한다. 이 과정에서 모든 사람은 자신의 것을 누려야 하고, 박탈당하지 않아야 한다."[3] 로마의 정치가 키케로는 이 라틴어 문구를 대중화했다. 키케로에 의하면 "정의는 모든 사람에게 각자의 것을 분배하는 것이다."[4] "고난과 위험 속에서 용기를 발견할 수 있듯 각자의 것을 각자에게 분배하는 과정에서 정의를 발견할 수 있다."[5]

정의의 문제는 철학의 난제에 해당한다. '각자의 것'이 무엇을 의미하는지가 또다시 문제 되기 때문이다. 믿음과 달리 실천의 문제에 대해서는 신앙고백의 형식으로 답할 수 없다. 정의에 대한 그럴듯한 답변을 제시하기 위해 추상적 개념 표지로 가득한 조작적 개념을 만들어내는 것은 비현실적일뿐더러 부도덕하다. 마치 주연 배우가 독백으로 구체적 정의의 개별적 사례를 끝도 없이 나열하는 것만큼이나 지루하고 의미 없는 일이다. 수학의 집합론은 원소나 객체를 특정한 집합에 정확하게 배치할 수 있다. 그러나 정의는 집합론 같은 분류 개념이 아니다. 정의란 인간이 일상생활에서 경험하는 현실 인식을 바탕으로 옳고 그름에 대한 일반적 기준을 발견해내는 것이다. 즉 자신이 그 안으로 들어가는 것이다. 따라서 정의는 추론 개념이다.[6] 정의라는 현상에 대한 개념적 접근 방법은 변증법적이어야 한다. 즉 정의에 대한 방법론은 플라톤의 대화와 소크라테스의 무지에 기초한 철학적 대화[7]여야 한다. 이러한 방법론은 진리, 자유, 정의 등과 같은 궁극적인 문제를 탐구함에 있어 애초부터 혼자만의 생각과 불손한 지식을 배제하기 위해 만들어졌다.

이러한 질문에 대해 소크라테스식 대화도 가능하고 가치 있지만 여기서는 그의 가르침을 따르지 않는다. 오늘날에는 아리스토텔레스가 그의 스승 플라톤에게 한 말이 보다 더 유효하기 때문이다. "정의의 기본 구조는 고립된 인간의 완전한 선이 아니라 타인에 대한 정당한 행동에 의해 형성된다."[8] 이러한 아리스토텔레스의 개념은 "정의는 타인에게 있다"라는 라틴어 격언으로 더 잘 알려져 있다. 하지만 타인은 인간이 추구하는 정의라는 관념의 객체로 격하되어서는 안 된다. 이러한 관념은 '자유로운 사람들의 공동체'[9]라는 아리스토텔레스의 국가와도, 존엄이라고 불리는 현대적 인간의 주체적 지위와도 모순된다.

아리스토텔레스는 추상적 정의 개념에서 구체적인 실천원칙을 도출하기 위해 정의 개념을 보다 세분화했다. 그는 인간관계를 평등 관계와 불평등 관계로 나누고, 전자에 대해서는 평균적 정의ausgleichende Gerechtigkeit를, 후자에 대해서는 분배적(배분적) 정의austeilende Gerechtigkeit를 배치했다.[10] 아리스토텔레스가 평균적 정의, 분배적 정의라는 명칭을 직접 명명한 것은 아니다. 후대 학자들이 아리스토텔레스의 만연한 서술 방식을 보다 간명하게 부르기 위해 이름 붙인 것이다.

평균적 정의는 양적인 성격을 갖는다. 따라서 산술적이며 숫자 지향적이다. 평균적 정의는 다시 매매, 임대차 등 적법한 계약관계에서 대가의 등가성이 문제 되는 교환적 정의와 불법행위, 손실보상 등 위법한 법률관계에서 배상(보상)의 적정성이 문제 되는 교정적 정의로 구분된다. 교환적 정의와 교정적 정의를 포괄하는 평균적 정의는 '산술적 평등'을 의미한다. 어느 쪽도 과부족이 있어서는 안 된다.

따라서 "개인적 사정을 고려하지 않고 누구에게나"[11]가 정의의 기준이 된다. 이러한 거래의 등가성, 보상의 등가성을 보장하는 대표적인 수단은 화폐다. 화폐는 모든 것을 경제적으로 측정할 수 있는 매개수단이며, 교환하려는 재화의 가격을 산술적으로 비교하는 것이 가능하다.

배분적 정의는 이와 다르다. 필수품을 배분하거나 국가의 공직자를 선출하는 경우 산술적 평등의 기준보다는 적합성에 따라 배분하는 것이 타당하다. 여기서는 모든 사람에게 정확하게 평등하라는 원칙은 타당하지 않고, 각자에게 적합한 것, 즉 "각자에게 그의 것을"[12]이라는 준칙이 타당하다. 이미 플라톤이 언급했듯[13] 이러한 평등 원칙은 중요한 것에는 더 많이 분배하고 중요하지 않은 것에는 더 적게 분배하는 것이 정의롭다.[14] 즉 본성에 적합하도록 분배해야 한다. 세금이나 경제적 부담도 일신적 사정을 고려해 '사람에 따라 달리' 분배해야 한다. 부유한 사람은 가난한 사람보다 더 많은 세금을 내야 하며, 허약한 노인은 건강한 청년과 똑같은 방법으로 병역의무를 부담할 수 없다. 그러므로 같은 것은 같게, 다른 것은 다르게 대우하는 것이 중요하다. 헌법상 '평등 원칙'[15]은 주로 배분적 정의와 관련된다.

고대 그리스에 '정치적 권리의 평등(이소노미아 isonomia)'이라는 용어가 존재한 것으로 보아 폴리스의 시민 사이에는 이미 평등권이 보장된 것으로 보인다.[16] 헤로도토스[17]와 투키디데스[18]는 평등을 의미하는 이소노미아라는 단어를 '평등한 인민의 정부'라는 의미로 사용하기도 했다. 클레이스테네스의 개혁 이후 이소노미아는 법 앞의 평등을 의미하게 되었고, 이후로 모든 그리스 시민들은 법에 따라 동등한 대우를 받을 권리를 가졌다.[19] 물론 여기서 시민은 자유민 중에서 성년 남자만을 가리켰다. 고대 그리스에서 여성과 미성년자에게는 시민권이 주어지지 않았다. 노예도 마찬가지다.

현대적 정의의 개념은 모두가 함께하는 '공화주의'와 타인과 거리를 두는 '자유'의 담론이어야 한다. 현대적 정의는 자유로운 국가 질서 속에서 시민들의 자유의지free will에 의해서만 유지될 수 있다. 자유로운 공동체의 질서 속에서 국가가 만든 법과 보장하는 권리는 정의와 유사한 관계 구조를 가져야 한다. 법은 사람들을 일정한 관계로 배치한다. 따라서 이러한 법률관계는 정의의 요구에 합치해야 한다. 그리고 이러한 정의의 요구는 공동체 구성원들의 합의로 구체화되어야 한다.

'제대 군인 가산점' 제도는 공무원 채용 시 제대 군인에게 가산점을 부여하는 제도로, 이 제도의 시행을 통해 상대적으로 불이익을 받는 여성과 신체장애자 등에게 '어떻게 정의를 실현시킬까'가 문제 된다.

이 사건은 제대 군인이 공무원 채용 시험에 응시할 때 가산점을 부여하는 것이 여성, 신체장애자 등 제대 군인이 아닌 응시자의 평등권과 공무담임권 등 기본권을 침해하므로 재판관 전원일치의 의견(9:0)으로 위헌이라고 결정한 사건(헌재 1999. 12. 23. 98헌마363, 판례집 11-2, 770)이다. 제대 군인 가산점 제도란 제대 군인이 조기에 사회에 정착할 수 있도록 지원하기 위해 현역 복무를 마치고 전역한 자와 상근예비역으로 근무를 마치고 소집 해제된 자가 6급 이하 공무원 시험 등에 응시할 때 과목별 득점에 과목별 만점의 5퍼센트(2년 이상 복무) 또는 3퍼센트(2년 미만 복무)의 가산점을 부여하는 제도다.

'제대 군인 가산점 사건'은 사건번호(98헌마363)를 통해 알 수 있듯 1998년 363번째로 접수된 사건으로 '헌마' 사건, 즉 '권리구제형 헌법소원'이다. '권리구제형 헌법소원'이란 국가(대통령, 의회, 법원, 지방자치단체를 포함한 모든 권력기관)가 공권력을 행사하거나 불행사함으로써 국민의 헌법상 기본권을 침해한 경우, 국민이 헌법재판소에 자신의 기본권을 구제해줄 것을 청구하는 헌법재판 제도를 말한다. 참고로 헌법재판소가 헌법소원 '인용결정'을 내리기 위해서는 헌법재판관 9인 중 6인 이상이 찬성해야 한다. '인용결정'이란 국가의 공권력 행사(또는 불행사)가 위헌이므로 '원고의 청구를 받아들인다 (인용한다)', 즉 '원고가 이겼다'는 의미다.

'제대 군인 가산점 사건'의 청구인 중 일부는 여성이고 일부는 신체장애가 있는 남성이었는데, 모두 7급 또는 9급 국가 공무원 채용 시험을 준비 중인 사람들이었다. '청구인'이란 헌법소원을 청구한 사람을 의미하며 일반소송의 원고(소송을 건 사람)에 해당한다. 청구인들은 국가가 '제대 군인 지원에 관한 법률' 등을 만들어 제대 군인에게 필기시험 과목별 만점의 5퍼센트를 가산점으로 부여해 자신들의 평등권, 공무담임권, 직업 선택의 자유를 침해하고 있다고 주장했다. 쉽게 말해 공무원 시험 응시 결과 청구인이 99점을 맞고 제대 군인이 95점을 맞더라도 제대 군인은 가산점(5점)이 추가되어 100점이 되기 때문에 더 높은 점수를 받고도 탈락하게 되어 불공정하다는 것이다.

헌법재판소는 "제대 군인에 대해 여러 가지 사회정책적 지원을 강구하는 것이 필요하다 하더라도, 그것이 사회 공동체의 다른 집단에게 동등하게 보장되어야 할 균등한 기회를 박탈하는 것이어서는 안 되는데, 가산점 제도는 아무런 재정적 뒷받침 없이 제대 군인을 지원하려 한 나머지 결과적으로 여성과 장애인 등 이른바 사회적 약자들의 희생을 초래하고 있으며, 각종 국제협약, 실질적 평등 및 사회적 법치국가를 표방하고 있는 우리 헌법과 이를 구체화하고 있는 전체 법체계 등에 비추어 우리 법체계 내에 확고히 정립된 기본질서라고 할 '여성과 장애인에 대한 차별금지와 보호'에도 저촉되므로 정책수단으로서의 적합성과 합리성을 상실한 것이다"라고 판단했다.

이 제도는 1961년부터 40년 가까이 시행되어온 제도로, 여성은 군에 복무한 극히 일부만이 혜택을 받을 수 있는 반면, 남성은 대부분이 혜택을 받을 수 있으므로 실질적으로 성별에 따른 차별을 야기하고 장애인이나 신체가 건강하지 못한 남자(병역 면제자나 보충역 복무를 한 남자)도 차별하는 결과를 가져왔다. 이에 따라 1990년대 중반부터 여성계에서 본격적으로 폐지 운동을 벌였고, 1997년 외환위기로 취업 경쟁이 치열해지고 여성의 사회참여 확대가 활발해지면서 폐지 목소리는 더욱 높아졌다.[20]

1999년 12월 헌법재판소의 위헌결정에 의해 이 제도가 폐지되어 여성 고용정책에 큰 변화를 가져왔으며, 여성과 장애인에게 적극적으로 공직사회에 진출할 기회를 제공하는 계기가 되었다. 그 결과 7급 공무원 여성 합격자 비율 변화를 살펴보면, 1995년 당시 여성의 합격률은 1.5퍼센트에 불과했으나, 제대 군인 가산점 제도 폐지 후 실시된 2000년 시험에서 17퍼센트, 2002년 28.4퍼센트, 2007년 32.3퍼센트, 2015년 37.4퍼센트로 지속적으로 상승하고 있다.[21]

또 제대 군인 가산점 제도 폐지는 여성과 장애인 등 사회적 약자에게 공직 진출에 적극적인 동기부여가 되었고, 결국 7·9급 공무원을 시작으로 외교관, 법조인 등 각 분야 공직에 진입하는 비율이 크게 늘어나는 계기가 되었다. 특히 여성 공무원 비율은 20년 만에 50퍼센트에 육박했다.[22] 과거에 여성 공무원은 대체로 단순히 남성 보조적 역할에 그쳤다면, 현재는 공직 내부에서 당당하게 목소리를 내고 양성평등의 새로운 문화를 만들어가는 과정에 있다고 할 수 있다.

그러나 제대 군인 가산점 제도에 대한 논란은 아직도 진행 중이다. 재향군인회 등 일각에서는 군필자에 대한 역차별이라는 이유로 군 복무자에 대한 인센티브 부여 등 이를 다시 부활시키려는 움직임이 계속되고 있다. 특히 최근 여러 차례 치러진 선거 과정에서 젠더갈등이 정치적 쟁점으로 부각되고 일부 정치인들이 이를 선거 쟁점화하면서 제대 군인 가산점 제도에 대한 사회적 논란이 가열되고 있는 양상이다.

02

문화와 관습은 법규범이 될 수 있는가

수도 이전 사건(2004. 10. 21.)[1]

현대적 의미의 문화Kultur는 키케로가 저서 《대화Tusculanae Disputationes》에서 사용한 용어에 기반을 두고 있다. 키케로는 이 책에서 '영혼의 경작cultura animi'에 대해 이야기한다.[2] 키케로는 교육을 영혼의 경작에 비유하면서, 철학적 영혼이야말로 가장 높은 경지의 인간적 이상이라고 설명한다.

문화라는 말은 이처럼 경작에서 유래했고, 경작이라는 말은 주어진 자연Natur에 가해진 노동을 의미한다. 문화는 새로운 특성을 만들어내고, 잠재적이던 성질을 개발하며, 가능성으로만 존재하던 것을 실현할 수 있도록 자연을 변형한다. 경작은 대지에 씨를 뿌리고 수확을 위해 노동하는 것이다. 인간의 육체와 정신도 경작할 수 있고 경작될 수 있다. 인간은 자신의 잠재력을 개발하기 위해 훈련하고 배우고 터득해야 한다. 문화는 이러한 형성 과정, 개발 과정을 의미한다.

하지만 오늘날 사회학, 인류학은 물론이고 철학에서도 문화를 이와 다른 의미로 사용하고 있다. 이에 의하면 문화는 형성 과정이 아니라 제도 자체, 즉 어떤 사회에서 개인의 형성을 주도하는 행동 모델을 의미한다. 따라서 문화라는 말은 문명Zivilisation이라는 말과 동의어로도 쓰인다. 그런 의미에서 랠프 린턴Ralph Linton은 문화를 "특정한 사회의 생활양식"이라고 정의한다. 문화는 특정 집단의 사회적인 사실의 총체, 특성 전체를 의미한다.[3]

이 경우 문화는 특별히 '칭송받을 만한 의미'를 갖지 않으며, 단지 '특정 사회의 전반적인 생활양식'과 관계를 갖는다. 예를 들어 문화는 가야금을 연주한다든지, 김소월의 시를 낭송하는 행위와 아무런 관계가 없다. 문화가 전체라면 가야금 연주와 시 낭송은 전체를 구성하는 극히 작은 일부일 뿐이다. 이러한 관점에서 보면 문명과 문화를 구별하는 것은 무의미한 일이다.

물론 문명과 문화를 구별하는 사람들도 있다. 이들에 의하면 문명은 생산과정, 도구, 기술 등과 같은 사회생활의 물질적 요소와, 문화는 법률, 종교, 예술 등과 같이 사회생활의 심리적, 감정적, 지성적, 정신적 요소와 관계있는 것을 의미한다. 문명과 문화를 구별할 필요가 없다는 주장의 근거는 어떤 사회의 물질적 특징과 정신적 특징은 밀접하게 연결되어 있다고 생각하기 때문이다.

그러나 전체를 의미하는 데는 문화라는 말이 더 적합하다. 문화란 개인이 하나의 공통적인 전통에 의해 결합되어 형성된 집단의 후천적인 행동 양식, 교육에 의해 전승된다. 설거지하는 방식, 요리하는 방식, 아기를 재우는 방식, 정치지도자의 명칭, 오래된 도시를 수도로 정하는 방식 등이 모두 문화다. 따라서 문화는 공동체 구성원들이 만들어내는 것이지, 특정 정치지도자 혼자 만들어낼 수 있는 것이 아니다. 따라서 국가지도자가 새로운 문화정책, 새로운 형성정책을 도입하려고 하는 경우 공동체 구성원들의 사전 합의가 필요하다.

성문헌법, 즉 문서화된 헌법의 경우 헌법의 안정화, 합리화 작용이 불문헌법, 즉 문서화되지 않은 헌법에 비해 더욱 강해진다. 헌법의 내용이 문서화되면 법적 명확성과 확실성이 보장된다. 물론 헌법 내용이 문서로 확정되더라도 구체적 해석 방법에 따라 그 내용이 상이하게 이해될 수 있다. 그러나 성문헌법은 헌법 내용을 엄격한 조문으로 표현해 다양한 이해의 가능성을 제한하고, 구체적 실천에 확고한 지침을 부여한다. 그리하여 헌법은 성문화된 조문으로 구체적 의미가 확정된다. 이것이 헌법의 안정화, 합리화 작용에 기여하며, 일반 국민의 자유를 확보하는 데 큰 도움을 준다.[4]

국민들이 성문헌법의 엄격한 구속력을 인정하지 않는 경우, 앞에서 언급한 성문헌법의 장점은 모두 사라지고 만다. 법관, 정치가, 일반 국민이 실용적 편리함을 추구하며 성문헌법을 무시한다면, 누구나 편파적이고 자의적으로 이익을 주장하여 헌법을 벗어날 수 있는 길이 열린다. 이러한 경우 정치 세력 간의 끊임없는 투쟁으로 국가적 안정이 약화되고 사회적 불안을 초래하는 커다란 희생을 치를 것이다.[5]

성문헌법이 존재한다고 해서 불문헌법을 배제하는 것은 아니다.[6] 국민적 합의가 헌법전에 고정된다 하더라도 흠결 없는 완전한 체계의 헌법전을 마련할 수는 없다. 오히려 성문헌법은 불문헌법에 의한 보완이 필요하다. 그러나 불문헌법은 보완적 기능 때문에 성문헌법에서 독립해 성립하거나 존속할 수 없다. 불문헌법은 성문헌법과 조화를 이루는 가운데 성립하고 존속한다.

'수도 이전 사건'의 가장 중요한 쟁점은 우리나라의 수도
가 서울이라는 점이 성문헌법 체계하에서 관습헌법으로 인
정될 수 있는지, 단순한 사실명제를 넘어 규범명제로 볼 수
있는지, 헌법 제정권자의 의사, 확신에 준하는 정도의 규범
력을 인정할 수 있는지다.

'수도 이전 사건(헌재 2004. 10. 21. 2004헌마554등, 판례집 16-
2하, 1)'은 '헌마' 사건, 즉 권리구제형 헌법소원 사건으로 '등'
에서 알 수 있듯 다수의 유사 사건이 병합되었다. 청구인들은
서울시 공무원, 서울시의회 의원, 서울 시민 혹은 전국 각지에
거주하는 국민이다. 청구인들은 국회가 헌법개정 등의 절차
를 거치지 않고 '신행정수도의 건설을 위한 특별조치법'을 만
들어 수도 이전을 추진했으므로 동법 전부가 헌법에 위반되
며, 이로 인해 청구인들의 국민투표권, 납세자의 권리, 청문권,
평등권, 거주이전의 자유, 직업 선택의 자유, 공무담임권, 재산
권 및 행복추구권을 각각 침해받았다고 주장하면서, 동법을
대상으로 그 위헌 확인을 구하는 헌법소원심판을 청구했다.
  이 사건은 노무현 정부가 선거공약 사항을 이행하기 위해
신행정수도를 충청권에 건설하여 대한민국의 수도를 이전하
는 것을 내용으로 하는 '신행정수도의 건설을 위한 특별조치

법'에 대해 위헌결정을 한 사건(위헌 8:각하 1)이다.

그 이유는 다음과 같다. 서울이 수도라는 점은 불문의 관습헌법이므로 헌법개정 절차에 의해 새로운 수도를 설정하는 방법 등으로 실효시키지 않는 한 헌법으로서의 효력을 가진다. 헌법 제130조에 의하면 헌법의 개정은 반드시 국민투표를 거쳐야만 하는데, 신행정수도법은 헌법개정 사항인 수도 이전을 헌법개정 절차를 밟지 않고 단지 법률 제정의 형태로 실현시켰다. 따라서 이는 헌법개정에 있어 국민이 가지는 국민투표권을 침해한 것으로 헌법 제130조에 위반된다(7인의 다수의견, 그 밖에 "수도 이전에 관한 의사 결정을 국민투표에 부치지 않은 것은 재량권을 일탈·남용한 것으로서 헌법 제72조에 위반된다"는 1인의 별개 위헌 의견이 있음)는 취지다.

서울이 우리나라의 수도라는 사실이 관습헌법에 해당한다는 근거로는 조선 시대 이래 600여 년간 당연한 규범적 사실이 되어왔으므로 전통적으로 형성되어 있는 계속적 관행이라고 평가할 수 있고(계속성), 이러한 관행은 변함없이 오랜 기간 실효적으로 지속되어 중간에 깨진 일이 없다(항상성)는 점을 든다. 또 우리나라 국민이라면 개인적 견해 차이를 보일 수 없는 명확한 내용을 가지며(명료성), 오랜 세월 굳어 국민의 승인과 폭넓은 컨센서스를 이미 얻어(국민적 합의), 국민이 실효성과 강제력을 가진다고 믿는 국가 생활의 기본 사항이라는 것을 강조한다. 따라서 서울이 수도라는 점은 "우리의 제정헌법이 있기 전부터 전통적으로 존재해온 헌법적 관습이며 우리 헌법 조항에서 명문으로 밝힌 것은 아니지만 자명하고 헌법에 전제된 규범으로서, 관습헌법으로 성립된 불문헌법에 해당한다"고 판단했다.

신행정수도법의 추진 과정에서 이 문제는 엄청난 정치적 논쟁을 불러왔다. 헌재 결정 직전 시행한 여론조사 결과는 팽팽하게 대립했다. 2004년 6월 〈동아일보〉와 코리아리서치센터가 시행한 여론조사에서는 수도 이전 찬성이 41퍼센트, 반대가 50퍼센트였으나, 리서치앤리서치의 여론조사에서는 찬성(47.5퍼센트)이 반대(43.3퍼센트)보다 높았다. 한국갤럽의 조사에서는 반대(48퍼센트)가 찬성(46.2퍼센트)보다 높았으며, 현대리서치 조사에서는 찬성이 40.9퍼센트, 반대가 51퍼센트였다.[7] 그러나 헌재 결정 이후 논란은 급속히 일단락됐다.

결정 직후인 2004년 10월 21일 〈중앙일보〉 조사에 따르면 '헌재의 결정에 따라 수도 이전 계획을 전면 중단해야 한다'는 의견이 66퍼센트로, '개헌을 해서라도 수도를 이전해야 한다'는 의견 30퍼센트를 압도했다. 수도 이전 전면 중단 의견은 지역별로는 서울 79퍼센트, 인천과 경기 73퍼센트 등 수도권 지역에서, 연령별로는 40대 74퍼센트, 50대 74퍼센트 등 중년층 이상에서 높게 나타났다. 한편 개발 반사이익을 기대

했던 충청권의 반발은 피할 수 없었고, 헌재의 관습헌법 논리를 둘러싼 비판[8]도 제기되었다.[9]

한편 정치권에서는 선거 때마다 정치적 이해관계에 따라 공약으로 수도 이전 문제를 제기하는 등 정치적 논란을 지속시키고 있다.

03

여성 차별인가 전통문화인가

호주제 사건(2005. 2. 3.)[1]

부권주의Paternalismus는 가족 내에서 차지하는 남성의 우
월적 지위를 의미한다. 부권주의의 오래된 등가개념으로는
가부장제Patriarchalismus, 家父長制가 있다. 가부장제는 부권주
의보다 확장된 개념으로 인간의 공동생활에 존재하는 위
계적 구조를 의미한다. 물론 가부장적 질서의 맨 꼭대기에
는 권력자로서의 남성이 자리 잡고 있다. 여기서 남성은 자
연적 의미의 남성이 아니라 사회적 의미의 남성이다. 막스
베버는 권력의 시각에서 국가와 사회를 바라보았다. 그에
게 정치는 권력 투쟁을, 국가는 권력 투쟁에서 승리한 지배

계급의 통치를 의미했다. 막스 베버는 통치(지배)를 정당성 측면에서 카리스마적 지배, 전통적 지배, 합법적 지배의 세 가지 유형으로 분류했다. 막스 베버는 부권주의를 전통적 지배의 한 형태로 보았다. "부권주의란 부권을 상속받은 특정한 개인이 경제적이고 가족적인 결합체 내에서 지배권을 행사하는 상태다."[2]

산업혁명 이전에는 가족의 개념이 오늘날과 매우 달랐다. 전근대사회에서 가족은 규모가 큰 경제공동체였다. 오늘날 우리가 사용하는 경제economy라는 용어는 가족을 의미하는 그리스어 외코노미아oeconomia에서 나왔다. 고대 그리스와 로마의 가족은 부부, 자녀, 조부모 이외에 다양한 친족뿐만 아니라 가사를 돌보는 하인과 재산으로 취급하던 노예까지 포함하는 개념이었다. 오늘날과 달리 아버지는 가족의 주인Hausherr, 가족의 아버지Hausvater로 불렸다. 일본인들이 우리 민법에 주입한 호주戶主(집주인)라는 말도 알고 보면 독일 제국민법이 사용하던 가족의 주인이라는 말의 번역어에 불과하다. 주인Herr이라는 말은 '지배자'라는 의미를 지녔다. 정치학이나 역사학에서는 군주 또는 영주로, 기독교에서는 신 또는 주님으로 번역되기도 한다. 아버지는 가족 내에서 지배적 지위를 가졌기 때문에 다른 가족 구성원을 대표하고 이들의 의사를 결정한다. 가족 내 우

두머리의 권한을 부권이라 했으며, 부권의 반대편에는 나머지 가족 구성원의 의무가 자리 잡고 있다. 이러한 관념은 비단 그리스, 로마 같은 고대사회에 국한되지 않고 오늘날까지 끈질기게 살아남아 현대사회 곳곳에 은밀하게 자리 잡고 있다.

중세와 근대 초기 유럽 사회는 가족을 세 개의 사회적 신분 중 하나로 분류했다. 근대 초기까지 유럽에서는 사회적 신분을 경제적 지위를 가진 '가족', 영적 지위를 가진 '성직자', 정치적 지위를 가진 '통치자'로 나누어 보았다. 이러한 삼분법은 16세기 종교개혁 이후 내용적으로 변화했다. 마르틴 루터는 지배자는 신이 선택한 자이기 때문에 누구든지 무조건적으로 복종해야 한다고 믿었다. 루터는 자신의 저서 《대교리문답Großen Katechismus》(1529)에서 모세의 네 번째 계명인 "자신의 부모를 공경하라"를 인용하면서 지배자에 대한 복종을 강조했다. 루터에게 지배자는 국부Landesvater로서 유일한 아버지였기 때문이다. '세상의 유일한 아버지'는 '세상의 많은 아버지들의 아버지'로서 농부인 아버지, 시민인 아버지, 신하인 아버지를 이끌어야 했다.[3]

이러한 부권주의적 패러다임은 유럽인이 국가와 사회를 이해하는 데 지대한 영향을 미쳤다. 집안과 가족을 지배하던 부권주의가 국가에 이전되었다는 것은 일정한 정치적 메타포를 내포하고 있다. 물론 아버지의 나라Vater Staat 라는 말이 독일어권에만 존재하는 것은 아니다. 17세기 영국에서 국왕과 의회 사이의 헌법적 투쟁이 격화되었을 때, 국왕 옹호자들은 국가 내의 '주권자(국왕)와 신하의 관계'는 가족 내의 '가부장과 가족의 관계'와 같다고 주장했다. 로버트 필머Robert Filmer의 《가부장론Patriarcha》이 특히 웅변적이고 효과적이었다. 존 로크는 《통치론Two Treatises of Government》 중 제1편을 온전히 필머의 《가부장론》을 공격하는 데 할애했다. 루소 역시 필머를 맹렬하게 공격했다. 프랑스혁명의 정치적 이념에 지대한 영향을 미친 루소는 사회계약을 통해 지배자의 권력을 가두려 했고, 시민의 자유, 인민의 일반의지, 인민주권을 정치의 최전선에 배치했다.

이러한 모든 노력과 비판에도 부권주의 이념은 오늘날까지 정신사적 영향력을 행사하고 있다. 비교적 최근인 1970~1990년대 철학자 한스 요나스Hans Jonas는 현대 과학기술의 역동성과 생태적 위기를 논하면서 새로운 윤리적 책임 개념이 필요하다고 주장했다. 그는 부모의 역할과 국가의 책임을 현상학적으로 대비하면서 엄격한 위계질서의 도입이 필요하다고 역설했다. 그는 "자식은 부모 배려의 객체다"[4]라고 말했다. 그는 부모와 자식의 관계에서 정치지도자와 시민의 관계를 유추했고, 결국 자유의 중단[5]에 이르게 되었다. 기술문명의 위기를 극복하기 위해서는 "선의와 올바른 통찰력과 유용한 정보를 가진 독재자"[6]가 필요하다는 결론에 도달한 것이다.

오늘날 사회에 반영된 부권주의는 어느 정도 제거되었지만, 국가와 정치는 여전히 부권주의에 머물러 있다. 1950년대 독일 법에 의하면 가족 내에서 남편과 아내의 의견이 일치하지 않는 경우 최종적 의사 결정 권한은 남편이 가지고 있었다. 전통적으로 독일 민법에서는 부모가 자녀에 대해 '부모의 권력elterliche Gewalt'을 가지고 있다는 표현을 사용했는데 1980년 독일 민법BGB: Bürgerliches Gesetzbuch 제1626조를 개정하면서 '부모의 권력' 대신 '부모의 배려elterliche Sorge'라는 용어로 대체했다. 1998년 유엔이 〈아동의 권리에 대한 협약〉을 채택하면서 아동은 자신의 주체성을 회복하고 기본권 보유자의 지위에 올라섰다. 우리나라의 경우 독일과 거의 25년의 시차를 두고 민법 등 관련 법을 개정하여 글로벌 스탠더드에 맞춰가고 있다.

자유주의적 헌법국가는 부권주의적 사고에 반대한다. 자유주의적 헌법국가는 개별적 인간의 자유권을 강조하기 때문이다. 부권주의적 패러다임은 수직적 위계질서를 전제로 하기에 집, 가족, 사회, 국가를 기본적으로 '상하 관계'로 구축한다. 따라서 부권주의적 패러다임은 자유주의적 헌법국가의 이념적 기초에 해당하는 자기결정의 원칙, 자치의 원칙, 만인 평등의 원칙과 부합하지 않는다. 이러한 제 원칙은 칸트의 정언명령과 존엄 형식의 결과물이다. 1948년 유엔 인권선언과 우리 헌법 제10조[7]는 이러한 칸트의 사상을 배경으로 만들어졌다.

부권주의적 사고는 기본적으로 인간의 국가적, 사회적 공동생활을 공공이 아닌 개인적 범주로 보고, 개인적 관계를 간접적 관계가 아닌 직접적 관계로 이해한다. 근대 초기 유럽의 세속국가는 지배자와 신민의 관계를 개인적 관계로 이해했다. 이러한 정치적 조건 때문에 가속에 대한 가장의 명령권이 국민에 대한 국부의 지배권으로 손쉽게 변형될 수 있었다. 하지만 현대국가에서는 국가와 정치가 법치국가 원리를 바탕으로 기능적, 제도적으로 해석된다.

칸트는 이미 부권주의적 국가이념이 내적 의미와 외적 구조의 부조화 때문에 '의미의 평탄화'를 겪으리라는 사실을 잘 알고 있었다. 즉 부권주의는 주제와 의미의 전이를 통해 전혀 다른 개념으로 변해버렸다. 부권주의적 국가이념은 맥락이 전혀 다른 '군주와 신민의 공적인 관계'에 '아버지와 자식의 친밀한 관계'를 옮겨놓는다. 친밀한 아버지 대신 엄격한 가부를 옮겨놓고서 관대함이라는 이미지를 덮

어씌운다. 이로써 가족은 국가라는 전혀 다른 차원으로 변질되어버린다. 칸트는 "부권적 통치는 지배자의 자비에 기초하고 있기 때문에 필연적으로 시민적 자유를 무시한다. 따라서 부권주의적 통치는 전제정치다"라고 말했다.[8]

이러한 칸트의 비판은 매우 통렬하면서 정확하다. 칸트의 논증은 부권주의 모형이 공정하지도, 현대의 사회구조와 국가구조에 적합하지도 않다는 사실을 폭로한 것이다. 게오르크 지멜Georg Simmel은 칸트의 의견에 동조하며 "모더니티의 특징은 부권주의적 '가부장제 헌법'을 만인이 법 앞에 평등한 '법치국가 헌법'으로 변이시킨 역사적 발전을 수반한다는 점이다"[9]라고 말했다. 부권주의는 신민을 지배자의 돌봄이 필요한 나약한 존재로 전락시켜 후견과 멸시를 바탕으로 유지되고 개인의 자유와 자기결정을 잉여물로 격하시킨다. 이념사적으로 볼 때 부권주의적 개념은 아득한 과거에 속한다.

일본 의용민법의 유산인 구舊민법상 호주제도는 부권주의에 기초하고 있음에도 그동안 우리의 전통문화와 가족문화로 인식되어왔다. '호주제 사건'에서는 어떻게 시대적 변화를 반영하여 부권주의를 극복하고 이를 조화롭게 변화시킬지가 문제 된다.

이 사건은 호주제, 즉 호주를 정점으로 '가家'라는 관념적 집합체를 구성하고, 이러한 '가'를 직계비속 남자(아들, 손자 등 자신을 중심으로 직계로 이어져 내려가는 혈족)를 통해 승계시키는 제도(남계 혈통을 중심으로 가족 집단을 구성하고 이를 대대로 영속시키는 가족제도)가 헌법에 합치되지 않는다고 결정(6:3)한 사건(헌재 2005. 2. 3. 2001헌가9등, 판례집 17-1, 1)이다.

호주는 호적법상 한 가(집안)의 대표자로서 가족의 거가去家(집안 이탈)에 대한 동의권, 직계혈족(부모, 아들, 딸, 손자, 손녀 등 자신을 중심으로 수직적인 관계에 있는 혈족)을 입적할 권한, 친족회의 소집권 등 가족을 거느리며 부양하는 일과 관련된 여러 가지 권리와 의무를 지니고 있었다. 이같이 호주를 중심으로 신분 관계를 공시해왔던 호적부는 헌법재판소의 헌법불합치 결정으로 폐지되어, 2008년부터는 개인별로 신분 관계를 공시하는 가족관계등록부로 전환되어 현재 시행되고 있다.

'호주제 사건(2001헌가9등)'은 '헌가' 사건으로 '헌가' 사건이란 '위헌법률심판' 사건, 특히 '구체적 규범통제' 사건을 의미한다. 헌법은 '주권자', 즉 나라의 주인인 국민이 국민투표를 통해 만든 국가의 최고법이기 때문에 '주권자의 대리인', 즉 국민의 대리인인 국회의원들은 헌법의 정신과 이념을 토대로 법률을 만들어야 한다. 국회에서 만든 법률이 헌법에 위반되는 경우 그러한 법률은 국민의 뜻에 위배된 위헌법률로서 당연히 무효가 된다. 이렇게 법률의 헌법 위반 여부를 심판하는 헌법재판을 '위헌법률심판' 또는 '규범통제'라고 한다. '위헌법률심판'이란 법률이 위헌인지 여부를 심판하고 '규범통제'란 헌법을 기준으로 하위 규범인 법률의 위헌성을 통제한다는 의미다.

위헌법률심판은 '법률 시행 이후' 법률의 적용을 놓고 갈등이 일어난 경우, 즉 '법원에 소송'이 벌어졌을 때 '법원'이 헌법재판소에 위헌법률심판을 청구하는 경우가 있고, '법률 시행 전후를 불문'하고 또 '소송이 벌어졌는지 여부와 무관하게' '국가기관, 정당 등'이 헌법재판소에 위헌법률심판을 청구하는 경우가 있다. 두 경우 모두 '위헌법률심판' 또는 '규범통제'라고도 하는데, 특히 전자를 '구체적 규범통제', 후자를 '추상적 규범통제'라고 한다. 일반적으로 '구체적'이란 '실제적이고 세밀한 부분까지 담고 있는'이라는 의미이고 '추상적'이란 '구체성 없이 사실이나 현실에서 멀어져 막연한'이라는 의미다. 하지만 '구체적 규범통제'에 붙은 '구체적'이란 수식어는 '법적 분쟁이 발생한' 또는 '법원에 소송 중인'이라는 의미이고, '추상적 규범통제'에 붙은 '추상적'이란 수식어는 '법원의 소송과 무관한'이라는 의미다.

대표사건인 '2001헌가9·10'을 중심으로 사건 개요를 살펴보면 이 사건의 신청인들은 모두 여성으로 혼인했다가 이혼하고 일가를 창립했다. '일가를 창립했다'는 말은 민법상 용어로 '자신을 호주로 하여 새로운 호적을 만들었다'는 뜻이다. 이혼 당시 가정법원이 신청인들을 자녀의 친권 행사자, 양육자로 지정했음에도 자녀들은 여전히 전남편의 호적에 올라 있었다. 신청인들은 자녀를 자신의 호적에 올리기 위해 호적관청에 입적신고를 했으나 호적관청은 구민법 제781조(子는 부父의 성姓과 본本을 따르고 부가[아버지의 호적]에 입적한다)를 근거로 이를 거부했다. 이에 신청인들은 법원에 호적관청의 처분에 대한 불복을 신청했고, 재판 진행 중 구민법 제781조 등이 위헌이라고 주장하면서 위헌법률심판 제청 신청을 했다. 법원은 신청인들의 신청을 받아들여 헌법재판소에 위헌법률심판을 제청했다.

이 사건의 진행 경과를 통해 알 수 있듯 '구체적 규범통제'는 법적 분쟁이 발생해 소송이 제기되어야 하고, 법원이 재판에 적용되는 법률의 위헌심판을 헌법재판소에 제청해야 한다. 따라서 이러한 유형의 규범통제를 '구체적 규범통제'가 아니라 '판사 제청 규범통제'라고 불러야 한다는 유력한 견해[10]도 존재한다. 참고로 헌법재판소가 법률의 위헌결정을 내리기 위해서는 아홉 명의 헌법재판관 중 여섯 명 이상의 찬성이 있어야 한다.

이 사건에서 헌법재판소는 "호주제는 성역할에 관한 고정관

넘에 기초한 차별로서, 호주승계 순위, 혼인 시 신분 관계 형성, 자녀의 신분 관계 형성에 있어서 정당한 이유 없이 남녀를 차별하는 제도이고, 숭조崇祖(조상을 높여 소중히 여기는) 사상, 경로 효친, 가족 화합과 같은 전통사상이나 미풍양속은 문화와 윤리의 측면에서 얼마든지 계승·발전시킬 수 있으므로 이를 근거로 호주제의 명백한 남녀 차별성을 정당화하기 어렵다. 호주제는 당사자의 의사나 복리와 무관하게 남계혈통 중심의 가의 유지와 계승이라는 관념에 뿌리박은 특정한 가족관계의 형태를 일방적으로 규정·강요함으로써 개인을 가족 내에서 존엄한 인격체로 존중하는 것이 아니라 가의 유지와 계승을 위한 도구적 존재로 취급하고 있는데, 이는 혼인·가족생활을 어떻게 꾸려나갈 것인지에 관한 개인과 가족의 자율적 결정권을 존중하라는 헌법 제36조 제1항에 부합하지 않는다"고 판단했다.

오늘날 가족관계가 매우 다변화되고, 여성의 경제력 향상, 이혼율 증가 등으로 여성이 가구주로서 가장의 역할을 맡는 비율이 점점 증가하고 있는 상황이다. 호주제는 호주승계 순위, 혼인 시 신분 관계 형성과 자녀의 신분 관계 형성에 있어 남녀를 차별해, 모와 자녀로 구성되는 가족이나 재혼 부부와 그들의 전혼 소생 자녀로 구성되는 가족 등 수많은 가족이 현실적인 상황과 여건에 맞는 법률적 가족관계를 형성하지 못하고 많은 불편과 고통을 겪게 되었다. 또 무엇보다 우리 사회의 뿌리 깊은 남녀 성차별 의식의 잠재적 요인으로 작용해왔다는 사실도 무시할 수 없었다. 이러한 상황에서 호주제 반대 운동은 1990년대 후반 여성계의 시민단체 활동으로 본격화되었고 여성 인권운동의 핵심 사업으로 발전했다.[11]

헌재의 결정으로 호주제는 1960년 민법 시행 이후 45년(민적법이 제정·시행된 1909년부터 계산하면 96년) 만에 역사 속으로 사라지게 되었다. 호주제 폐지로 남성 중심 사회에서 양성평등 사회로 가는 법적 기반이 형성되었다. 아울러 사회 전반적으로 양성평등의 방향으로 법, 제도, 관습, 국민 의식이 바뀌었다. 가정이 수직 관계에서 수평 관계로 바뀌면서 남녀 차별, 부부 차별의 가족제도가 남성과 여성의 평등, 부모와 자녀의 평등 방향으로 나아가게 되었다.

이에 따라 여성 차별이라는 이유로 부성주의父姓主義를 규정한 민법 제781조 제1항("자는 부의 성과 본을 따르고")이 개정되었고("자녀가 아버지의 성과 본을 따르는 걸 원칙으로 하되, 부모가 혼인신고 시 어머니의 성과 본을 따르기로 협의한 경우에는 어머니의 성과 본을 따른다"), 여성에 대해 6개월간 재혼 금지 기간을 둔 민법 제811조도 폐지되었다.[12] 2015년 11월 26일 미국 〈월스트리트저널〉은 '남초 현상에 분투하는 아시아: 한국은 성비 불균형의 물결을 어떻게 되돌렸는가Asia Struggles for a Solution to Its Missing Women Problem: How South Korea turned the tide on a demographic imbalance threatening economic growth and social structures '라는 제목의 기사에서 한국은 다른 아시아 국가와 달리 호주제 폐지 이후 전통 사회의 남아선호 사상의 뿌리가 점차 흔들리기 시작하여 남녀 성비의 균형을 이루는 데 성공했다고 높이 평가했다.[13]

04

평등은 무엇을 요구하는가

시각장애인 안마사 독점 사건(2008. 10. 30.)[1]

메이지유신明治維新 이후 일본인들이 독일어 Gleichheit, 프랑스어 égalité를 번역하면서 선택한 단어인 평등平等은 '동등한平 등급等'을 의미한다. 그렇다면 동등한 등급이란 무엇일까? 우리 모두가 같은 등급에 속해야 평등할까? 아니면 설령 다른 등급에 속하더라도 자신이 속한 등급에서만 같다면 평등한 것일까?

독일어로 평등Gleichheit은 '동일한gleich 성질heit'을 의미한다. 따라서 평등은 비교 대상이 되는 '둘 이상의 객체'를 전제로 하며, 이들 객체가 보유한 여러 특성 중 적어도 '하나 이상의 특성이 일치'할 것을 요구한다. 이러한 평등은 동일성과 유사성 사이에 존재한다. 동일성은 완전한 일치, 즉 모든 특성에 대한 구별 불가능성을 의미하고, 유사성은 그것들의 대략적인 일치를 의미한다. 따라서 평등은 둘 이상의 객체와 하나 이상의 속성 사이에서 비교 대상 사이의 관계를 나타낸다. 평등은 품질, 수량 또는 관계의 측면에서 존재하며, 비교 방법에 따라 다르게 결정된다. 그 비교 방법은 사람에 따라 다르다.[2]

토머스 홉스의 철학은 '자연상태'에서 평등하게 살아가는 인간을 전제로 한다. 자연상태에 대한 홉스의 아이디어는 일종의 사고실험으로 근대 정치철학의 중요한 기초를 이룬다. 홉스에 따르면 모든 인간은 평등하고 자유롭다. 모든 사람은 타인의 저항에도 자신의 이기적인 본성을 무제한 주장할 수 있는 자연적 권리와 평등한 재능을 가지고 있다. 하지만 이러한 평등은 전쟁 상태의 원인이 된다. 따라서 인간은 전쟁을 회피하고 자기 보존을 위해 기꺼이 자연상태를 떠나 사회계약으로 이행한다. 사회계약은 주권자인 군주에게 복종하는 계약이다. 사회계약의 내용은 "당신이 당신의 권리를 군주에게 양도한다면 나 역시 나의 권리를 군주에게 양도하겠다"[3]는 것이다.

평등사상은 계몽주의자들에 의해 보다 정교해지고 널리

퍼졌다. 존 로크의 정치사상은 일련의 프로테스탄트적 가정에 근거하고 있다. 로크는 신이 자신의 형상을 본떠 인간을 만들었다는 창세기 구절[4]을 바탕으로 평등사상을 도출해냈다.[5] 로크는 모든 인간이 신에 의해 자유롭고 평등하게 창조되었기 때문에 모든 통치자의 권력 소유는 피치자의 동의가 필요하다고 결론지었다.[6] 1776년 미국의 〈독립선언문〉은 100년 전 로크의 주장과 마찬가지로 창조에 대한 기독교적 믿음에서 출발해 평등권, 생명권, 자유권, 행복추구권을 확립했다.[7] 인권은 자율적 인간이라는 신념이 아니라 18세기 후반 북아메리카 식민지에 널리 퍼져 있던 기독교적 사유와 창조 신화에 바탕을 두고 있었다.[8] 하지만 로크적 평등사상은 모든 통치자의 권력은 피치자의 동의를 받아야 한다는 것으로 귀결되었다. 미국의 혁명가들은 영국 군주제로부터 식민지를 분리하기 위한 정당화 사유로 이러한 로크의 생각을 이용했다.[9]

루소에게 정의란 인간의 평등과 자유를 사회적으로 실현하는 것이다. 루소에 의하면 상품 교환 없이는 어떤 사회도 존재할 수 없다. 공통의 척도 없이는 상품 교환이 존재할 수 없듯 평등 없이는 공통의 척도가 존재할 수 없다. 따라서 모든 사회는 사람과 사람, 사물과 사물 사이를 규율하는 관습적 평등을 갖추어야 한다. 평등은 모든 사회가 갖추어야 할 첫 번째 법률이다. 사회적으로 형성된 관습적 평등과 인간이 천부적으로 타고난 자연적 평등 사이의 괴리가 매우 큰 경우 사회계약과 일반의지에 근거한 실정법이 이러한 간극을 조정해야 한다.[10]

1789년 프랑스의 〈인간과 시민의 권리선언〉은 프랑스혁명의 세 가지 슬로건 중 평등égalité과 자유liberte라는 단어를 1776년 미국 〈독립선언문〉에서 가져왔지만 이 둘의 사상적 기초는 매우 상이하다. 프랑스의 경우 창조 신화에 대한 믿음이 아니라 공익이라는 공리주의적 개념에 기반을 두고 있다.[11] 프랑스의 〈인간과 시민의 권리선언〉은 미국 헌법상의 권리장전, 프랑스혁명의 평등 이념과 함께 전 세계 수많은 국가의 헌법에 영향을 미쳤고 오늘날 유엔 헌장과 유엔의 〈세계인권선언〉에도 담겨 있다.[12]

칸트는 자유로부터 직접 생래적 평등을 도출해냈다. 칸트가 선언한 정언명령은 다음과 같다. "당신 의지의 준칙이 일반입법의 원칙으로서 언제든지 유효하도록 행동하시오."[13] 다소 딱딱하고 어려운 이 말은 "나의 행동 기준은 누구에게나 적용할 수 있는 객관적인 것이어야 한다"는 의미다. 칸트에게 생래적 평등이란 타인으로부터의 독립성을 의미한다. 이러한 독립성은 다른 사람에게 종속될 때보다 더 의미 있고 가치 있는 일을 하기 위해 결합하지 않는

상태를 뜻한다. 평등이란 자신의 주인이 될 수 있는 인간의 자질이다.[14]

20세기의 위대한 철학자 존 롤스는 사회적 분배 정의에 관한 기본 원칙을 공식화했다. 우리는 '자신의 책임으로 돌릴 수 없는 것'을 분배 기준으로 삼아서는 안 된다. 어떤 자연적·사회적 조건을 가지고 태어나는지는 자신이 정할 수 없기에 '자신의 책임으로 돌릴 수 없는 것'이다. 롤스에 따르면 타고난 재능과 환경으로 인한 차이 자체는 사회적으로 보상되어야 한다. 제도를 다룰 때는 모든 사람이 가능한 한 최대의 자유에 이를 수 있도록 평등한 권리를 보장해야한다. 모든 사람에게 동일한 자유가 부여될 때 최대의 자유가 보장될 수 있다. 제도로 인한 사회적 불평등은 모든 사람에게 이익이 되지 않는 한 자의적이고 불공정한 차별이 된다. 롤스에 따르면 사회적 직무와 직위는 다음의 기준에 따라 분배되어야 한다. 첫째, 공적 직무와 직위는 공정한 기회균등의 조건하에 모든 사람에게 개방되어야 한다. 둘째, 사회에서 가장 소외된 구성원들에게 가장 큰 이익을 주어야 한다.[15]

그렇다면 '법 앞의 평등'이란 무엇일까? 평등은 정의의 근본적 특성이다. 평등은 전 세계 거의 모든 나라에서 보장하는 헌법상의 권리다. 헌법상 평등이란 본질적으로 동일한 것은 평등하게 취급되어야 하고, 본질적으로 동등하지 않은 것은 불평등하게 취급되어야 함을 의미한다.[16] 비교 대상이 동일한지는 일반적, 추상적으로 정의할 수 없고, 공통된 상위개념에 종속되는지 여부에 따라 결정한다. 이와 관련해서는 관찰자의 사고 방향이 결정적이다.

우리 헌법하에서 모든 불평등한 대우는 정당화할 수 있는 사유가 필요하며, 특히 자의적이지 않아야 한다. 우리 헌법은 제11조 제1항 전문에 "모든 국민은 법 앞에 평등하다"라고 명시함으로써 평등의 일반 원칙을 규정하고 있다. 이러한 원칙은 입법부에 본질적으로 같은 것은 평등하게, 다른 것은 불평등하게 취급할 것을 요구한다.[17] 이러한 기준은 불평등한 부담뿐 아니라 불평등한 특혜에도 적용된다.[18]

이러한 평등의 일반 원칙은 규제의 목적, 차별의 특성에 따라 단순한 자의금지에서부터 엄격한 비례성의 요구에 이르기까지 입법부에 다양한 제한을 가한다.[19] 법적 차별을 정당화하기 위해서는 불평등한 대우가 기본권 행사에 어느 정도 불리한 영향을 미칠 수 있는지를 반드시 고려해야 한다.[20] 어떤 경우에 입법부의 평등 원칙 위반이 문제가 되는지에 대한 정확한 척도와 기준을 일반적, 추상적으로 정할 수는 없다. 이러한 문제는 입법부가 제정한 법률에 영향을 받는 다양한 사실관계 및 규제 영역과 관련해서만 결정된다.[21]

시각장애인에게 안마사라는 직업을 독점하게 하는 것은 사회적 약자를 특별히 배려한다는 의미가 있다. 하지만 다른 이해관계자들에게 초래하는 불평등한 처우를 어떻게 정당화할지에 대한 고민이 수반되어야 한다.

헌법재판소의 '시각장애인 안마사 독점' 사건 중 '2003헌마715등'은 시각장애인에 한해 안마사 자격을 부여한 보건복지부령 규정(안마사에 관한 규칙 제3조 제1항 제1호, 제2호)이 개인의 자유와 권리를 보장하기 위해 하위 법규나 행정권의 발동은 법률에 근거를 두어야 한다는 '법률유보 원칙' 또는 기본권을 제한하는 법규는 목적의 정당성, 방법의 적절성, 침해의 최소성, 법익의 균형성 등을 준수해야 한다는 '과잉금지 원칙'에 위배되어 위헌이라고 결정(헌재 2006. 5. 25. 2003헌마715등, 판례집 18-1하, 112 / 7:1 위헌)한 사건이다.

헌재의 이 위헌결정은 시각장애인연합회 등 유관 단체의 엄청난 반발을 불러일으켰으며, 몇몇 시각장애인이 투신하기도 했다.[22] 2006년 9월 국회는 의료법을 개정해 시각장애인에 한한 안마사 자격 제도의 근거를 마련했다. 이 개정 법률에 대해 다시 헌법소원(2006헌마1098등)이 제기되었고, 사회적 논란은 지속되었다.

2006헌마1098등 사건의 청구인들은 모두 시각장애인이 아니며 안마업 또는 마사지업에 종사하기 위해 안마사 자격 인정 신청을 했으나, 관할 시·도지사로부터 장애인복지법에 따른 시각장애인이 아니라는 이유로 거부처분을 받았거나 받을 예정인 사람들이다. 청구인들은 개정의료법 제61조 제1항이 시각장애인이 아닌 일반인은 안마사 자격 인정을 받을 수 없도록 규정하여 청구인들의 직업 선택의 자유 등 기본권을 침해하고 있다고 주장하면서 헌법소원심판을 청구했다.

헌재는 시각장애인에 대한 복지 대책이 미흡한 현실에서 안마사가 시각장애인이 선택할 수 있는 거의 유일한 직업이고 안마사 직업 영역을 비시각장애인에게 허용할 경우 시각장애인의 생계를 보장하기 위한 다른 대안이 충분하지 않으며, 시각장애인은 역사적으로 교육, 고용 등 일상생활에서 차별받아온 소수자로 실질적 평등을 구현하기 위해서는 이들을 우대하는 조치가 필요하다는 점 등을 이유로 앞의 조항이 비시각장애인의 직업 선택의 자유나 평등권을 침해하지 않는다고 판단했다(헌재 2008. 10. 30. 2006헌마1098등, 판례집 20-2상, 1089 / 6:3 합헌).

아울러 이 결정에서 "장애인에 대한 복지정책은 일차적으로는 장애인의 생존권을 보장하는 데 목적이 있지만 거기에 그쳐서는 안 되고, 사회통합의 이념에 기초하여 소수자인 장애인이 진정한 사회 공동체의 일원으로 대우받을 수 있도록 제반 여건을 형성하는 데도 초점을 맞추어 헌법 제10조 및 제34조에 따라 인간의 존엄과 가치를 지키며 인간다운 삶을 영위할 수 있도록 해야 한다. 다만, 장애인에 대한 적극적인 복지정책은 때로 일반 국민에 비해 장애인을 우대하는 형태로 나타나게 되는데, 그로 말미암아 일반 국민의 기본권 행사가 제한받게 될 경우 입법자로서는 장애인의 보호와 일반 국민의 기본권 보장이라는 양 법익 사이에 조화와 균형을 이룰 수 있도록 해야 하므로 그와 같은 범위 안에서 형성의 자유를 가진다"고 지적했다.

헌재의 합헌결정 이후에도 동일한 조항에 대해 마사지사협회, 경혈지압학회 등 비시각장애인 단체 또는 개인이 시각장애인만이 안마 사업을 독점토록 하는 것이 위헌이라는 취지로 여러 차례 헌법소원심판 청구나 위헌법률심판 제청 신청을 제기했으나, 헌법재판소는 모두 합헌결정을 했다(헌재 2010. 7. 29. 2008헌마664등, 판례집 22-2상, 427; 헌재 2013. 6. 27. 2011헌가39등, 판례집 25-1, 409; 헌재 2017. 12. 28. 2017헌가15, 판례집 29-2하, 264; 헌재 2021. 12. 23. 2019헌마656, 판례집 33-2, 870; 헌재 2021. 12. 23. 2018헌바198, 공보 제303호, 60).

2020년 '장애인 경제활동 실태 조사'에 의하면, 15세 이상 인구를 기준으로 볼 때 고용률은 60.2퍼센트이지만, 시각장애인의 경우 42.3퍼센트에 불과하다. 이 중에서도 특히 중증 시각장애인의 경우 고용률은 18.2퍼센트에 불과해, 전체 중증 장애인 고용률 19.9퍼센트보다 낮고, 48.2퍼센트인 경증 시각장애인과도 현저히 다른 상황을 보여주고 있다. 2021년 현재 총 시각장애인 안마사 1만 1,305명 중 중증 시각장애인 안마사는 1만 613명으로 중증 시각장애인이 약 93.9퍼센트에 이른다. 결국 시각장애인 안마사 제도는 여전히 시각장애인, 특히 중증 시각장애인 내지 중도 실명자의 최소한의 삶을 지탱해주는 직업교육 및 취업의 틀로 기능하고 있다.[23] 시각장애인 안마사 제도는 우리 사회에서 가장 소외되고 극히 취약한 계층에 해당하는 사회·경제적 약자에 대한 특별한 지원과 배려라는 측면에서 공동체가 부담해야 할 최소한의 사회적 분배 정의에 해당한다고 할 것이다.

한편 법상 시각장애인에게 허용되는 안마 외에 스포츠 마사지나 피부 미용 마사지 등 비시각장애인에게 허용되지 않는 안마의 경계가 모호해서 발생하는 마사지업계의 소모적인 갈등과 규범의 괴리 현상에 대해서는 이를 근원적으로 해결하기 위해 면밀한 정책 수립 및 입법 개선이 필요함은 두말할 나위가 없다.

국회는 어떤 모습이어야 하는가

미디어법 권한쟁의 사건(2009. 10. 29.)[1]

국회國會는 국민의회Assemblée Nationale, 國民議會의 준말이다.
따라서 국회란 '국왕'의 의회가 아닌 '국민'의 의회를 뜻한
다. 역사적으로 오늘날의 의회와 같은 형태는 서양 군주제
의 산물이다. 의회는 중세 유럽에서 국왕의 자문을 위해 만
들어진 기관이다. 당시 전쟁은 왕가의 사업이었다. 하지만
전쟁을 하려면 많은 비용이 필요했고, 그 비용은 세금으로
조달했다. 전쟁에서 이기면 대외적 위상도 높아지고 국내
적 불평불만도 해소할 수 있는 데다 새로운 영토와 배상금
을 얻을 수 있었다. 하지만 전쟁에서 지면 왕조 자체가 위험

해졌다. 따라서 국왕은 전쟁이라는 모험 사업을 성공적으로 수행하기 위해 귀족의 적극적 참여와 자문이 필요했다.[2]

의회를 가리키는 라틴어 팔리아멘툼Parliamentum은 13세기에 생겨났다. 처음에는 특정한 제도가 아니라 둘 이상의 사람 사이에서 벌어지는 협의 또는 토론을 가리키는 데 사용되었다. 1240년대 영국에서는 국왕이 그의 관료들을 대동하고 대제후, 성직자를 만나는 자리인 대회의Great Council를 의회라고 불렀다.[3] 1295년 전쟁으로 막대한 비용을 낭비한 잉글랜드 국왕 에드워드 1세는 대제후, 성직자 이외에도 지방의 부유한 사람들을 참여시키는 등 이례적으로 규모가 큰 의회를 소집했다. 후세의 역사가들은 이를 모범의회Model Parliament라고 불렀다.[4] 오늘날 영국 의회의 모델이 되었다는 뜻이다.

13세기 의회는 법을 만드는 입법 기능을 수행할 뿐만 아니라 재판으로 분쟁을 해결하는 사법 기능도 담당했다. 의회의 입법 기능은 재판으로 형성된 판례와는 별개의 법 개선 작업으로 이해되었다. 당시에는 개인이 원하는 바를 국가에 제출하는 '청원'과 국가가 개인 사이의 분쟁을 해결하는 '재판'이 오늘날처럼 명확하게 구분되어 있지 않았다. 의회가 열리는 기간은 귀족이 국왕에게 탄원할 수 있는 좋은 기회였다.[5] 실제로 중세인은 의회를 고등법원High Court of Parliament이라고 불렀다. 오늘날 법원을 의미하는 '코트court'라는 단어는 당시 정치적 회의체를 가리키는 말이기도 했다. 재판기관으로서 의회의 기능은 오늘날 영국, 미국, 프랑스의 헌법적 전통에도 남아 있다. 이 국가들의 의회, 특히 상원은 고위 공직자에 대한 파면을 결정하는 재판인 '탄핵심판'을 담당한다.[6]

국왕의 자문기관이었던 의회는 명예혁명과 프랑스혁명을 거치면서 점차 민주주의 원리를 수용하게 되었다. 그리고 의회민주주의라는 형태로 근대 입헌민주주의 체제에 자리 잡았다. 카를 슈미트는 의회민주주의는 봉건제의 유산인 의회와 근대 혁명의 유산인 민주주의를 억지로 결합해 물과 기름을 섞은 것만큼이나 부자연스럽다는 유력한 비판을 제기하기도 했다.[7]

국왕의 의회는 프랑스혁명을 거치면서 국민의 의회로 탈바꿈했다. 역사상 처음으로 의회 스스로가 국왕의 의회가 아닌 국민의 의회라고 명명한 사건이 벌어진 것이다. 1789년 혁명 이전의 프랑스 사회를 구체제(앙시앵레짐 Ancien Régime)라고 한다. 당시 전체 인구의 약 98퍼센트에 해당하는 제3계급(평민)이 세금의 대부분을 부담하는 가운데, 2퍼센트에 불과한 제1계급(성직자), 제2계급(귀족)이 국가의 모든 권력과 부를 독점하고 있었다.[8] 국왕 루이 16세는 미국혁명 과정에서 적대 국가였던 영국을 견제하기 위해 북미 식민지인들을 지원했으나, 과도한 군사비 지출로 국가 재정이 바닥나버렸다. 루이 16세는 이러한 국가적 난국을 타개하기 위해 성직자, 귀족, 평민의 세 개 계급 대표로 구성된 삼부회를 소집했다. 즉 돈이 부족해진 국왕은 국가 채무를 세금으로 해결하기 위해 175년 동안 열지 않았던 삼부회를 새삼스럽게 다시 열었던 것이다.[9]

당시 삼부회는 계급별 투표 방식으로 운영되었기 때문에 모든 안건은 특권계급인 성직자와 귀족이 결정했고 평민은 들러리에 불과했다. 따라서 평민계급은 모든 신분을 하나로 통합하고 머릿수에 따라 투표할 것을 주장했다. 머릿수 표결 방식이 채택되지 않자 평민 대표들은 1789년 6월 20일 회의장을 테니스 코트로 옮기고 의회를 조직했다. 평민 대표들은 "제3계급(평민)이 곧 국민이다"라는 에마뉘엘 조제프 시에예스Emmanuel Joseph Sieyès의 주장을 채택하고, 스스로를 국민의회라고 선언했다.[10] 이 사건을 계기로 세계 최초의 국민의회가 탄생했다. 국민의회의 탄생은 이후 국민주권, 민주주의와 같은 새로운 정치 이념이 자리 잡는 계기가 되었다.

미국혁명과 프랑스혁명 이후 탄생한 근대 의회는 매우 고상한 곳이었다. 근대 의회를 탄생시킨 계급은 상당한 재산을 소유하고 최고의 교육을 받은 엘리트였다. 그들이 활동하는 세상에서 지도자와 국회의원은 항상 더 나은 출신이어야 했다. 지도자들은 몽테스키외가 말하는 공동의 선에 헌신하며, 무사무욕無私無慾해야 했다. 이러한 일들은 밥벌이에 급급한 평범한 사람들이 끼어들 수 있는 일이 아니었다.[11]

당시 사회가 만들어낸 의회의 작동 원리는 '공개적 토론'이었다. '토론'은 주장과 반대 주장을 통해 상대방을 설득하거나 제3의 결론에 이르는 변증 기술이다. 변증은 대화를 통한 결론의 도출을 의미한다. 초창기 의회의 의사 결정 절차는 법정에서 행하는 소송과 유사했다.[12]

'토론'은 매우 이성적 기술이다. 비록 자신이 옳다고 확신하더라도 상대방의 주장이 보다 합리적이면 나 자신의 주장을 공개적으로 포기해야 하는, 우리의 본성에 반하는 매우 비인간적이고 고통스러운 기술이다.

본래 의회는 '그때는 틀리고 지금은 맞을 수 있다'는 가치 상대주의,[13] '모두가 각자 자신의 이익을 추구하면 공공의 이익이 자연적으로 실현된다'는 이익 다원주의,[14] '인간이 법을 준수하는 이유는 준법정신이 아니라 이기심 때문이다'라는 공리주의적 개인주의,[15] '인간의 모든 행동은 토론 가능한 논리를 통해 정당화될 수 있다'는 합리주의[16]를 바탕으로 운용되었다. 안타깝게도 오늘날 우리 국회에서 의회주의의 철학적 기초는 육안으로는 어디에서도 찾아볼 수 없지만, 정신사적으로는 여전히 여의도의 둥근 돔을 힘 겹게 떠받치고 있다.

'미디어법 권한쟁의 사건'은 외형적으로는 국회의원과 국회의장이 입법 권한을 둘러싸고 벌인 권한 분쟁처럼 보이지만, 실질적으로는 국회의 정치 현실과 활동 양식의 부정적 측면이 더 크게 부각된 사건이다. 특히 오늘날 국회 내에 만연한 다수당의 절차적 횡포, 소수당의 매너리즘, 원내 정당들의 당리당략에 의한 의사 결정과 그 과정에서 발생하는 절차적 정당성의 훼손이 문제가 되고 있다.

'미디어법 권한쟁의 사건(2009헌라8등)'은 '헌라' 사건, 즉 권한쟁의 사건으로 여러 개의 유사 사건이 병합되었다. '권한 쟁의심판'이란 국가기관 상호 간, 국가기관과 지방자치단체 상호 간, 지방자치단체 상호 간 권한의 존재 여부나 범위에 관해 갈등이 생긴 경우 헌법재판소가 헌법해석을 통해 유권적으로 분쟁을 해결하는 재판이다. 헌법에서 명시적으로 국가 권력을 배분하고 있지만 수권기관 사이에는 언제든지 그 권한의 존재 여부, 소재, 범위에 대해 권력 다툼이 벌어질 수 있다. 만약 이러한 다툼을 그대로 놓아두면 국가 기능이 마비될 뿐만 아니라 국가의 기본질서가 어지러워지고, 결과적으로 국민의 기본권이 침해당할 우려가 크기 때문에 헌법재판을 통해 해결하도록 한 것이다.

당시 여당인 한나라당은 방송 산업의 경쟁력을 강화하고 미디어 산업의 발전을 꾀한다는 명분으로 지상파의 20퍼센트, 종합 편성·보도 전문 채널 케이블 방송PP의 49퍼센트까지 신문과 자본의 방송 시설 참여가 가능하도록 하고, 방송사 지배주주 1인의 소유 제한을 30퍼센트에서 49퍼센트로 상향하는 등 미디어법안의 개정을 추진했다. 이에 대해 민주당과 언론 노조 등 야권은 미디어법 개정안이 언론의 다양성을 해치고 여론의 독과점을 가져오는 악법으로서 여당과 재벌, 수구 언론이 여론을 장악해 장기 집권의 토대를 만들려는 술수라며 격렬하게 대립했다.[17]

2009년 7월 22일 오전 11시경 국회의장이 소위 '미디어법안(신문법안, 방송법안, 인터넷멀티미디어법안)'을 국회 본회의에 직권 상정했으나 민주당 등 야당 의원들이 출입문을 봉쇄해 여당 의원들은 본회의장에 진입할 수 없었다. 같은 날 15시 35분경 국회부의장이 의사 진행을 위임받아 미디어법안을 일괄 상정하고 심사 보고, 제안 설명, 질의, 토론 과정을 생략한 채 전자표결에 붙인 뒤 미디어법안 가결을 선포했다. 본회의 진행 당시 의장석 주변에는 국회 경위들과 한나라당 소속 의원 상당수가 야당 의원들의 의장석 점거를 막기 위해 병풍처럼 에워쌌고, 야당 의원들은 "대리투표 무효" 등의 구호를 외치며 곳곳에서 국회부의장의 의사 진행을 저지하려고 하면서 한나라당 소속 의원들과 몸싸움을 벌이고 있었다. 국회에서 가결 선포된 미디어법안 등은 2009년 7월 27일 정부로 이송되어 다음 날인 2009년 7월 28일 국무회의에 상정되었으며, 2009년 7월 31일 공포되었다.

이후 진보신당, 민주당, 창조한국당, 민주노동당 등 야당 소속 국회의원들은 헌법재판소에 자신들의 심의 및 표결 권한이 침해되었음을 이유로 권한쟁의심판을 청구했다. 청구인들은 방송법 수정안에 대한 표결 결과 투표에 참가한 의원 수가 재적 의원의 과반수에 달하지 못해 법률안이 부결되었는데도 국회부의장이 동일한 법률안에 대해 즉석에서 재투표를 실시하고 방송법안의 가결을 선포하여 한번 부결된 의안은 같은 회기 내에는 다시 제출할 수 없다는 '일사부재의의 원칙'에 반했다고 주장했다. 또 신문법 수정안을 권한 없는 자가 표결(자리에 없는 의원의 표결 버튼을 대리로 누르는 일명 옆자리 버튼 누르기)했으며, 법률안을 제안한 취지를 설명하면서 질의하고 토론하는 과정을 생략하는 등 명백하고 중대한 절차상 하자가 있으므로, 국회부의장이 각 법률안의 가결을 선포한 행위는 적법 절차의 원칙에 위배하여 국회의원인 청구인들의 법률안 심의·표결권을 침해했다고 주장했다.

요약하면 당시 민주당 등 야당 소속 국회의원들이 국회의장 등을 상대로 '신문 등의 자유와 기능 보장에 관한 법률 전부개정법률안', '방송법 일부개정법률안', '인터넷멀티미디어 방송사업법 일부개정법률안' 등 소위 미디어법안의 심의·표결 등 처리 과정에서 국회의원의 심의·표결권을 침해했다고 헌법재판을 청구한 권한쟁의심판 사건이다. 헌법재판소는 피청구인 국회의장 등이 2009년 7월 22일 국회 본회의에서 신문법과 방송법 등 두 개 법률안을 직권 상정하여 가결을 선포한 행위는 청구인인 국회의원들의 심의·표결권을 침해했다고 결정(신문법안 6:3, 방송법안 5:4)하면서도, 두 법률안의 가결 선포 행위에 관한 무효 확인 청구는 기각(신문법안 6:3, 방송법안 7:2)했다(헌재 2009. 10. 29. 2009헌라8등, 판례집 21-2하, 14). 헌법재판소에서 법률의 위헌결정, 탄핵결정, 정당해산결정 또는 헌법소원에 관한 인용결정을 할 때는 재판관 6인 이상의 찬성이 있어야 하지만(헌법 제113조 제1항), 권한쟁의심판의 경우 최종적으로 소송 사건의 잘잘못을 가리는 종국심리에 관여한 재판관 과반수의 찬성으로 사건에 관해 결정한다(헌법재판소법 제23조 제2항).

헌재는 신문법 수정안 가결 선포 행위에서는 피청구인이 신문법안을 다른 법안들과 일괄 상정하고 위원회의 심사를 거치지 않았음에도 질의나 토론 없이, 또 의안 내용을 사전에 제공하지 않은 채 신문법 수정안에 대한 표결을 선포했고, 신문법 수정안이 회의 진행 시스템에 입력되자마자 약 30초 후 투표가 시작된 점 등을 고려할 때, 청구인들이 표결이 선포되기 전에 질의나 토론 신청을 준비하는 것은 물리적으로 불가능했다고 보았다. 이러한 사정을 종합하면, 피청구인의 의사 진행은 청구인들에게 신문법 수정안에 대한 질의나 토론을 신청할 기회를 사전에 부여했다고 볼 수 없고, 국회의장이 질의나 토론을 신청했는지 여부를 확인하거나 이를 언급도 하지 않은 채 질의 및 토론을 생략하고 곧바로 표결 처리로 넘어간 의사 진행 방식은 국회의장의 의사 진행 권한의 한계를 넘어 청구인들의 질의 및 토론의 기회를 봉쇄하는 것으로 정당화될 수 없으므로 국회법 제93조를 위반하여 청구인들의 심의·표결권을 침해한다고 판단했다(권한침해 확인 청구를 인용한 6인 다수의견).

방송법 수정안 가결 선포 행위에 대해서는 전자투표로 표결하는 경우 국회의장이 투표 종료를 선언하면 투표 결과가 집계되어 안건에 대한 표결 절차는 실질적으로 종료되므로, 1차 투표가 종료되어 재적 의원 과반수의 출석이라는 조건에 미달되었음을 확인한 이상 방송법 수정안에 대한 국회의 의사는 부결로 확정되었다고 보아야 한다. 그러므로 피청구인이 1차 투표 결과 재석 의원이 부족해 가결되지 않자 재투표를 독려해 2차 투표를 한 후 가결을 선포한 행위는 일사부재의의 원칙(국회법 제92조)에 위배하여 청구인들의 표결권을 침해한다고 판단했다(권한침해 확인 청구를 인용한 5인 다수의견).

아울러 신문법안 가결 선포 행위에 대한 무효 확인 청구는 국회의 입법 자율권을 존중해 위헌·위법 상태의 시정은 피청구인에게 맡겨두는 것이 타당하다거나, 헌법 규정을 명백히 위반한 경우에 해당하지 않는다는 등의 이유로 기각했다(6인 다수의견). 방송법안 가결 선포 행위에 대한 무효 확인 청구도 국회법을 위반해 청구인들의 심의·표결권을 침해했으나 그 하자가 입법 절차에 관한 헌법 규정을 위반하는 등 취소 또는 무효로 할 정도에 해당한다고 보기 어렵다거나 국회의 자율적 의사 결정에 의해 해결할 영역이라는 등의 이유로 기각했다(7인 다수의견).

헌재의 결론은 이 사건의 심판 대상은 법률 개정 행위로서 국회 의사 진행 과정에서 위법성은 인정되나 법률은 유효하다는 것으로 이에 대해 야당과 진보 언론, 법학계에서 많은 비판을 받았다.[18] 그러나 법률 제·개정 과정의 위법은 그 하자가 중대하지 않다면 당연히 정치적 형성권을 가진 의회에 해결을 맡긴다는 의도로 삼권분립의 정신에 따라 입법부를 존중한다는 의미라고 할 수 있다. 어떻든 앞의 결정에서 국회의원의 심의·표결권이 침해되었다는 헌재의 확인으로 국회는 법질서와 합치하는 상태를 회복해야 할 의무를 지게 되었다.

2009년 12월 청구인 중 일부가 새로 발의한 신문법, 방송법 폐지 법률안에 대해 국회의장이 심의·표결권을 행사할 수 있는 조치를 취하지 않은 부작위가 청구인들의 심의·표결권을 침해했다고 주장하며, 2차 미디어법 권한쟁의심판을 청구했다(2009헌라12). 이에 대해 헌재는 "권한쟁의심판의 기속력(헌법재판소의 결정이 다른 국가기관을 구속하는 효력) 때문에 국회는 헌법재판소의 결정에서 명시한 위헌·위법성을 제거할 헌법상의 의무를 부담하지만 위헌·위법성을 제거하는 구체적 방법은 전적으로 국회에 맡겨져 있다"는 이유로 기각했다(헌재 2010. 11. 25. 2009헌라12, 판례집 22-2하, 320).[19]

2016년 10월 24일 종합 편성 채널 중 하나인 JTBC가 소위 '태블릿 PC 사건'을 보도한 이후 박근혜 대통령의 직무유기와 직권남용이 본격적으로 헌법적 쟁점으로 부각되기 시작했다. JTBC는 대통령 최측근인 민간인의 태블릿 PC를 입수한 경위와 그 내용을 순차적으로 보도했다.[20] 보도에 따르면 태블릿PC에는 민간인이 헌법과 법률이 정한 적법한 절차를 거치지 않은 채 대통령의 연설문을 사전에 보고받고 직접 수정하는가 하면, 대중에 공개되지 않은 국방, 외교 사안이 담긴 민감한 비밀 자료에 자유롭게 접근했다는 내용 등이 담겼다.

JTBC의 보도 이후 국민 여론이 들끓었다. 박 전 대통령은 보도 다음 날인 2016년 10월 25일 대국민 담화를 열고 사과했지만 국민들의 분노는 더욱 커졌다. JTBC의 보도 이후 첫 번째 주말이었던 2016년 10월 29일 토요일, 2만여 명의 시민들이 서울 광화문 광장으로 나와 촛불을 들고 대통령 퇴진을 외쳤고, 2016년 12월 3일 전국 곳곳에서 열린 6차 촛불 집회에는 주최 측 추산 232만 명이 참석했다. 국내 정치 상황이 급변하자 국회는 박 전 대통령의 탄핵소추를 의결하고 헌법재판소에 대통령 탄핵심판을 제청하기에 이르렀다.

2009년 미디어법 개정 당시에는 신설되는 종합 편성 채널 다수가 보수적 색채가 강하고 정치적 편향이 심하리라는 우려와 논란이 있었으나, 2016년 말 탄핵 정국에서 종합 편성 채널인 JTBC의 활약을 돌이켜 보면 매우 역설적인 결과라 할 수 있다.

친일의 역사, 용서할 수 있는가

친일 재산 환수 사건(2011. 3. 31.)[1]

용서Verzeihen는 복수와 보상의 포기다. 용서는 정의롭지도, 경제적이지도, 논리적이지도 않다. 용서하는 사람은 마땅히 받아야 하는 것을 요구하지 않는다. 단념하고 중지하고 멈춘다.[2] 하지만 우리의 법은 죄지은 자는 죗값을 치러야 한다고 주장한다. 따라서 용서는 우리 삶을 근본적으로 결정하는 법의 너머에서 이루어진다. 가톨릭은 이러한 문제를 해결하기 위해 고해성사를 만들어냈다. 고백과 면죄를 통해 죄인이 죄로부터 풀려나는 것이다. 하지만 인간은 마술사처럼 순식간에 죄를 없앨 수 없다. 그저 죄에 대해,

죄와 관련해 행동할 수 있을 뿐이다. 용서는 이러한 한계를 계산에 넣는다. 죄인의 죄는 여전히 남는다. 용서는 피해자에게 구하지만, 면죄는 신에게 청한다. 하지만 사람들은 근대에 이르기까지 용서와 면죄를 같은 것이라 생각했다. 용서를 정의로운 신의 속성인 수동성, 즉 아무것도 하지 않는 것의 덕목이라고 여겼다. 이때 신은 악행에 대한 추적을 중단함으로써 그 죄를 사한다.[3]

자크 데리다는 "용서할 수 없는 죄만 용서할 수 있다"는 역설적인 말을 남겼다.[4] 데리다에 따르면 용서는 '용서할 수 없는 것'이 있다는 사실을 인정하는 데서 출발한다. 용서할 수 없기 때문에 용서를 요청한다는 것이다. 그에게 용서는 용서의 요청과 수락이라는 합의의 형태를 지닌다. 데리다의 세계에서 '용서할 수 있는 것'은 침묵한다. 용서받을 필요가 없기 때문이다.

이에 반해 한나 아렌트는 용서받을 수 없는 것의 용서 가능성을 처음부터 배제한다. 아렌트에게 용서는 가해자가 미리 알았던 악에는 적용되지 않으며, 그 악을 저지른 범죄자와도 관련이 없다.[5] 가해자가 제아무리 간청하더라도 용서할 수 없는 것은 용서되지 않는다. 아렌트의 용서 개념은 합리성의 경계 안에 머문다. 경계를 넘어가는 것은 용서할 수 없다. 아렌트는 용서를 "부단히 변하고 바뀌는 현실을 파악하고 현실과 화해하려는 끝나지 않는 활동"[6]이라고 말했다. 그에게 용서는 부단한 활동을 통해 세상에 깃들고자 하는 노력이다.

블라디미르 얀켈레비치Vladimir Jankélévitch는 아렌트와 비슷한 논리를 전개한다. 얀켈레비치에 의하면 홀로코스트와 관련된 독일인들의 죄는 시효가 소멸될 수 없고 영원히 지속되어야 한다. 영겁의 시간이 지나더라도 상처는 가시처럼 돋아나 피해자를 파고들기 때문이다. 얀켈레비치는 독일의 죄는 속죄될 수 없으며 단 한 번도 용서를 구한 적이 없기 때문에 더더욱 용서할 수 없다고 말했다. "용서에 의미와 이유를 부여할 수 있는 것은 죄인의 고통과 고뇌와 고독뿐이다. 죄인이 잘 먹고 윤택한 삶을 살고 있다면 용서는 암울한 농담으로 변한다."[7]

칸트는 "너의 준칙이 보편적 법칙이 되도록 행동하라"[8]고 말했다. 우리 행동의 기준이 보편적 법칙, 즉 세상 어디에서나 통하는 기준이 될 수 있도록 하라는 말이다. 우리에게 도덕적 능력을 선사하는 것은 자유라고 한다. 인간은 짐승과 달리 자주적으로 자신의 경향성을 극복하고 오직 이성에만 순종한다. 따라서 인간은 모든 도덕적 행동의 원칙과 그것의 바탕이 되는 이성에 순종해야 한다. 칸트의 도덕관은 용서의 불가능성에 이른다. 우리는 본성의 노예가 아니며, 스스로 악을 판단할 자유가 있기 때문이다. 어떤 행위를 악하다고 규정할 수 있는 이유는 행위가 자유에 기인하기 때문이다.

알고 보면 모든 종교의식의 공통점은 가장 잔혹한 의례 형식인 고문과 희생(제물)이었다. 고통은 기억을 불러내는 가장 효과적인 수단이기 때문이다.[9] 니체는 이러한 고통이 양심의 근원이라고 생각했다. 죄와 고통이 서로 단단하게 묶여 있기에 양심의 가책을 느낀다는 것이다. 고통은 죗값이다. 죄와 죗값의 관계를 들여다보면 도덕과 경제가 긴밀한 사이라는 점을 쉽게 알 수 있다. 우리는 지금도 여전히 보상을 이야기한다. '죗값을 치렀다', '죄를 갚았다'고 말한다. 니체에 따르면 죄라는 중요한 도덕적 개념은 부채라는 지극히 물질적인 개념에서 유래했다.[10] 따라서 도덕의 뿌리는 경제학이다. 모든 손해에는 보상이 될 만한 등가물이 있다. 우리는 금전적 배상뿐만 아니라 가해자의 고통을 통해서도 배상받을 수 있다고 생각한다.[11]

누군가 타인으로부터 불공정하게 취득한 이익을 청산하는 것은 평균적 정의의 영역에 속한다. 국가가 가해자의 재산을 빼앗아 피해자에게 이전하는 손해배상과는 달리, 이 경우에는 국가가 불공정한 재산을 제자리에 갖다 놓는다. 행위자의 고의나 과실은 중요하지 않다. 불공정한 재산 상태가 공정한 상태로 복귀하는 것만이 중요하다. 따라서 불공정한 이익이 존재하는 한 반환 의무는 존재한다.[12] 국가나 지방자치단체의 도시화 사업에 따라 개인이 소유한 토지의 재산적 가치가 증가한 경우, 공법의 영역에서는 그러한 이익의 청산을 의무화하고 있다. 그러한 가치의 증가는 토지 소유자의 노력이 아니라 국가나 지방자치단체의 개발 경비에 의해 만들어졌기 때문이다. 불공정한 자산에 대한 청산의 문제는 민법적 청구권의 영역을 넘어선다.

'친일 재산 환수 사건'은 수많은 국민의 피와 희생을 바탕으로 형성된 불공정한 이익 체계를 사회적 용서의 문제로 포섭 가능한지에 대한 헌법적 성찰이 담겨 있다.

이 사건은 '친일반민족행위자 재산의 국가귀속에 관한 특별법(이하 '친일재산귀속법')'에서 과거사를 청산하기 위해 친일 행위로 축적한 재산을 국가로 귀속시키도록 한 조치가 헌법에 위반되지 않는다고 결정한 사건(헌재 2011. 3. 31. 2008헌바141등, 판례집 23-1상, 276)이다.[13]

해방 이후 일제 과거사 문제에 대해서는 청산 작업이 실효적으로 이루어지지 못했다는 정치적·사회적 논란이 지속적으로 제기되었고, 이에 대한 사회적 공감대가 형성되어 2005년 12월 앞의 특별법이 제정·시행되었다. 이에 따라 친일반민족행위자재산조사위원회(이하 '조사위원회')가 조사 절차를 거쳐 친일반민족행위자 후손들의 재산을 국가로 귀속시키자, 이에 대해 그 후손들이 헌법소원을 제기해 사회적 논란을 더욱 크게 불러일으켰다.

'친일 재산 환수 사건(2008헌바141등)'은 '헌바' 사건, 즉 '위헌심사형 헌법소원' 사건이며, 일곱 개의 관련 사건이 병합되었다. '위헌심사형 헌법소원'이란 형식은 헌법소원, 즉 기본권 보호를 요청하지만 실제로는 위헌법률심판, 즉 구체적 규범통제인 헌법재판을 의미한다. 앞에서 보았듯 '구체적 규범통제' 절차는 소송계속 중에 당사자(원고 또는 피고)가 법원에 관련 법률의 위헌심판청구를 신청하면, 법원이 그 옳고 그름을 판단해 헌법재판소에 위헌법률심판을 제청한다. 만약 법원이 당사자의 위헌법률심판 제청 신청을 인용하면 법원이 직접 헌법재판소에 제청하고, 법원이 제청 신청을 기각하면 당사자가 직접 헌법재판소에 위헌법률심판을 해달라는 내용의 헌법소원을 제기할 수 있다. 이러한 경우를 '위헌심사형 헌법소원'이라고 한다. 재판 결과를 당사자 입장에서는 원고 '승소' 또는 원고 '패소'라는 표현을, 재판부 입장에서는 '인용(또는 위헌)' 또는 '기각(또는 합헌)'이라는 표현을 사용한다. '인용'이란 청구인(원고)의 주장이 '이유 있다', 즉 '타당하다'고 '재판부가 받아들이는 것', 즉 '원고 승소'를, '기각'이란 청구인(원고)의 주장이 '이유 없다', 즉 '타당하지 않다'며 '재판부가 배척하는 것', 즉 '원고 패소'를 의미한다. 일반적으로 이 사건같이 위헌심사형 헌법소원 사건(헌법재판소법 제68조 제2항, 헌바 사건)이나 위헌법률심판 사건(같은 법 제41조, 헌가 사건) 등 규범통제 사건에서는 인용결정의 경우 "~은 헌법에 위반된다" 또는 "~은 헌법에 합치되지 아니한다", 기각결정의 경우 "~은 헌법에 위반되지 아니한다"는 주문 형식으로 선고하고 있다. 그러나 그 밖의 권리구제형 헌법소원(같은 법 제68조 제1항, 헌마 사건)이나 탄핵심판(같은 법 제48조, 헌나 사건), 정당해산심판(같은 법 제55조, 헌다 사건), 권한쟁의심판(같은 법 제61조, 헌라 사건) 사건에서는 청구가 이유 없는(기각결정의) 경우 모두 "이 사건 심판청구를 기각한다"는 주문 형식으로, 선고가 이유 있는(인용결정의) 경우 청구의 구체적 내용에 따라 "당해 공권력 행사를 취소한다", "피청구인 ○○○을 파면한다", "피청구인 ○○정당을 해산한다", "~에 관한 권한은 청구인에게 있음을 확인한다" 등의 주문 형식으로 선고하고 있다.

이 사건에서 헌법재판소는 "'친일반민족행위자 재산의 국가귀속에 관한 특별법' 제2조 제1호 가목(2006. 9. 22. 법률 제7975호로 개정된 것), 제2호 후문, 제3조 제1항 본문(각 2005.

12. 22. 법률 제7769호로 제정된 것)은 헌법에 위반되지 아니한다"고 주문을 선고해, 청구인들의 헌법소원심판 청구를 기각(심판 대상 조항들이 합헌임을 선언)했다.

대표 사건인 '2008헌바141'의 개요를 살펴보면 다음과 같다. 민○휘(1852~1935)는 한일합병 등에 기여한 공로로 일본국으로부터 자작 작위를 받았고, 은사공채를 지급받았으며, 사망 무렵 정3위로 추서되었다. 민○휘는 식민지 경제정책을 뒷받침하기 위해 설립된 조선식산은행의 설립위원으로 임명되었고, 황국신민화 교육을 추진하기 위해 조선 총독의 자문기구로 설치된 조선교육회의 부회장으로 선임되었다. 또 철저한 일선日鮮 융화 등을 목적으로 자신이 설립한 조선실업구락부와 또 다른 일선 융화 단체인 대정친목회의 고문으로 활동했다. 민○휘는 이와 같이 식민 통치에 협력한 공으로 쇼와 대례기념장과 은배, 금배 등을 수여받고, 상당한 토지를 이전받았다.

2005년 설립된 조사위원회가 친일재산귀속법에 따라 조사 절차를 거쳐 "민○휘의 토지는 친일 재산에 해당하므로 국가에 귀속된다"는 결정을 내리자, 민○휘의 후손인 청구인들은 서울행정법원에 조사위원회를 상대로 귀속 결정의 취소를 구하는 소송을 제기했다. 소송계속 중 친일재산귀속법이 소급입법으로 위헌적인 법률이라는 이유로 위헌법률심판 제청 신청을 했으나, 서울행정법원이 이를 기각하자, 청구인들이 직접 헌법재판소에 해당 법률의 위헌 여부를 심판해달라는 내용의 헌법소원심판을 청구했다.

헌법재판소는 "이 사건의 귀속 조항은 민족의 정기를 바로 세우고 일본 제국주의에 저항한 3·1운동의 헌법 이념을 구현하기 위한 것이므로 입법 목적이 정당하고, 민법 등 기존 재산법 체계에 의존하는 방법만으로는 친일 재산 처리에 난항을 겪을 수밖에 없으므로 이 사건의 귀속 조항은 앞의 입법 목적을 달성하기 위한 적절한 수단이 된다. 귀속 조항은 반민규명법이 정한 여러 유형의 친일반민족행위 중 사안이 중대하고 범위가 명백한 네 가지 행위[14]를 한 자의 친일 재산으로 귀속 대상을 한정하고 있고, 이에 해당하는 자라 하더라도 후에 독립운동에 적극 참여한 자 등은 예외로 인정될 수 있도록 규정해두었으며, 친일반민족행위자 측은 그 재산이 친일 행위의 대가로 취득한 것이 아니라는 점을 입증해 얼마든지 국가 귀속을 막을 수 있고, '선의의 제3자'[15]에 대한 보호 규정도 마련되어 있으므로 이 사건의 귀속 조항은 피해의 최소성 원칙에 반하지 않으며, 과거사 청산의 정당성과 진정한 사회통합의 가치 등을 고려할 때 법익의 균형성 원칙에도 부합한다. 따라서 이 사건의 귀속 조항은 재산권을 침해하지 않는다"고 판단했다.

헌재는 친일 재산의 취득 경위에 내포된 민족 배반적 성격, 대한민국 임시정부의 법통 계승을 선언한 헌법 전문 등에 비추어볼 때 친일반민족행위자 측으로서는 친일 재산의 소급적 박탈을 충분히 예상할 수 있었다고 보았다. 또 친일 재산 환수 문제는 그 시대적 배경에 비추어 역사적으로 매우 이례적인 공동체 과업으로서 소급입법의 합헌성을 인정한다 하더라도 이를 계기로 진정소급입법이 빈번하게 발생하리라는 우려는 충분히 불식될 수 있으므로 귀속 조항은 예외적으로 정당화될 수 있는 진정소급입법에 해당하고, 귀속되는 재산의 범위가 과도하지 않으므로 재산권을 침해하지 않는다는 이유로 합헌을 선언해 논란을 종식했다. 이 결정으로 친일 재산 환수 작업은 중단 없이 지속될 수 있었으며 10년 이상 지나면서 1,000억 원 이상의 토지가 국가로 귀속되는 등 상당 부분 정리되었다.[16]

결론적으로 헌재의 결정은 친일반민족행위자가 일제 침략 시기와 강점기에 불공정하게 취득한 재산을 국가에 귀속시켜 친일의 역사와 반민족 행위는 결코 용서의 대상이 될 수 없으며 반드시 대가를 치르고야 만다는 역사의식을 고양하고, 일제 과거사를 청산하는 데 기여했다. 또 우리 헌법 전문에 담긴 3·1운동의 정신을 계승하여 역사적 정의를 실현했다고 할 수 있다.

07

정당하지 않은 헌법은
어떻게 다뤄야 하는가

긴급조치 사건(2013. 3. 21.)[1]

합법성Legalität과 정당성Legitimität은 매우 밀접하고 상호 의
존적이어서 언뜻 분리할 수 없는 듯 보인다. 그러나 비민
주적인 국가 또는 권위주의 정권에서는 정당하지 않은 법
적 조치, 즉 정당성을 결여한 합법성을 취하는 일이 다반
사이기 때문에 합법성과 정당성의 분리 현상이 발생한다.
1935년 9월 15일 독일 의회는 만장일치로 '독일의 혈통 및
명예 보호에 관한 법률(소위 '혈통보호법' 또는 '뉘른베르크 인
종법')'을 통과시켰다.[2] 그 내용은 유대인과 비유대인 간의
결혼과 혼외 성관계를 금지하고, 이를 어긴 '인종 모욕 행

위자'에게 형벌을 부과하는 것이었다.[3]

　이 법률은 "모든 독일인은 법 앞에 평등하다"고 규정한 바이마르헌법 제109조 제1항[4]을 명백하게 위반했다. '혈통보호법'은 평등에 관한 헌법상의 기본 원리와 기본권을 침해했으므로 위헌법률로서 무효라고 보아야 한다. 그러나 바이마르공화국은 독일연방공화국과 달리 실질적 법치국가가 아닌 형식적 법치국가였기 때문에 국민의 기본권이 국가권력을 구속하지 않았다. 의회 내에서 재적 의원의 3분의 2 출석, 출석 의원의 3분의 2 찬성으로 헌법에 배치되는 법률을 제정하면 헌법 내용을 언제든지 바꿀 수 있었다.[5,6] 혈통보호법을 제정하는 데 필요한 3분의 2 다수는 당시 독일 의회 내에서 얼마든지 손쉽게 구할 수 있었다.[7] 당시 많은 법률가들이 뉘른베르크 인종법을 합법으로 간주했다. 왜냐하면 정의롭지 못한 실체적 내용에도 법률제정 과정에 논리적 모순이 없었기 때문이다.

　오늘날의 견해에 따르면 이러한 피해자에 대한 인권침해는 형식적인 법적 상황, 즉 합법성을 갖추고 있더라도 그 내용이 지극히 반인륜적이고 반인도적이기 때문에 실질적인 법적 상황, 즉 정당성을 결여했다. 카를 슈미트는 형식적 합법성의 위험성에 대해 다음과 같이 말하고 있다. "국가권력이 정당성을 얻으려면 국민의 저항권을 극복할 수

있어야 한다. 하지만 국가권력이 합법성을 획득하면 국가
권력에 대한 모든 저항과 반항을 부당하고 불법적인 것으
로 만들 수 있다."[8]

전쟁 이후인 1968년에 독일 연방헌법재판소는 혈통보호
법에 대해 명확하고 분명한 입장을 최종적으로 밝혔다. "국
가사회주의자들의 법적 지시는 정의의 기본 원칙에 명백히
반하기 때문에 법적 효력을 인정할 수 없다. 문제가 된 사
안에 이러한 법률을 적용해야 하는 경우 법원은 이러한 지
시가 불법임을 선언해야 한다. 1941년 11월 11일의 제국
시민법 제11조는 정의에 대한 모순이 참을 수 없는 지경에
이르렀으므로 처음부터 무효다."[9]

정당성은 정치적 지도의 정의로움에 대한 믿음과 신뢰를
의미한다. 정당성은 제도, 규범, 인물이 그에 상응하는 품위
를 지니고 있는지 여부에 대한 일반적 승인과 관련된다.[10]
법적 조치가 명백히, 노골적으로 부당한 경우, 정당성을 명
백하게 결여한 것이므로 무효로 보아야 한다. 국가사회주
의의 법질서를 예로 든 것은 극단적인 사례는 근본적인 방
법으로 법과 정의의 관계를 이해할 수 있게 하기 때문이다.

그렇다면 자유민주주의 국가에서도 정당성 없는 법률이
존재할 수 있을까? 이 문제는 정의와 관련하여 특히 중요
하다. 예를 들어 특정 법률이 정당 기부금과 직접 관련되었

을 때, 즉 특정 단체가 특정 법률 제정을 조건으로 기부금을 냈다는 인상을 심어주는 경우 그 법률은 정당성을 결여한다. 합리적 이성인이라면 예단을 배제하고 결말을 열어두어야 한다 하더라도 이러한 법률은 결코 공정할 수 없다.

2010년 독일 자유민주당FDP은 호텔 운영자에 대한 세금 감면을 추진함과 동시에 뫼벤픽Mövenpick 호텔 그룹으로부터 100만 달러의 정당 기부금을 받은 것으로 드러났다. 당시 기민/기사연합CDU/CSU과 연립정부를 구성하고 있던 자유민주당은 연방의회에서 호텔 숙박업에 대한 부가가치 세율을 19퍼센트에서 7퍼센트로 대폭 낮추었다.[11] 기민/기사연합은 연립정권 유지의 필요성 때문에 자유민주당을 따랐다.

이처럼 오늘날의 의회민주주의, 정당민주주의가 만들어내는 많은 법률이 회색 지대, 즉 정당성과 부당성의 중간 지대에 존재한다. 특정 법률이 불법적인 고객 정치의 산물인지, 아니면 유권자 이익을 정당하게 보호하는지가 처음부터 명확하지 않다. 비록 정당한 법과 부당한 법을 구분할 수 있는 분명하고 객관적인 기준은 존재하지 않지만, 정의롭지 못한 법률을 발견하고 이를 무효화하는 힘은 '깨어 있는 시민의식'으로부터 나온다.

'긴급조치 사건'은 합법성과 정당성을 어떻게 조화시킬지,
헌법 목적에 위배된 헌법 규정을 어떻게 정당성의 영역으로
복귀시킬지에 대한 진지한 국가법적 고민이 담겨 있다.

이 사건은 유신헌법 제53조에 따라 발령된 대통령 긴급조
치 제1호(1974. 1. 8. 제정, 1974. 8. 23. 해제), 제2호(1974. 1. 8. 제
정), 제9호(1975. 5. 13. 제정, 1979. 12. 7. 해제)에 대한 위헌심판
권한은 헌법재판소에 있고, 앞의 긴급조치는 모두 헌법에 위
반된다고 재판관 전원일치의 의견(8:0)으로 결정한 사건이다
(헌재 2013. 3. 21. 2010헌바132등, 판례집 25-1, 180).

유신 정권에서 정부에 비판적인 태도를 보인 많은 사람들
이 앞의 긴급조치에 의해 처벌받았다. 당시의 억압적인 시대
분위기와 긴급조치에 대한 사법심사를 금하는 유신헌법 규정
등으로 인해 긴급조치의 위헌 여부는 판단이 제대로 이루어
지지 못했다. 민주화가 된 이후 2000년대 들어 과거사 진상규
명 움직임에 따라 긴급조치 위반 사건에 대해 재심이 개시되
었고, 긴급조치의 위헌 여부 문제가 본격적으로 제기되기 시
작했다.

'긴급조치 사건(2010헌바132등)'은 '헌바' 사건, 즉 위헌심사
형 헌법소원 사건으로 여러 개의 유사 사건이 병합되었다. 대

표 사건인 '2010헌바132'의 개요를 살펴보면 다음과 같다.

청구인은 1978년 서울지방법원 영등포지원에서 대통령 긴급조치 제9호 위반으로 징역 1년 6월 및 자격정지 1년을 선고받고 '항소'했다. 1979년 서울고등법원은 원심판결을 '파기'하고 징역 1년 및 자격정지 1년을 선고했으며, 1979년 대법원은 청구인의 '상고'를 기각하고 원심판결을 그대로 '확정'했다. '항소'는 1심판결에 불복하고 2심에 소송을 제기하는 것, '상고'는 2심판결에 불복하고 대법원에 소송을 제기하는 것이다. '파기'는 상급심에서 하급심 판결을 취소하는 것을 말한다. 이 사건에서는 1심의 형량(징역 1년 6월과 자격정지 1년)이 과도하다고 판단해 이를 취소하고 징역 1년과 자격정지 1년을 선고했다. '확정'이란 법률적으로는 '어떤 법원에서도 다툴 수 없도록 해당 판결을 종결한다'는 의미다.

청구인은 30년의 세월이 지난 2009년 서울고등법원에 앞의 확정판결(1979년 대법원 판결)에 대한 '재심'을 청구했고, 소송계속 중 유신헌법 제53조와 긴급조치 제9호가 헌법에 위반된다는 이유로 위헌법률심판 제청을 신청했다. 2010년 서울고등법원은 유신헌법 제53조는 헌법이지 법률이 아니므로 '위헌법률심판의 대상'이 되지 않는다는 이유로 각하하고, 긴급조치 제9호에 대해서는 재심 개시에는 형사소송법 제420조(재심 이유)가 직접 적용되지 대통령 긴급조치가 적용되지 않으므로 문제가 된 '법률'이 당해 '소송에 적용'되는 경우인 '재판의 전제성'이 인정되지 않는다는 이유로 각하했다. '재심'이란 어느 법원에서도 다툴 수 없도록 종결된 확정판결의 사실인정에 중대한 오류(예를 들어 잘못된 증거의 채택)가 있는 경우 그 판결의 당부를 다시 심리하는 비상적 구제 수단을 의미한다.

2010년 청구인은 유신헌법 제53조와 긴급조치 제9호의 위헌성을 다투기 위해 직접 헌법재판소에 헌법소원심판을 청구했다. 헌법재판소는 청구인의 청구를 적법한 헌법소원으로 인정하고 청구인 주장의 당부를 판단했다. 당시 청구인이 재판을 받는 절차에서 유신헌법 제53조 제4항에 의해 긴급조치의 위헌성을 다툴 수조차 없는 규범적 장애가 있었고, 30년도 더 지난 시점에서 형사소송법에 의한 재심 개시가 사실상 어려운 상황임을 감안해 예외적으로 재심 개시 여부 재판과 본안 재판 전체를 당해 사건으로 보아 재판의 전제성을 인정해준 것이다. 헌법재판소는 유신헌법에 대한 비판, 유신헌법 개정 주장, 유언비어 날조 등을 처벌하면서 그 위반자는 법관의 영장 없이 체포·구속·압수·수색할 수 있다고 규정했던 긴급조치 제1호와 이를 위반한 자를 심판하기 위해 설치했던 비상군법회의의 조직법인 긴급조치 제2호는, 대한민국 헌법의 근본원리인 국민주권주의와 자유민주적 기본질서에 부합하지 않으므로 목적의 정당성과 방법의 적절성이 인정되지 않는다고 판단했다. 구체적으로는 국가긴급권의 발동이 필요한 상황과는 전혀 상관없이 헌법에 대한 자신의 견해를 단순하게 표명하는 모든 행위까지 처벌하고, 처벌의 대상이 되는 행위도 구체적으로 특정하고 있지 않다. 이는 표현의 자유 제한의 한계를 일탈해 국가형벌권을 자의적으로 행사한 것이고, 죄형법정주의의 명확성 원칙에 위배되며, 국민의 헌법 개정 권력 행사와 관련된 참정권, 국민투표권, 영장주의 및 신체의 자유, 법관에 의한 재판받을 권리 등을 침해한다고 선언했다.

아울러 학생의 모든 정치 관여 행위를 금지하고 위반자에 대해서는 제적을 명하고 소속 학교를 휴업·휴교·폐쇄 조치할 수 있도록 한 긴급조치 제9호에 대해서도 목적의 정당성과 수단의 적합성을 인정하지 않았다. 또 학생의 집회·시위의 자유, 학문의 자유와 대학의 자율성 내지 대학 자치의 원칙을 본질적으로 침해하고 당시 위반자 소속 학교를 휴업·휴교·폐쇄 조치하는 것은 헌법상 자기책임의 원리에도 위반된다고 선언했다.

헌재 결정의 가장 큰 의미는 긴급조치가 외형상으로는 당시 유신헌법에 법적 근거를 두고 있었으나, 현행 헌법에 비추어 보면 실은 위헌적 행위이며 그와 같은 전체주의적 인권침해는 우리 헌법상 결단코 용납될 수 없음을 확인하고, 그러한 폭력적 억압의 시대가 결코 다시 반복되어서는 안 된다는 확고한 역사적 반성을 천명했다는 사실이다. 아울러 이를 통해 권위주의 시대의 공권력 남용을 법적으로 청산함과 동시에 그 피해자들에 대한 법적 배상 및 보상의 길을 열어놓았다.

헌재의 결정은 큰 파장을 몰고 왔다. 위헌결정이 난 후 긴급조치 제1·2·9호 관련자들이 영장 없는 체포와 감금·가혹 행위를 이유로 국가를 상대로 형사보상금 청구와 손해배상 청구 소송을 잇달아 제기했다.[12] 한편 종래의 대법원 판례는 긴급조치는 유신헌법에 근거해 사법적 심사의 대상이 되지 않는다거나 대통령의 통치 행위로서 그 위헌 여부를 다툴 수 없다고 판시해왔다(대판 1975. 4. 8. 74도3323; 1977. 3. 22. 74도3510; 대결 1977. 5. 13. 77모19 등).

그러나 2010년 12월 16일 대법원 전원합의체는 긴급조치 제1호 위반 재심 사건에 무죄를 선고했다. 헌재의 위헌심사 대상이 되는 법률은 국회의 의결을 거친 형식적 의미의 법률을 뜻하고 형식적 의미의 법률이 아닌 경우에는 국회의 동의나 승인과 같이 국회의 입법권 행사라고 평가할 수 있는 실질을 갖추어야 하는데, 긴급조치는 이에 해당하지 않아 위헌 여부의 심사 권한이 대법원에 있고, 긴급조치가 헌법상 요구되는 발동 요건을 갖추지 않은 채 국민의 기본권을 침해했으므로 위헌무효라고 선언했다(대판 2010. 12. 16. 2010도5986). 헌재의 위헌결정 이후 대법원은 2013년 4월 긴급조치 제9호에 대해서도 동일한 이유로 위헌무효(대결 2013. 4. 18. 2011초기 689)를, 같은 해 5월 긴급조치 제4호에 대해서도 위헌무효를 선언했다(대판 2013. 5. 16. 2011도2631).

이러한 대법원의 위헌판결은 이유의 옳고 그름을 논외로 하더라도 헌재의 위헌결정과 달리 대세적 효력을 지니지 않고 그 효력이 당해 사건에 국한된다는 한계를 가지고 있었다. 즉 변경된 대법원 판례는 새로운 증거가 나타나거나 수사·재판 과정의 명백한 위법이 판결로 확인되어 법원이 재심 신청을 받아들인 사건에만 적용할 수밖에 없어 이에 해당하지 않는 국민의 입장에서는 결코 만족할 만한 해결책이 될 수 없었다.[13]

또 대법원은 긴급조치 피해자에 대한 국가배상 문제와 관련해서는 유신헌법상의 긴급조치를 적용한 수사·재판은 지금은 긴급조치가 위헌무효로 선언되었지만, 그 당시에는 위헌무효로 선언되지 않았기 때문에 공무원의 고의 또는 과실에 의한 불법행위에 해당한다고 보기 어려워 손해배상의 대상이 되지 않는다고 했다(대판 2014. 10. 27. 2013다217962). 그 취지는 "당시 수사기관은 긴급조치에 따라 영장 없이 피의자를 체포하고 구금해 수사를 진행하고 공소를 제기할 수 있었으며, 법관은 긴급조치를 적용해 유죄판결을 선고할 수 있었다. 더군다나 유신헌법(제53조 제4항)에 의하면 긴급조치에 따른 직무 집행 행위는 사법적 심사(재판)의 대상에서 제외되었다. 따라서 긴급조치에 따른 수사기관 또는 법관의 직무 행위를 국가배상법 제2조 제1항에서 말하는 공무원의 '고의 또는 과실에 의한 불법행위'로 볼 수 없고, 국가에 손해'배상' 책임을 부과할 수도 없다"는 것이다.[14] 또 사후적으로 긴급조치가 위헌·무효로 선언되었더라도 대통령의 긴급조치권 행사는 고도의 정치성을 띤 국가 행위로 대통령은 국민 전체에 대한 관계에서 정치적 책임을 질 뿐[15] 국민 개개인의 권리에 대응해 법적 의무를 지는 것은 아니므로 민사상 불법행위를 구성한다고는 볼 수 없다고 판결해(대판 2015. 3. 26. 2012다48824), 새로운 사회적 논쟁을 불러일으켰다.

대법원 판결에 대해 '민주사회를 위한 변호사모임'이 2015년 8월 "법원과 헌재가 위헌으로 본 내용을 판결에 적용해 기본권을 침해한 경우여서 심판 대상이 된다"는 이유로 헌법소원심판을 청구하면서, 법원 판결에 대한 헌법소원을 금지하는 헌법재판소법 제68조 제1항에 대해서도 헌법소원을 제기하는 등 법적 논란이 계속되었다.[16]

이에 대해 헌법재판소는 대법원의 판결을 다투는 청구는 재판소원임을 이유로 부적법 '각하'하고, 헌법재판소법 제68조 제1항에 대한 청구는 '기각'했다(헌재 2018. 8. 30. 2015헌마861등, 판례집 30-2, 429; 헌재 2019. 2. 28. 2016헌마56, 판례집 31-1, 164).[17]

또 긴급조치 사안과 관련해 국가배상 청구권의 성립 요건으로서 공무원의 고의 또는 과실을 규정하여 '무과실책임'을 인정하지 않은 구국가배상법 제2조 제1항 본문 중 "고의 또는 과실로" 부분이 헌법에 위반되지 않는다고 판단했다(헌재 2020. 3. 26. 2016헌바55등, 판례집 32-1상, 162). 원칙적으로 손해배상책임이 인정되려면 가해자의 ① 고의 또는 과실로 인한 ② 위법행위(법 위반행위)로 ③ 타인에게 손해가 발생해야 한다. 손해배상책임을 인정하기 위해 세 가지 요건을 모두 요구하는 경우를 '과실책임', ①의 주관적 요건을 요구하지 않는 경우를 '무과실책임'이라고 한다. 프랑스혁명 이후 확립된 '이성적 인간상'과 이를 뒷받침하는 '자기책임'의 원칙상 '과실책임'이 불법행위로 인한 손해배상책임의 기본 원칙이 되었다. 다만 산업혁명 이후 기술문명이 발전하면서 복잡한 기계장치에 의한 사고 등 과실책임의 원칙을 관철하기 곤란한 사정이 발생하고, 이러한 부작용에 대처하면서 피해자를 보다 두텁게 보호하기 위해 위험한 환경 조성에 책임이 있거나 위험물을 소지한 경우 등에 있어 제한적으로 '무과실책임'을 인정하게 되었다. 예를 들어 공장, 기계 등 공작물의 설치 또는 보존의 하자로 인해 손해가 발생한 경우 공작물 소유자는 고의, 과실이 없더라도 손해배상책임을 부담해야 한다(민법 제758조 제1항 등).

한편 청구인 중 긴급조치로 인한 피해자가 있었던 결정(헌재 2018. 8. 30. 2014헌바180등, 판례집 30-2, 259)에서는 구舊'민주화운동 관련자 명예 회복 및 보상 등에 관한 법률' 제18조 제2항의 '민주화운동과 관련하여 입은 피해' 중 불법행위로 인한 '정신적 손해'에 관한 부분은 국가배상청구권을 침해해 헌법에 위반된다고 판단했다(위헌 7:합헌 2). 이 법률은 '민주화운동 관련자 명예 회복 및 보상 심의 위원회'의 보상금 등 지급 결정에 '동의'한 경우 확정판결과 동일한 효력이 있는 '재판상 화해'가 성립된 것으로 간주한다.

불법행위에 의한 손해는 일반적으로 적극적 손해, 소극적 손해, 정신적 손해로 나뉜다. 예를 들어 자가용이 영업용 택시를 추돌해 사고가 발생한 경우 고장 난 택시의 수리비, 부상당한 운전사의 치료비 등을 적극적 손해, 택시를 수리하는 기간에 택시 영업을 하지 못해서 발생하는 일실수입을 소극적 손해, 자동차 사고로 입은 정신적 충격 등을 정신적 손해라고 할 수 있다.

헌법재판소는 "민주화보상법상 보상금 등에는 정신적 손해에 대한 배상이 포함되어 있지 않은바, 이처럼 정신적 손해에 대해 적절한 배상이 이루어지지 않은 상태에서 적극적·소극적 손해에 상응하는 배상이 이루어졌다는 사정만으로 정신적 손해에 대한 국가배상청구마저 금지하는 것은, 해당 손해에 대한 적절한 배상이 이루어졌음을 전제로 하여 국가배상청구권 행사를 제한하려 한 민주화보상법의 입법 목적에도 부합하지 않으며, 국가의 기본권 보호 의무를 규정한 헌법 제10조 제2문의 취지에도 반하는 것으로서, 국가배상청구권에 대한 지나치게 과도한 제한에 해당한다. 따라서 심판 대상 조항 중 정신적 손해에 관한 부분은 민주화운동 관련자와 유족의 국가배상청구권을 침해한다"며 판단 이유를 밝히고 있다.

또 '진실·화해를 위한 과거사정리 기본법' 관련 결정(헌재 2018. 8. 30. 2014헌바148등, 판례집 30-2, 237)에서는 과거사정리법 제2조 제1항 제3호 '민간인 집단 희생 사건'과 제4호 '중대한 인권침해 사건·조작 의혹 사건' 등의 경우 불법행위로 인한 손해배상청구권 소멸시효와 관련하여 '불법행위를 한 날'을 소멸시효 기산점으로 하는 민법 조항[18]을 그대로 적용(하도록 규정)하는 것은 헌법에 위반된다고 판단했다. 헌재는 국가가 소속 공무원들이 조직적으로 관여해 불법적으로 민간인을 집단 희생시키거나 장기간의 불법구금·고문 등에 의한 허위 자백으로 유죄판결을 하고 사후에도 조작·은폐를 통해 진상 규명을 저해했음에도 그 불법행위 시점을 소멸시효의 기산점으로 삼는 것은 피해자와 가해자 보호의 균형을 도모하는 것으로 보기 어렵고, 발생한 손해의 공평·타당한 분담이라는 손해배상 제도의 지도 원리에 부합하지 않는다고 보았다. 또 소멸시효 제도를 통한 법적 안정성과 가해자 보호만을 지나치게 중시한 나머지 합리적 이유 없이 앞의 사건 유형에 관한 국가배상청구권 보장 필요성을 외면한 것으로 입법 형성의 한계를 일탈해 청구인들의 국가배상청구권을 침해한다는 이유를 들었다.

이는 헌법 제10조 제2문에 따라 개인이 가지는 기본권을 보장할 의무를 지는 국가가 오히려 국민에게 불법행위를 저지른 경우 사후적으로 회복·구제하기 위해 마련된 특별한 기본권으로서 국가배상청구권의 보장 필요성과 입법 형성의 지도 원리 등을 해명하고, 국가폭력 피해자가 금전적 배상을 받을 길을 열어놓은 결정이다. 이 결정의 법리는 긴급조치 피해자에게도 똑같이 적용할 수 있다. 한편 이 위헌결정의 효력에 따라 대법원 판결(대법원 2019. 11. 14. 선고 2018다233686)은 피해자의 국가배상청구에 대한 국가의 장기소멸시효가 완성되었다는 항변을 배척했다.

나아가 2022년 8월 30일 대법원은 전원합의체 판결(대법원 2022. 8. 30. 선고 2018다212610)[19]을 통해, 긴급조치 발령 및 적용·집행행위가 국가배상법 제2조 제1항에서 말하는 공무원의 고의 또는 과실에 의한 불법행위에 해당하지 않는다고 보아 국가배상책임을 부정한 기존 입장을 변경했다. 그 이유는 "긴급조치(제9호)는 위헌·무효임이 명백하고 그에 따른 강제 수사와 공소 제기, 유죄판결의 선고를 통해 국민의 기본권 침해가 현실화된 이상, 전체적으로 보아 공무원이 직무를 집행하면서 객관적 주의의무를 소홀히 해 그 직무행위가 객관적 정당성을 상실한 것으로서 위법하다고 평가"된다는 것이다.

유신헌법하의 긴급조치와 관련된 일련의 위헌결정은 당시 형식적으로는 합법성을 갖추었으나 헌법정신과 헌법원리에 위배되어 정당성이 인정되지 않는 긴급조치를 위헌·무효화하여 표현의 자유, 신체의 자유, 참정권 등 국민의 기본권이 헌법이 보호하는 절대적 가치임을 재확인하고, 무소불위의 권력이라 할지라도 헌법보다 상위에 있을 수 없다는 헌법 원칙을 엄숙히 확인·선언했다. 아울러 이를 통해 피해자들의 잊힌 명예와 피해를 회복해주어 국민이 주인인 민주 헌법의 중요성을 다시 한번 강조한 것이다.

헌법의 적은 어떻게 규정하는가

통합진보당 해산 사건(2014. 12. 19.)[1]

헌법은 한 나라의 최고 규범[2]으로 정치적 실존에 대한 근본적 결단[3]이자 동화적 통합 과정에 필요한 가치질서[4]다. 이러한 헌법은 헌법정신, 헌법이념, 헌법가치, 헌법질서를 통해 실정헌법에 구현된다.

헌법정신憲法精神이란 헌법의 정신적 경향, 즉 우리 헌법에 구현된 지배적인 지적·정치적·사회적 경향을 의미한다. 주로 헌법 전문에 나타나며, 우리 헌법의 경우 3·1운동 정신, 대한민국 임시정부의 법통, 불의에 항거한 4·19 민주 이념, 조국의 민주개혁과 평화통일의 사명, 정의·인도와 동

포애 등과 같은 국가정신, 시대정신의 형태로 발현된다.

헌법이념憲法理念이란 헌법에 구현된 신념 체계로 정치적으로는 자유민주주의를, 경제적으로는 사회적 시장경제주의를 의미한다.

헌법가치憲法價値란 우리 헌법이 추구하는 보편타당한 명제로 크게는 국민주권 원리, 민주주의 원리, 법치주의 원리, 사회국가 원리, 문화국가 원리, 평화통일 원리 등을, 작게는 이러한 각종 원리를 실현하는 데 필요한 기본권 보장의 원칙, 과잉금지 원칙, 신뢰보호 원칙, 비례 원칙 등을 의미한다.

헌법질서憲法秩序란 헌법정신, 헌법이념, 헌법가치가 체계화된 실천적, 규범적 통일체를 의미한다. 정치질서, 경제질서, 사회질서, 국제질서 등이 있다. 정치질서에는 자유민주적 기본질서, 법치주의적 기본질서 등이, 경제질서에는 시장경제 질서, 사회국가적 기본질서 등이, 사회질서에는 문화국가 질서, 공화주의 질서 등이, 국제질서에는 국제법 존중을 바탕으로 한 평화적 국제질서 등이 있다.

우리 헌법상 정당 해산 제도는 4·19 민주 이념과 같은 '헌법정신', 자유민주주의라는 '헌법이념', 민주주의 원리라는 '헌법가치', 자유민주적 기본질서라는 '헌법질서'를 수호하기 위한 헌법재판 제도다. 민주적 질서는 인간 인식의 한계에 대한 인정, 인간의 무오류성에 대한 거부, 극단적 이념은 항상 개인적 자유의 적이었다는 역사적 경험에 기초하고 있다. 따라서 민주적 질서는 진리에 대한 어떤 주장의 절대화를 배제하며, 특정한 종교적, 세계관적 이념 모형에 구속되지 않는다. 우리 헌법은 부분적 견해나 개인적 이익에 대한 국가의 우위와 자기 생각의 근거로 궁극적 진리를 끌어다 주장하면서 자신과 생각을 달리하는 자를 억압할 수 있는 권리나 이를 실행하는 기관을 인정하지 않는다.

우리는 동등한 권리를 갖는 개인만이 종교나 세계관의 올바름을 결정하는 주체가 될 수 있다고 믿는다. 그렇기 때문에 우리 헌법은 종교의 자유[5]와 양심의 자유[6]를 보장한다. 대한민국이라는 국가는 종교관이나 세계관에 중립적이지만[7] 무관심하지는 않다.[8] 신앙고백과 세계관의 고백은 국가적 과제 밖에 있다. 이러한 중립성으로 인해 대한민국이라는 국가는 전체주의국가가 아닌 민주주의국가로 남는 것이다.

이러한 국가적 중립성을 상대주의와 동일시해서는 안 된다. 우리 헌법상의 민주적 질서는 정치과정의 형식적 활동규칙만 제시하는 내용 없는 질서가 아니다.[9] 오히려 민주적 질서는 헌법의 기본 요소, 즉 국민의 동등한 정치 참여, 국민 통합과 다수결의 원리, 통치의 정당성 확보, 소수자 보호, 세계관적 중립성 등과 불가분적 관련을 맺으면서, 실질적 기본 원리인 자유와 평등에 구체적 내용을 부여하는 실체적 질서다.

하지만 민주적 질서가 하나의 종교나 세계관과 동일시되는 것은 아니다.[10] 민주적 질서는 다양한 정치적 세력에 개방성을 부여하고 그 개방성의 조건과 한계로 작용하기도 한다. 바로 이러한 특성이 민주적 체제를 폐쇄적 체제와 구분할 수 있게 만든다. 우리 헌법상 민주적 질서는 상호 대립하는 견해나 이익의 존재와 필요성을 승인해 이념적, 정치적 및 사회적 제 세력이 활발히 생활하고 투쟁할 수 있는 여지를 만들어준다. 그러므로 민주적 질서는 폐쇄적 체제와는 반대로 역사적으로 계속 발전해나갈 가능성을 내포한다.

우리 헌법이 규정한 민주적 기본질서는 무제한의 상대적 질서를 의미하지 않는다. 민주적 기본질서는 정치 세력의 개방성에 한계로, 정치적 원심력을 헌법적 가치에 구속시키는 구심력으로 작용한다. 따라서 민주적 기본질서는 자신의 동질성을 유지하고, 이질적 체제로의 전환을 시도하는 정치 세력을 배제하기 위한 제도적 장치를 마련해둘 필요가 있다.[11,12] 물론 이러한 헌법 보호의 수단이 민주적 기본질서를 방어할 뿐 보전하거나 강화할 수는 없다. 나아가 자유의 적으로부터 민주적 기본질서를 지키는 일은 정치적 자유의 축소라는 값비싼 대가를 치르고서만 얻을 수 있으며, 정당제도를 위축시킬 위험성을 내포한다.[13] 따라서 우리 헌법 제8조 제4항[14]은 엄격한 해석이 요청된다.

우리 헌법의 정당 해산[15] 절차는 "조직화된 헌법의 적"으로부터 헌법을 보호하기 위한[16] 예방적 헌법 보호 수단이다. '자유민주적 기본질서'가 바로 '헌법의 적을 식별해내는 구별 기준'이다. 위헌정당 해산 제도는 1930년대 이후 급진적이고 헌법 적대적인 정당의 성장이 독일 사회의 위기를 초래했고, 그중에서 가장 강력한 나치당에 의해 바이마르공화국이 무너진 역사적 경험에 기인한다. 민주주의사회는 정치적 세력의 자유로운 활동을 보장한다. 하지만 민주주의의 적대자들이 민주주의적 수단을 통해 민주주의를 전복하고자 하는 지점에 민주주의의 경계가 존재한다. 우리 헌법은 민주주의의 적대자로부터 민주주의를 보호하는 투쟁적 민주주의라는 헌법적 결단을 통해 민주주의의 경계를 설정하고 있다.[17]

조직화된 헌법의 적을 식별하기 위한 헌법적 기준으로서 '자유민주적 기본질서'는 일반입법으로 변경할 수 없는 국가 공동체 불변의 핵심 구조를 가리키는 헌법상의 기본 이념에 해당한다. 자유민주적 기본질서는 인간의 존엄성, 민

주주의의 원리, 법치국가 원리를 핵심 내용으로 한다.[18]

　자유민주적 기본질서는 인간의 존엄성을 출발점으로 한다.[19] 인간의 존엄성 보장에는 기본적 법적 평등의 보장[20]뿐만 아니라 개성의 존중, 정체성과 완전성의 보호 등이 포함된다. 또 자유민주적 기본질서는 민주주의 원칙을 구성 요소로 한다.[21] 민주주의 체제에 필수 불가결한 요소로는 정치적 의사 결정 과정에 모든 시민이 평등하게 참여할 가능성[22]과 국가권력의 행사가 국민의 의지에 구속될 가능성[23] 등을 들 수 있다. 마지막으로 자유민주적 기본질서를 유지하기 위해서는 법치주의 원칙에 따라 공권력이 법에 구속되어야 한다. 법치주의 원칙이 지켜지려면 독립된 법원[24]이 이러한 구속력을 통제하는 것이 결정적이다. 헌법상 보장된 개인의 자유가 실효성 있으려면 물리적 폭력의 사용은 법원의 통제를 받아야 하며,[25] 물리적 폭력의 행사는 법원의 통제를 받는 국가기관에만 유보되어야 한다.[26]

　결국 자유민주적 기본질서는 다음과 같은 구체적 요소로 구성된다. 첫째, 국민이 선거와 투표, 그리고 입법권, 행정권, 사법권을 가진 특정 기관을 통해 국가권력을 행사하며 일반선거, 직접선거, 자유선거, 평등선거, 비밀선거를 통해 국민대표를 선출하는 것, 둘째, 헌법질서에 대한 입법의 기속과 법률과 권리에 대한 행정과 사법의 구속, 셋째, 정권

교체 가능성과 국민에 대한 정부의 책임, 넷째, 법원의 독립, 다섯째, 폭력적이고 자의적인 지배의 배제, 여섯째, 헌법에 구체화된 기본 인권의 보장 등이다.[27]

'통합진보당 해산 사건'에서는 통합진보당이 추구하는 목표와 이에 기반한 활동이 우리 헌법의 민주적 기본질서와 어떤 상관관계가 있는지, 민주주의의 사상적 기초인 다원주의와 가치 상대주의에 따라 용인할 수 있는 문제인지, 또는 자유민주적 기본질서의 한계를 넘어섰는지 여부가 문제 된다.

'통합진보당 해산 사건(2013헌다1)'은 '헌다' 사건, 즉 정당해산심판 사건이다. 대한민국 헌법 제8조 제4항은 "정당의 목적이나 활동이 민주적 기본질서에 위배될 때에는 정부가 헌법재판소에 정당 해산을 제소할 수 있으며, 정당은 헌법재판소의 심판에 의해 해산될 수 있다"고 명시한다. 헌법이 정당해산심판 권한을 헌법재판소에 부여한 것은 정부의 자의적 판단에 의한 정당 해산을 방지하고 헌법재판을 통한 헌법 보장 기능을 수행하기 위해서다. 우리 헌법은 정당의 특권을 인정하면서도 '민주적 기본질서'를 정당 존립의 한계로 규정하고 있다. '민주적 기본질서'의 실체적 내용으로는 기본권의 존중, 권력분립, 의회제도, 복수정당제, 선거제도, 사유재산제도 등이 포함된다.

이 사건의 청구인은 대한민국 정부(대표자 법무부 장관)이며, 피청구인은 통합진보당(대표자 당대표)이다. 청구인은 2013년 11월 5일 국무회의 심의의결을 거쳐 피청구인의 목적과 활동이 민주적 기본질서에 위배된다고 주장하면서 피청구인의 해산 및 피청구인 소속 국회의원에 대한 의원직 상실을 구하는 심판을 헌법재판소에 청구했다. 헌법재판소는 총 13개월여에 걸쳐 2회의 변론 준비 기일과 18회의 변론 기일을 진행하면서 당사자 쌍방의 변론을 듣고 증거조사를 실시했다. 그 과정에서 청구인(법무부 장관)이 제출한 2,907건의 서증과 피청구인(통합진보당)이 제출한 908건의 서증 중 채택된 서증에 대해 일일이 제출한 당사자의 입증취지 진술과 이에 대한 상대방의 의견을 청취했으며, 그 과정에서 17만 쪽에 이르는 서류와 사건 기록을 검토했다. 특히 우리나라 헌법재판사상 처음으로 제기되는 정당해산심판이라는 사건의 중요성을 감안해 청구인과 피청구인 양측으로부터 동수(각 6인)의 증인을 신청받아 증인신문을 실시했고, 중앙선거관리위원회 위원장, 통일부 장관, 국가정보원장, 국립중앙도서관장, 민주화운동관련자 명예회복및보상심의위원장, 새누리당, 민주당으로부터 사실

조회 결과를 회신받아 참고했으며, 명망 있는 대학교수·전문
가를 대상으로 참고인 진술을 청취했다.

이 사건은 헌법재판소가 결정한 우리 헌정사상 최초의 정
당 해산 사건으로 헌법재판소는 심리 결과 통합진보당의 목
적과 활동이 헌법상 민주적 기본질서에 위배됨을 이유로 동
정당을 해산하고 소속 의원직을 상실하게 했다(헌재 2014. 12.
19. 2013헌다1, 판례집 26-2하, 1 / 인용 8:기각 1). 이 결정으로 통
진당의 잔여재산은 국고에 귀속되었고, 유사한 대체 정당을
창당하는 것도 금지되었다.

헌법재판소는 헌법 제8조 제4항의 '민주적 기본질서'는 개
인의 자율적 이성을 신뢰하고 모든 정치적 견해가 각각 상대
적 진리성과 합리성을 지닌다고 전제하는 다원적 세계관에
입각해 모든 폭력적, 자의적 지배를 배제하고, 다수를 존중하
면서도 소수를 배려하는 민주적 의사 결정과 자유, 평등을 기
본 원리로 하여 구성되고 운영되는 정치적 질서를 말하며, 구
체적으로는 국민주권의 원리, 기본적 인권의 존중, 권력분립
제도, 복수정당 제도 등이 주요한 요소라고 했다. 또 민주적
기본질서에 '위배'된다는 것은 민주적 기본질서에 대해 실질
적인 해악을 끼칠 수 있는 구체적 위험성을 초래하는 경우를
의미한다고 보았다. 이에 더해 정당 해산이 정당화되려면 엄
격한 비례 원칙을 충족해야 한다고 했다. 이상의 요건 해석을

바탕으로, 헌재는 통진당의 목적이 민주적 기본질서에 위배된다고 판단했다.

독일의 위대한 공법학자 오토 마이어Otto Mayer는 "참새를 잡는 데 대포를 사용해서는 안 된다"[28]는 비유를 들면서 비례원칙을 설명했다. 이렇듯 비례 원칙이란 국가권력의 행사가 일정한 조건과 비례관계를 유지해야 한다는 공법상의 원리를 의미한다. 우리 헌법재판소는 비례 원칙의 구체적 판단 기준으로 목적의 정당성, 수단의 적합성, 침해의 최소성, 법익의 균형성을 들고 있다.[29] '목적의 정당성'이란 국가가 국가권력을 행사하여 달성하려는 목적은 공익 실현이라는 정당한 목적이어야 한다는 의미이고 '수단의 적합성'이란 국가는 공익 목적 달성을 위해 필요한 가장 효과적이고 적절한 수단을 선택해야 한다는 뜻이다. '침해의 최소성'이란 국가가 공익 목적을 달성하기 위해 부득이 국민의 자유와 권리를 침해하는 경우 그 침해의 정도는 최소한에 그쳐야 한다는 의미이고 '법익의 균형성'이란 국가가 공익 목적 달성을 위해 부득이 개인의 권리를 침해하는 경우에도 국가가 달성하려는 공익은 침해되는 사익과 엄격한 균형관계를 유지해야 한다는 뜻이다.[30]

헌재는 통진당이 내걸었던 강령 등의 문언적 의미 외에 그 도입 경위, 현재 당을 주도하고 있는 세력의 이에 대한 인식 및 이념적 지향점을 종합적으로 살펴보아, 통진당 주도 세력의 목표는 최종적으로 북한식 사회주의의 실현이고, 북한식 사회주의는 우리 헌법상 민주적 기본질서에 반한다고 판단했다. 또 일부 당원이 개최한 내란 관련 회합은 개최 경위, 참석자들의 당내 지위, 이 사건에 대한 당의 옹호 태도 등을 종합할 때, 통진당의 활동으로 귀속된다고 여겼다. 나아가 통진당의 비례대표 부정 경선 등의 행위에 대해서도 민주주의 원리에 위반된다고 지적했다. 구체적으로 살펴보면 통진당은 민주노동당과 국민참여당, 그리고 진보신당에서 탈당한 당원들로 구성된 '새로운 진보정당 건설을 위한 통합연대'가 통합해 창당되었다. '민주주의민족통일전국연합' 내 지역 조직이던 경기동부연합, 부산울산연합, 광주전남연합 등을 대표하는 이른바 자주파NL 계열 사람들이 진보적 민주주의 도입을 주장하거나 지지했고, 통진당 창당을 주도했다. 통진당 주도 세력은 국민참여당계 등 자신들을 견제하던 세력이 비례대표 부정 경선 및 중앙위원회 폭력 사건 등을 원인으로 탈당한 후 그들의 방침대로 당직자 결정 등 주요 사안을 결정하면서 당을 주도해왔다. 과거 민족민주혁명당, 남북공동선언실천연대, 일심회 등에서 주체사상을 지도 이념으로 하여 활동한 사람들을 주축으로 한 통진당 주도 세력의 형성 과정, 대북 자세, 활동 경력, 이념적 동일성 등을 종합해볼 때, 이들은 북한을 추종하고 있었다. 이들은 우리 사회를 외세에 예속된, 천민적 자본주의 또는 식민지반자본주의사회로 보고, 이러한 모순이 국가의 주권을 말살하고 민중의 삶을 궁핍에 빠뜨리고 있다며 새로운 대안 체제이자 사회주의로 이행하기 위한 과도기 단계로서 '진보적 민주주의 체제'를 제시했다. 통진당 주도 세력은 강령적 과제로 민족자주(자주), 민주주의(민주), 민족화해(통일)를 제시하면서, 최종 강령적 과제인 연방제 통일을 통한 사회주의를 실현하기 위해서는 먼저 남한에서 민중민주주의로의 변혁이 이루어져야 하고, 이러한 '통일'과 '민주'라는 과제를 달성하기 위해서는 '자주'를 선차적으로 달성해야 한다고 인식했다. 그리고 진보적 민주주의 실현 방안으로 선거와 저항권에 의한 집권을 설정하면서, 필요할 때는 폭력을 행사해 기존 자유민주주의 체제를 전복하고 새로운 진보적 민주주의 체제를 구축하여 집권할 수 있다고 했다. 결국 통진당 주도 세력의 목표는 "일차적으로 폭력으로 진보적 민주주의를 실현하고, 이를 기초로 통일을 통해 사회주의를 최종적으로 실현하는 것"으로 판단했다.

여기서 통진당 주도 세력이란 동일한 이념 성향을 가지고 통진당의 창당을 주도하고 주요 당직에 포진하면서 당직 선거를 비롯한 주요 사안에서 당의 의사 결정을 실질적으로 이끌어온 당의 지도부 집단을 말한다. 따라서 이석기에 대한 내란 음모죄 공소사실 내용에 특정해 적시된 소위 지하 혁명 조직 RO Revolutionary Organization 와는 구별된다. 헌재 재판부는 통진당 주도 세력의 목표와 활동 전반, 즉 통진당의 목적과 활동이 우리 헌법상의 민주적 기본질서에 위배되는지 여부를 판단한 후 결론을 도출했으며, 법원의 형사재판과는 달리 RO의 존재 여부나 조직 및 활동은 별도의 판단이나 고려 대상으로 삼지 않았다.

한편 헌재는 "통진당 소속 국회의원 이석기를 비롯한 경기동부연합의 주요 구성원 등 130여 명은 2013년 5월 10일 및 5월 12일에 당시 정세를 전쟁 국면으로 인식하고 수장인 이석기의 주도하에 전쟁 발발 시 북한에 동조해 대한민국 내 국가 기간 시설 파괴, 무기 제조 및 탈취, 통신 교란 등 폭력을 실행하려고 내란 관련 회합을 개최했다. 회합 개최 경위, 참석자들의 당내 지위, 이 사건에 대한 통진당의 옹호 태도 등을 종합할 때, 회합은 통진당의 활동으로 귀속된다"고 판단했다.

또 "통진당이 추구하는 북한식 사회주의 체제는 조선노동당이 제시하는 정치 노선을 절대적인 선으로 받아들이고 그 정당의 특정한 계급 노선과 결부된 인민민주주의 독재 방식과 수령론에 기초한 1인 독재를 통치의 본질로 추구한다는 점에서 민주적 기본질서와 근본적으로 충돌한다. 통진당은 진보적 민주주의를 실현하기 위해 전민 항쟁 등 폭력을 행사하여 자유민주주의 체제를 전복할 수 있다고 하는데, 이 역시 민주적 기본질서에 정면으로 저촉된다. 한편 내란 관련 사건 등 통진당의 활동은 내용적 측면에서는 국가의 존립, 의회제도, 법치주의 등을 부정하고, 수단이나 성격 측면에서는 자신의 의사를 관철하기 위해 폭력 등을 적극적으로 사용해 민주주의 이념에 반한다. 또 그 경위, 양상, 통진당 주도 세력의 성향, 구성원의 활동에 대한 통진당의 태도 등에 비추어 보면, 통진당의 진정한 목적에 기초하여 일으킨 것으로 향후 유사한 상황에서 반복될 가능성이 크다. 더욱이 폭력에 의한 집권 가능성을 인정하고 있는 점에 비추어 통진당의 여러 활동은 민주적 기본질서에 실질적 해악을 끼칠 구체적 위험성이 발현된 것으로 보인다. 특히 내란 관련 사건에서 통진당 주도 세력이 북한에 동조하여 대한민국의 존립에 위해를 가할 수 있는 방안을 구체적으로 논의한 것은 통진당의 진정한 목적을 단적으로 드러내, 표현의 자유의 한계를 넘어 민주적 기본질서에 대한 구체적 위험성을 배가한 것"이라고 보았다. 결국 통진당의 진정한 목적이나 그에 기초한 활동은 우리 사회의 민주적 기본질서에 실질적 해악을 끼칠 수 있는 구체적 위험성을 초래했다고 판단되므로, 민주적 기본질서에 위배된다고 판시했다.

나아가 통진당의 목적과 활동이 민주적 기본질서에 위배됨을 이유로 정당을 해산하는 것이 비례 원칙에 부합하는지도

추가로 검토했다.

헌재는 북한식 사회주의를 실현하려고 하는 통진당의 목적과 활동에 내포된 중대한 위헌성, 대한민국 체제를 파괴하려는 북한과 대치하고 있는 특수한 상황, 해산 결정 외에는 통진당의 고유한 위험성을 제거할 수 있는 다른 대안이 없는 점, 민주적 기본질서의 수호가 정당 해산 결정으로 통진당의 정당 활동의 자유를 제약하는 것에 비해 중요하다는 점 등을 들어 해산 결정이 비례 원칙에 위배되지 않는다고 판단했다. 이 사건은 우리 사회의 오래되고 뿌리 깊은 이념과 북한 문제에 대한 논쟁이 폭발한 사안으로, 통진당 소속 국회의원이던 이석기가 내란 음모 사건으로 재판을 받으면서 정치권과 언론, 재야 단체 등에서 관련 논쟁이 더욱 치열하게 전개되었다.

이 의원은 1심에서 내란 음모와 내란 선동 모두 유죄판결을 받았다. 그러나 항소심인 서울고등법원은 2014년 8월 11일 1심과 달리 내란 선동 혐의만 유죄(징역 9년 및 자격정지 7년)로 인정하고 내란 음모 혐의에 대해선 무죄를 선고했다(대법원은 2015년 1월 이를 그대로 확정했다; 대법원 2015. 1. 22. 선고 2014도 10978 판결).[31] 이로 인해 헌법재판소 법정 안팎에서는 더욱 격렬한 논쟁이 이어졌다. 그러나 그 뒤 이어진 헌재의 정당 해산 결정으로 이념 논쟁은 법적으로는 큰 가닥을 잡았고, 특히 극좌 사상이나 종북 사회주의는 우리 헌법질서하에서는 더 이상 용납되지 않는다는 인식이 확산되었다.

헌재 결정 직후 〈중앙일보〉 조사연구 팀이 2014년 12월 실시한 여론조사에서 '통진당은 이 전 의원과 지하 혁명 조직 등이 주도하는 정당으로 민주적 기본질서에 위협이 된다'는 헌재 결정의 근거에 동의한다는 응답자가 69.7퍼센트에 달했다. 헌재 결정이 '당연한 심판'이라는 답변은 58.7퍼센트인 데 반해 '민주주의 체계의 기초인 정당 활동의 자유에 대한 훼손'이라는 답변은 33.8퍼센트에 그쳐, 통진당 해산 결정을 수긍하는 기류가 확연히 강했다고 할 수 있다. 또 통진당 해산에 반대하는 응답자 중에서도 일부는 통진당이 민주적 기본질서에 위협이 된다는 근거에는 동의했다는 분석도 가능하다. 실제로 새정치민주연합 지지층에서도 과반(51.9퍼센트)이 동의한다고 응답했다. 이 밖에도 여론조사 전문 기관 리얼미터가 실시한 여론조사에서도 '올바른 결정'이라는 의견(60.7퍼센트)이 '무리한 결정'이라는 의견(28.0퍼센트)보다 두 배 이상 많은 것으로 나타났다.[32]

헌법재판소의 통합진보당 해산 결정에는 1인의 반대 의견이 존재한다. "통진당이 주장하는 '민중주권'은 우리 헌법상 국민주권의 원리를 부인하는 것이 아니고 '민생 중심의 자주자립 경제체제'는 사유재산권이나 경제활동의 자유를 박탈하자고 주장하는 것이 아니다. 나아가 '코리아연방제'는 통진당이 종국적으로 추구하는 통일국가의 상이 그 안에 나타나 있지 않다. 또 통진당이 주장하는 '진보적 민주주의'는 민주노동당 강령에 도입되었는데, '대중투쟁을 동력으로 한 선거 승리'나 '원내·외 통합 전략'은 군소 정당의 한계를 극복하기 위한 전략적 선택으로 폭력 사용을 용인하거나 북한의 대남 혁명 전략의 수단인 통일전선 전술을 폈다고 볼 수 없다.

현재 통진당 내부에 자주파 또는 이에 우호적인 사람들의 비중이 더 커졌다고 해서, 그것이 곧 종북 성향인 사람들만이 통진당에 남았음을 입증한다고 보기 어렵고, 이석기와 그 지지자들이 통진당을 장악하고 있다고 보기 어렵다.

통진당의 지역 조직인 경기도당이 주최한 2013년 5월 10일 및 5월 12일 모임에서 이석기 등의 발언은 민주적 기본질서에 실질적 해악을 끼칠 구체적 위험이 있다고 할 것이나, 그와 같은 활동은 통진당 전체의 기본 노선에 반해 이루어졌고, 통진당이 그러한 활동을 적극적으로 옹호하거나 기본 노선에 영향받고 있다고 인정하기 부족하므로 이를 통진당 전체의 책임으로 볼 수 없다"고 하면서, 통진당의 목적과 활동이 민주적 기본질서에 위배된다고 볼 수 없다는 의견을 제시했다.

형벌은 도덕의 최소한인가

간통죄 사건(2015. 2. 26.)[1]

모든 형벌Strafe은 고의적인 해악Übel의 부과를 의미한다. 그러나 모든 고의적 해악의 부과가 형벌을 의미하는 것은 아니다. 두 가지 기술의 모순적 입장을 조화시키기 위해서는 형벌의 필수 요소를 보다 구체적으로 특정해야 한다. 형벌이 응보적 성격을 갖고 있다는 점은 아직까지 광범위한 동의를 얻고 있다. 그러나 형벌에 대해 의미 있는 논의를 하기 위해서는 우선 규범 위반이 발생해야 한다. '누가 처벌되어야 하는가'라는 문제에 대해 많은 사람들이 '법률 위반에 책임이 있는 바로 그 사람'이라고 대답할 것이다.

그러나 '인간은 단지 집단의 일부일 뿐이며 숙명적 연대를 통해 집단에 묶여 있다'는 세계관을 가진 사람이 있다면, '범죄자와 함께 묶여 있다'는 이유만으로도 행위자 이외의 사람들에게 형벌을 부과할 수 있다. 기독교 경전[2]에는 이러한 연대 처벌의 패러다임이 존재한다. 아담과 이브가 규범을 위반하자 신은 처벌을 부과했다. 이들의 신은 규범 위반자인 아담과 이브뿐만 아니라 인간이라는 종족 모두에게 형벌을 내렸다. 18세기까지 유럽에는 가족형벌Familienstraf의 관행이 존재했다. 가장이 국왕이나 영주에게 범죄를 저지른 경우 가족 모두가 처벌받았다. 만약 가장만 처벌받고 가족은 처벌받지 않는다 하더라도 그의 가족은 고통받을 것이다. 하지만 이러한 고통은 고의적으로 가해진 고통이 아니다. 따라서 처벌(형벌)이 아니다.

오직 살아 있는 존재만이 처벌될 수 있다는 사실에는 모든 사람이 동의할 것이다. 왜냐하면 살아 있는 존재에게만 해악을 부과할 수 있기 때문이다. 만약 해악의 개념을 감정적인 괴로움이나 정신적 고통의 범주로 제한하면 앞에서 말한 것과 견해를 달리할 수도 있다. 아직도 많은 사람들이 유해나 유골 또는 사후의 명예에 관심을 갖는다. 따라서 사람들은 유해나 명예의 특수한 취급 방법을 처벌이라고 생각할 수도 있다. 제1차 세계대전 이전까지만 해도 유럽인들은 사체 매장을 금지시키고 동물의 먹이로 주는 내용의 형벌을 만들어내기도 했다.[3] 사후적 운명에 대한 인간의 걱정을 이용한 것이다.

인간이 아닌 생명체에게 부과하는 형벌이 문제가 되기도 한다. 여기서 문제는 생명체가 정신적 고통을 느낄지, 자신의 행위에 대해 책임질 수 있는지 여부다. 왜냐하면 형벌을 부과하기 위해서는 행위자에게 책임을 물을 수 있어야 하기 때문이다. 이러한 책임을 인정하려면 우선 행위자가 규범 위반 사실을 알았거나 알 수 있었어야 한다. 또 행위자가 달리 행동할 가능성, 즉 대안적 행위를 선택할 가능성이 있어야 한다. 행위자가 규범을 위반할 수도, 위반하지 않을 수도 있는 상황에서 규범을 위반한 경우에 비로소 책임이 생긴다. 형벌은 책임을 전제로 하고, 책임은 일정 정도의 자율을 전제로 한다.

현재의 법률제도하에서 동물은 형사처벌 요건에 필요한 정도의 자율성을 갖추지 못했다고 취급된다. 동물이 피해를 발생시킨 경우에도 동물은 책임이 없으므로 처벌받을 수 없다. 그 동물의 주인이 처벌받을 수 있을 뿐이다. 중세에는 동물에 대한 공적인 처벌절차Tierprozesse가 존재했다. 동물은 자신의 죄에 따라 교수나 참수당하기도 하며, 화형에 처해지기도 했다.[4] 물론 오늘날에는 이러한 절차가 존재하지 않는다.

형벌은 잘못Schuld(범죄)을 전제로 한다. 잘못이라는 말은 의무Sollen(당위) 위반을 의미하는 게르만 고어에서 유래했다. 민법상 채무Verpflichtung라는 말도 어느 정도 이에 근접한다. 이러한 당위의 용어Sollen, Schuld는 원래 '때리다, 베다, 찌르다, 쪼개다'라는 의미를 지녔다. 오늘날의 관점에서 보더라도, 누군가를 때린 사람은 공동체를 쪼개는(분열시키는) 행위를 저지른 것이다. 따라서 개념사적으로 보면 잘못이라는 용어는 집단으로부터의 소외, 실존에 대한 위협, (집단에 다시 합류하기 위해 필요한) 집단에 대한 보상 등의 의미를 포함한다.[5] 앞에서 언급했듯 잘못이라는 개념은 형법에서 중심적인 역할을 한다. 처벌(형벌)은 잘못(범죄)을 전제로 하기 때문이다. 물론 유럽인들이 생각하는 형법상 범죄라는 개념을 이해하기 위해서는 신을 대신해 인간관계에 개입하는 엄격한 교회법에 대한 이해가 필요하다.[6] 교회법의 전통을 이어받은 현대 법체계하에서는 그 의무론적 한계로 인해 '결백한 사람에 대한 처벌'은 물론이고 '범죄행위를 했지만 잘못에 명백히 비례하지 않는 처벌'은 상상하고 싶어 하지 않는다.

책임Verantworten은 중세 법정에서 피고인이 자기를 변호하거나 행위를 정당화한 데서 파생된 말이다.[7] 오늘날 책임은 자신이 한 행동의 결과를 받아들이는 것을 의미한다. 이는 과거뿐만 아니라 미래와도 관련될 수 있다. 이 용어는 주로 윤리 분야의 논의를 통해 현재적 의미를 갖게 되었다.[8] 책임에 대한 통일된 법적 개념은 없다. 개념의 내용은 개별적인 법의 영역과 삶의 맥락에 달려 있다.[9] 하지만 이와는 무관하게 책임은 국가를 이해하고 헌법의 기초가 되는 인간상을 이해하는 데 중요한 역할을 한다. 우리 헌법은 무엇보다 개인적 자유와 표리 관계에 있는 시민적 책임을 전제로 한다.

법과 도덕의 관계는 다양한 차원을 지닌다. 우선, 법과 도덕은 개념적 경계가 다르다. 하지만 우리는 불분명한 규범적 복합체를 두고 어떨 때는 도덕이라고 말하고 또 어떨 때는 법이라고 말하기도 한다. 또 법과 도덕에는 구조적 차이가 존재한다. 법과 도덕이라는 개념은 미리 결정된 선험적 범주가 아니다. 법과 도덕의 구별은 그것이 적용되는 특정한 사회를 염두에 둘 때 의미가 있다. 왜냐하면 법과 도덕의 규범 구조는 특정한 사회를 통해 형성되고 법과 도덕에 속하는 개별 규범은 그것이 적용되는 사회를 고려해야만 차이가 분명히 드러나기 때문이다.

어쨌든 법과 도덕의 명령은 본질적으로 인간의 사회적 행동을 규제하는 형태로 나타난다. 즉 법과 도덕은 당위를 만들어내고 이에 구속될 것을 주장한다. 법과 도덕은 규칙 위반에 개입하는 제재의 메커니즘을 두고 있다. 도덕은 비공식적 제재를 동원하지만, 법은 공식적 제재를 동원한다. 공식적 제재란 특별한 권한을 부여받은 기관에 의해 제재가 부과된다는 뜻이다. 그런 의미에서 법이 부과하는 제재는 제도화된 제재다.

법은 강제력을 가진다. 즉 규범의 준수를 강제해 규범 내용을 실현할 수 있다.[10] 이 점은 법이 다른 규범과 다른 독특한 지점이다. 한스 켈젠Hans Kelsen은 이런 의미에서 법을 강제 질서라 불렀다. 때로는 강제 집행이 곤란하지만 그럼에도 법이라고 부르는 규범이 존재하는 영역이 있다. 예를 들어 민법상 혼인한 부부의 동거의무[11]가 그렇다.

혼인은 부부라는 법률관계를 형성하기 위한 가족법상의 계약이다. 혼인이 성립하려면 양 당사자 의사의 합치가 필요하기 때문이다.[12] 이렇게 성립한 혼인이 법률의 보호를 받기 위해서는 국가에 신고할 필요가 있다.[13] 혼인이 성립하면 부부 사이에는 부양의무, 동거의무 등 부부 공동체를 유지하기 위한 법적 의무가 발생한다.[14] 만약 부부 일방이 타방을 부양하지 않으면 어떻게 될까? 형사처벌해야 할까? 부부 일방이 동거의무를 이행하지 않으면 어떻게 될까? 상습적으로 외박하고 가출하는 경우에는 어떻게 할까? 아예

주거를 분리해서 다른 집에서 생활하는 경우에는 어떻게 할까? 국가가 개입해 집에 묶어두어야 할까? 징역이나 금고 등 형사처벌해야 할까? 국회가 부부의 부양의무나 동거의무 불이행 시 의무 불이행자를 처벌하는 법률을 제정했다고 가정했을 때 이러한 법률은 타당할까? 법은 도덕의 최소한이다. 법이 도덕이 되어서는 안 된다.

언급한 모든 것이 형벌과 관련된 중요한 주제지만, 무엇보다 가장 중요한 문제는 형벌의 목적에 관한 내용이다. 이미 살펴보았듯 처벌은 규범 위반에 대한 대응이다. 규범이 침해되지 않았다면 누구도 처벌받을 수 없다. 하지만 왜 우리는 규범을 침해한 사람을 처벌해야 할까? 규범을 침해한 사람만 처벌한다고 가정하더라도 문제는 마찬가지로 생긴다. 재판 오류의 가능성을 생각해보자. 자격을 갖춘 법원이 공정한 절차를 통해 수집한 충분한 증거를 기초로 당사자의 책임 여부를 판단해야 한다. 법원이 증거 없이 피고인에게 해악을 부과했다면, 이러한 해악은 형벌이 아니라 단순한 폭력이다.

법원이 건전한 증거에 기초해 피고인에게 해악을 부과했더라도, 실제로는 피고인이 규범을 위반하지 않은 경우도 존재할 수 있다. 이때 피고인은 절대적 의미에서 부당한 처벌을 받은 셈이다. 또 실제 범죄행위자가 처벌은 받았지만 처벌의 외연이 범죄행위와 비례하지 않는 경우, 즉 저지른 죄에 비해 과도한 처벌을 받은 경우도 존재한다. 이때 피고인은 상대적 의미에서 부당한 처벌을 받은 셈이다. 찰스 디킨스의 소설에는 19세기 영국의 과도한 형벌 문화가 잘 묘사되어 있다. 당시 영국에서 절도범은 금액을 불문하고 광장에서 교수형에 처해졌다. 우리는 절대적 의미는 물론이고 상대적 의미의 부당한 처벌을 막기 위해서도 노력해야 한다.

이제 형벌의 목적에 대해 명확하게 짚고 넘어가자. 이 문제는 단순히 야만적 형벌 관행과 문명적 형벌 관행을 구분하는 문제일까? 아니면 목적이라는 것 자체가 형벌의 본질에 속할까? 특수한 목적이 없다면 다른 모든 요소를 갖추었다 하더라도 형벌이라고 할 수 없는 걸까? 처벌을 통해 달성하고자 하는 것이 무엇인지에 대해서는 누구도 반박할 수 없어야 하며, 우리는 어떤 상황에서든 처벌의 근거를 제시할 수 있어야 한다. 해악을 부과한다는 형벌의 본질로부터 형벌을 부과할 필요성, 근거, 이유가 도출되어야 한다.

간통죄는 결혼해서 배우자가 있는 사람이 배우자가 아닌 사람과 성관계하여 성립하는 범죄다. 혼인과 가족 공동체의 유지가 법질서의 중요한 토대를 형성했던 과거에는 대다수의 국가가 간통죄를 엄격하게 처벌했으나, 개인의 자유가 중시되는 오늘날에는 이슬람 국가와 북한, 필리핀, 인도네시아, 말레이시아 등 일부 아시아 국가, 미국의 일부 주를 제외하고는 대부분의 국가가 1970년대 이후 형사처벌을 하지 않는 추세다.

간통이 가정과 일부일처제라는 사회질서를 파괴하는 부도덕하고 반법질서 행위인 이상 물론 법적 비난의 대상이 된다. 그러나 개인의 자유와 자유로운 인격 표현을 중시하는 자유주의 사상에 비추어 볼 때 지극히 은밀한 성적 사생활 영역에 국가의 형벌권이라는 공권력이 개입하는 것이 과연 타당한가가 문제 된다. 아울러 혼인 관계는 기본적으로 배우자 간의 사랑과 믿음이 존재할 때 유지될 수 있음에도, 이미 파탄났거나 그럴 위험성이 큰 부부 관계에 이혼, 손해배상 등 민사적 방법 이외에 형벌을 통해 법적으로 위협하여 반강제적으로라도 관계를 유지하는 것이 과연 옳은가의 문제도 함께 결부되어 있다.

'간통죄 사건'은 국가적 제재와 사회 복귀라는 형벌 목적, 범죄와 형벌의 비례성, 무엇보다 시대 변화에 따른 인간상의 재정립 문제, 사생활 영역과 국가 공권력 개입의 한계 등 다양한 헌법적 고민이 담겨 있다.

이 사건은 간통 및 상간 행위를 2년 이하의 징역에 처하도록 하는 형법 제241조 간통죄가 헌법에 위반된다고 결정한 사건이다(헌재 2015. 2. 26. 2009헌바17등, 판례집 27-1상, 20 / 7:2 위헌). 위헌결정이 있기 전 헌법재판소는 모두 네 차례에 걸쳐 간통죄 조항이 헌법에 위반되지 않는다는 결정을 선고한 바 있다(헌재 1990. 9. 10. 89헌마82, 판례집 2, 306 / 6:3 합헌; 헌재 1993. 3. 11. 90헌가70, 판례집 5-1, 18 / 6:3 합헌; 헌재 2001. 10. 25. 2000헌바60, 판례집 13-2, 480 / 8:1 합헌; 헌재 2008. 10. 30. 2007헌가17등, 판례집 20-2상, 696 / 4:5 합헌).

이 사건의 청구인 또는 신청인은 간통 내지 상간했다는 범죄사실로 기소되어 법원에 당해 사건(기소된 형사사건)이 계속 중 형법 제241조가 위헌이라며 위헌법률심판 제청을 신청했으나 기각되자 헌법소원심판을 청구하거나, 법원이 이들의 제청 신청을 받아들여 직권으로 위헌법률심판을 제청했다.

간통죄는 그동안 우리 사회에서 여성의 지위가 상대적으로 취약했던 상황에서 사실상 여성과 가정을 보호하는 역할을 해온 점을 무시할 수 없지만 개인의 자유가 중시되는 개방사회로 급속히 발전하면서 큰 사회적 논란을 불러왔다. 특히 간통죄의 특성상 수사나 재판 과정에서 간통 현장의 적발과 관련해서는 물론이고, 개인 간의 은밀한 사적·성적 영역이 노출되어 세인의 관음적 흥미로 인한 인권침해의 문제도 심각했다. 특히 정치인의 경우 정치적으로 악용되거나 유명인의 경우 이로 인한 피해가 적지 않았다.

네 차례에 걸친 합헌결정은 재판관들의 인식과 의견도 당시 사회 상황에 따라 많은 고민이 있었음을 보여준다. 여성계는 찬성과 반대로 입장이 나뉘었고, 유림 단체나 기독교계는 폐지 반대 입장을 주장해왔다.[15]

간통죄에 대한 위헌결정의 이유로 재판관 5인은 사회구조 및 결혼과 성에 관한 국민의 의식이 변화되고, 성적 자기결정권을 중요시하는 인식이 확산되어 간통 행위에 대한 형사처벌이 적정한지에 대해 더 이상 국민 의식이 일치되지 않는다고 보았다. 간통죄의 보호법익인 혼인과 가정의 유지는 당사자의 자유로운 의사와 애정에 맡겨야지 형벌을 통해 타율적으로 강제될 수 없고, 간통죄의 처벌 비율과 사회적 비난 역시 상당한 수준으로 낮아져 형사정책적 효과를 거두기도 어려우므로 간통죄에 대한 형사처벌은 과잉금지 원칙을 위배해 성적 자기결정권 및 사생활의 비밀과 자유를 침해한다고 판단했다.

위헌 의견을 표명한 또 다른 재판관 1인은 사실상 혼인 관계의 회복이 불가능한 파탄 상태로 배우자에 대한 성적 성실 의무를 더 이상 부담하지 않는 간통 행위자나 미혼인 상간자의 상간 행위같이 비난 가능성 내지 반사회성이 없는 경우가 있음에도 일률적으로 형사처벌하는 것은 성적 자기결정권을 과도하게 제한하는 국가 형벌권의 과잉 행사로 헌법에 위반된다고 보았다.

또 다른 재판관 1인은 형법은 배우자의 종용(허용)이나 유서(용서)가 있는 경우 간통죄로 고소할 수 없도록 규정하고 있는데 소극적 소추조건[16]인 종용이나 유서의 개념이 명확하지 않아 수범자인 국민이 국가 공권력 행사의 범위와 한계를 확실히 예측할 수 없으므로 명확성 원칙에 위배되며, 반드시 징역형으로만 응징하도록 한 것은 사안의 개별성과 특수성을 고려할 가능성을 배제해 책임과 형벌 간 비례의 원칙에 위배되어 헌법에 위반된다고 보았다.

한편 합헌 의견을 표명한 재판관 2인은 간통은 일부일처제에 기초한 혼인이라는 사회적 제도를 훼손하고, 이를 형사처벌하도록 한 입법자의 판단이 자의적이지 않으며, 구체적인 경우 위법성이 조각(배제)될 여지도 있고 형벌이 지나치게 과중하지도 않다는 등의 이유로 합헌이라는 의견을 개진했다.

간통죄 위헌결정 직후 앞으로 성 규범이 문란해질 것이라거나 간통 행위로 인한 가정 해체와 여성 피해가 증가할 것이라고 우려하는 여론이 비등했으나, 배우자 부정으로 인한 이혼율은 특별히 증가하지 않는 등[17] 별다른 의미 있는 변화는 나타나지 않고 있다. 그러나 위헌 의견 중 2인의 재판관은 간통죄 처벌 대상의 범위가 부적정하거나 형벌이 과중하다는 등 사실상 간통죄의 존치를 전제로 한 의견이므로, 간통죄가 완전히 폐지되어야 한다는 의견을 낸 것은 5인에 불과하다. 간통죄의 종국적 폐지 여부와 폐지에 따른 보완 대책(여성 및 가정 보호)에 대해서는 국회에서 국민 여론 수렴과 논의를 거쳐 결론을 도출하는 것이 타당하다. 그럼에도 국회는 이러한 고려 없이 2016년 1월 6일 법률 제13719호로 형법에서 간통죄를 삭제·폐지했다.

의회는 토론하는가 타협하는가

국회선진화법 권한쟁의 사건(2016. 5. 26.)[1]

카를 슈미트에 따르면 오늘날의 의회주의Parlamentarismus는
기술적이고 실용적인 명분만 가지고는 정당화될 수 없다.[2]
의회주의는 단지 그것이 표방하는 이념에 의해서만 정당화
될 수 있다. 현대적 영토국가에서는 모든 시민을 한데 모으
는 것이 불가능하기 때문에 국회의원이 국민을 대신해 결
정해야 한다는 주장은 의회주의를 정당화하기에 충분치 않
다. 의회주의가 이러한 실용주의적 방식으로 정당화될 수
있다면 현대적 정치 신화, 즉 계급투쟁의 정치 신화, 민족
주의의 정치 신화, 무정부주의의 정치 신화에 반대할 명분

은 아무것도 없다.[3] 따라서 의회주의는 레닌과 무솔리니와 소렐에 대해 정신적 무방비 상태에 놓이게 된다.

슈미트에 따르면 의회주의에는 고유한 이념이 있다. 바로 공공성과 토론, 설득의 이념이다.[4] 의회주의의 신봉자였던 벤담과 밀, 콩도르세, 기조는 이러한 이념을 의회주의의 징표로 삼았다.[5] 슈미트가 인정한 정치학자 헤럴드 라스키Harold Joseph Laski는 의회주의를 토론에 의한 정치라고 불렀다. 의회주의가 표방하는 토론은 상대방과 합리적인 방식으로 토론하며 논증을 통해 상대방을 설득하고 상대방으로부터 자신이 설득당하는 것을 의미한다.[6]

이는 경쟁 시장에 대한 부르주아적 관념이 정치적 의견 형성 절차에 옮겨진 것이다. 상품 시장을 자유롭게 놓아두면 상품 거래를 통해 경제적 이윤이 자연적으로 발생하듯, 언론 시장을 자유롭게 놓아두면 자유로운 토론을 통해 더 나은 의견이라는 정치적 이익이 발생한다는 것이다. 이 경우 토론이 폭력을 대신할 수 있다. 사회적 제 세력이 권력을 공유해야만 서로 머리를 맞대고 문제를 논의할 수 있게 된다. 따라서 입법부는 집권당(여당)과 반대당(야당)으로 분리되어야 한다. 군주의 구체적이고 개별적인 조치는 자의성의 산물이지만, 의회가 합리적 토론을 거쳐 만들어낸 법률은 일반 명제이자 진리다. 통치자의 개별적 조치는 의회가 만들어낸 법률이 보유한 합리성과 일반성을 따라갈 수 없다.

따라서 공공성과 토론의 원칙으로 무장한 경우에만 의회주의가 바탕으로 삼는 자유주의는 고유한 이념을 갖추게 된다. 사실 자유주의는 단일한 원리가 아니라 포괄적으로 정치체제를 형성하고 있다. 표현의 자유, 언론의 자유, 집회의 자유, 재판의 공개 등과 같은 현대적 권리는 모두 자유주의적 정치체제의 일부다.

슈미트는 자유주의의 이념이나 이론 체계가 아니라 자유주의의 현실을 부정한다. 이제 더 이상 정치적 현실에서는 자유주의의 정신적 기초를 찾을 수 없게 되었다. 정치적 현실에서 서로 마주하는 것은 의견에 대한 토론이 아니라 이해관계를 둘러싼 집단 간의 다툼과 야합뿐이다. 이제 토론의 시대는 끝났다.[7]

의회는 결코 토론하지 않는다. 타협할 뿐이다. 언론과 선전을 통한 여론 조작이 자유로운 토론을 대신한다. 정당의 목적도 토론과 설득을 통한 정책 수립이 아니라, 선전과 선동을 통한 권력 획득일 뿐이다.[8]

의회 내에서조차 반대파를 설득하기 위해 말하는 사람은 아무도 없다. 의회 내 표결은 정파적 규율에 따라 진행될 뿐이다. 투표 결과는 장막 뒤에서 비밀 협상을 통해 토론하

기 전에 이미 결정 나 있다. 의회주의가 갖는 공론장으로서
의 성격은 이미 오래전에 허황된 장식품이 되어버렸다. 이
제 "의회주의적 공론장을 되살리려는 노력은 타오르는 불
꽃의 환상을 만들기 위해서 고장 난 난로 표면에 붉은 불꽃
을 그려 넣는 것과 같다."[9]

슈미트에 따르면 현대적 자유주의 체제는 의사 결정을
회피하고, 타협하고, 연기하는 시스템일 뿐이다. 그것은 '그
리스도인가 바라바인가(예수를 못 박아야 하는가, 도적을 못 박
아야 하는가)?'라는 질문에 휴회를 요청하거나 조사위원회
의 임명 동의로 답변하는 상황에나 적합할 뿐이다.[10]

이미 19세기 영국 의회의 뒷문에는 수백 명의 철도 로비
스트가 득실거렸다.[11] 17세기와 18세기 의회 절차는 비공
개로 진행되었고,[12] 오늘날에도 의회 절차가 항상 공개되는
것은 아니다. 우리 시대에는 모든 공직이 정당과 그 추종자
들의 먹잇감이자 타협의 대상이 되었다. 이러한 시대에는
정치가 더 이상 엘리트들의 일이 아니다. 이제 정치는 "다
소 멸시받는 부류가 수행하는 다소 멸시받는 사업이 되어
버렸다."[13]

존스홉킨스대학교의 부교수 야스차 뭉크Yascha Mounk는
오늘날 민주주의의 위기가 자유주의와 민주주의의 불화에
따른 결과라고 진단하면서, 최근 자유민주주의는 곳곳에서

'반자유주의적 민주주의illiberal democracy'와 '비민주주의적 자유주의undemocratic liberalism'로 분열되었다고 지적한다. 전자인 '반자유주의적 민주주의'는 자신이 국민의 뜻을 대변한다는 포퓰리스트가 등장해 대중의 뜻에 따른다는 명목 하에 소수자를 억압하고 언론, 집회 등 개인의 자유와 권리를 제한하며 결국에는 독재로 추락할 위험에 빠지게 된다. 이에 반해 후자인 '비민주주의적 자유주의'는 소수의 엘리트 관료가 행정을 담당하면서 입법부의 역할을 대신하고 국민의 의사와 상관없이 국정을 좌지우지하거나 의사 전달 과정에서 왜곡하는 등 국민의 의사가 정치에 제대로 반영되지 않는 현상을 보인다고 한다. 전자는 주로 남미나 동유럽 국가에서 사법기관이나 언론이 정치에 종속되고, 후자는 미국이나 서유럽 국가에서 입법부가 약화되는 형태로 나타난다고 설명한다.[14]

한국은 대통령에게 권력이 집중되어 의회, 사법부 등 다른 헌법기관의 견제가 현저히 약화된 소위 '제왕적 대통령제'의 폐해와 그로 인한 의회의 무력화, 의석 편중에 따른 당파적·입법 만능적 사고 만연 및 정치 기능 약화, 사법기관과 언론의 독립성 약화, 특정 지역과 인물 중심의 분열적 정당 구조, 여야 간의 포퓰리즘적 정책 경쟁 및 선거운동 등 앞의 두 가지 형태의 문제점이 복합적으로 나타나고 있다.

또 제2차 세계대전 이후 자본주의가 고도화되고 개인의 분자화가 진행되면서 대의민주주의는 커다란 위기에 직면하게 되었다. 이러한 위기의 원인이자 결과이기도 한 병리적 요인으로는 의회의 공직 윤리 상실, 특수 이익의 추구, 국민적 책임의 회피, 기득권 세력화, 패권주의, 비민주성, 대리인 비용agency cost(대리인이 주인의 의사에 반해 행동함으로써 발생하는 주인의 손실), 자유 위임의 남용, 국민 소외, 비전문성, 고비용과 저효율성 등을 들 수 있다.[15]

현실적으로 한국의 의회정치는 의회주의를 단순한 통과 의례 절차로 전락시켰고, 그 실상은 당리당략과 패권주의에 좌우되고 있다. 이제 법적 절차는 단순한 포장에 불과하다. 이런 상황에서 국회선진화법은 제한적으로나마 국회 내의 대화와 타협을 간접적으로 강제하는 효과가 있었다. '국회선진화법 권한쟁의 사건'은 의회주의의 제도적 의미와 정당성을 획득할 수 있는지, 의회 고유 권한의 한계선이 존재하는지 여부를 다룬다. 다만, 국회 의석이 여야 간에 대등하게 분산된 경우에는 국회선진화법이 기능할 여지가 있었지만, 특정 정당이 전체의 5분의 3에 가까운 의석을 차지한 경우에는 동법의 기능이 유명무실화될 가능성이 크다.

제18대 국회(2008~2012)는 쟁점 법안 통과를 둘러싸고 지속적으로 물리적 폭력이 난무하는 소위 '동물 국회'라는 여론의 비판을 받았다. 그러자 2012년 5월 쟁점 안건 심의 과정에서의 날치기와 물리적 충돌을 방지하고 대화와 타협을 통한 심의와 소수의견 개진 기회를 보장하며, 효율적인 심의를 위해 국회의장의 심사 기간 지정 요건을 엄격하게 제한하고, 그 대신 상임위원회에 회부된 안건에 대해 일정한 요건이 갖춰지면 신속 처리 안건으로 지정(재적 의원 과반수 또는 소관위원회 재적 위원 과반수의 동의를 거쳐 재적 의원 5분의 3 이상 또는 재적 위원 5분의 3 이상의 찬성으로 의결)할 수 있도록 하는 내용 등이 포함된 개정 국회법, 소위 '국회선진화법'을 가결·시행했다.

당시 입법을 주도한 한나라당과 민주통합당은 각기 소수당으로 전락할 가능성(총선 패배 가능성)을 염두에 두고 국회선진화법에 동의했으나, 총선 결과 새누리당(한나라당)이 과반 의석(152석)을 확보했고 뒤이은 대선에서도 박근혜 후보가 대통령으로 당선되었다. 하지만 국회에서 신속하게 법안을 처리하려면 국회선진화법상 패스트트랙(신속 처리 안건) 지정 절차를 통과해야 한다. 패스트트랙 지정 절차에 따르면 패스트트랙 지정동의안(국회 재적 과반수 또는 소관 상임위원회 재적 과반수 동의)에 대해 국회 재적 5분의 3 또는 소관위원회 재적 5분의 3의 찬성이 있어야 하고, 지정된 패스트트랙 안건은 상임위 180일, 법사위 90일, 총 270일 이내에 법안 심사가 완료되지 않으면 자동적으로 국회 본회의에 올라오고, 60일 이내에 찬반 표결을 해야 한다. 즉 패스트트랙으로 지정되더라도 최장 330일은 국회에서 법안 처리가 지연될 수 있다. 국회선진화법이 본격적으로 시행된 제19대 국회(2012~2016)에서는 여야가 합의하지 않는 한 아무것도 할 수 없게 되어, 언론으로부터 소위 '식물 국회'라는 비판을 받았다.

권한쟁의를 직접 촉발한 사건은 다음과 같다. 2015년 12월 16일 새누리당 소속 국회의원 157명은 국회의장에게 서비스 산업 발전 기본 법안 등 10건의 법률안에 대해 직권상정을 요청했으나, 2016년 1월 6일 국회의장은 국회선진화법이 정한 요건을 충족하지 못했다는 이유로 심사 기간 지정을 거부했다. 여당인 새누리당은 민주당과 합의해 만든 국회선진화법을 무효화하기 위해 국회에서 법률을 개정하는 대신 헌법재판소에 국회의장과 위원회 위원장을 상대로 권한쟁의심판 청구를 제기했다. 청구인들은 국회의원의 과반수가 찬성하더라도 국회선진화법에 의해 국회 재적 5분의 3 또는 소관위원회 재적 5분의 3 이상 찬성이 없으면 본회의 상정이 불가능해 그들의 법률안 심의·표결권이 침해당했다고 주장했다.

헌법재판소는 청구인들의 법률안 심의·표결권에 대한 침해 위험성은 해당 안건이 본회의에 상정되어야 비로소 현실화되므로, 국회의장의 심사 기간 지정 거부 행위로 말미암아 청구인들의 심의·표결권이 직접 침해당할 가능성은 없다는 이유로 각하결정(헌재 2016. 5. 26. 2015헌라1, 판례집 28-1하, 170 / 각하 5:기각 2:인용 2)을 했다. 특히 "의장이 각 교섭단체 대표의원과 합의하는 경우"를 심사 기간 지정 사유로 규정한 국회법 제85조 제1항 제3호가 위헌이라는 주장과 관련해서는 헌법에 위반된다고 하더라도, 심사 기간 지정 여부에 대해 여전히 국회의장에게 재량이 인정되므로 이 조항의 위헌 여부는 이 사건의 심사 기간 지정 거부 행위의 효력에 영향을 미칠 수 없다고 판단했다.

또 국회 재적 의원 과반수가 의안에 대해 심사 기간 지정을 요청하는 경우, 국회의장이 의무적으로 심사 기간을 지정하도록 국회법 제85조 제1항에 규정하지 않은 입법부작위[16]가 위헌이라는 주장에 대해서도 이는 입법의 공백이 발생한 진정입법부작위에 해당하므로 그 위헌 여부 또한 이 사건의 심사 기간 지정 거부 행위에 어떠한 영향도 미칠 수 없다고 보았다. 나아가 국회와의 관계에서 헌법재판소가 가지는 기능적 한계에 비추어 보더라도 헌재가 근거 규범(국회가 제정한 근거가 되는 법률 조항)도 아닌 입법부작위(근거 조항이 전혀 없는 상태)의 위헌 여부까지 심사하는 것은 부적절하므로 그 심사를 최대한 자제해 의사 절차에 관한 국회의 자율성을 존중하는 것이 바람직하다고 지적했다.

헌재의 각하결정으로 국회선진화법은 그 실제 기능상의 문제점이나 부작용 논란에도 현재까지 여전히 살아 있어 국회의 의안 처리 과정에서 어느 정도는 다수당의 횡포를 소수파가 견제하는 제도적 장치로서의 역할과 기능을 수행하고 있다. 결국 이 사건은 민주주의의 기본인 대화와 타협이 실종된 우리 국회와 정치의 후진성을 여실히 보여주며, 국회 선진화의 본질적 과제가 무엇인지 정치권에 최우선 화두로 던져주고 있다.[17]

탄핵, 정치재판인가 사법판단인가

대통령 탄핵 사건(2004. 5. 14. '노무현'; 2017. 3. 10. '박근혜')[1]

탄핵제도는 영국에서 시작되었지만, 미국에서 완성되었다. 탄핵제도를 이해하기 위해서는 미국 헌법의 구성 원리를 먼저 이해해야 하고, 미국 헌법의 구성 원리를 이해하려면 미국혁명American Revolution(1775~1783)에 대한 이해가 전제되어야 한다.

미국혁명은 제국주의 영국과 북아메리카 대서양 연안의 영국 식민지 사이에 불거진 특정한 긴장과 갈등의 결과다. 구체제의 전복과 새로운 체제의 건설이라는 혁명이념은 대부분 계몽주의 사상의 산물이었다. 계몽주의 사상은 로크,

볼테르, 루소가 주창한 국민주권, 종교적 관용, 표현의 자유, 정치적 평등이 핵심을 이룬다. 이들은 정치권력은 신이 준 왕권이나 세습 귀족의 권한이 아니라 피지배자의 동의에서 나오며, 영국의 야만적 차별을 종식하기 위해서는 종교적 관용과 사상 및 표현의 자유가 필요하고, 모든 사람이 정치적으로나 법적으로 평등하다는 사상을 확산시켰다. 미국혁명은 계몽사상에 부응하여 기존 질서에 대항해 일으킨 최초이자 가장 영향력이 큰 반란이었다. 또 권위적 전제 정권에 반대할 명분을 찾던 다른 나라 사람들에게 영감을 준 사건이었다. 1783년 9월 3일 파리조약Treaty of Paris의 체결로 미국의 독립이 인정되자, 미국인들은 1787년 헌법제정회의를 소집해 새로운 헌법을 제정하고 입법부, 행정부, 사법부로 구성된 정부를 조직했다.[2]

이렇게 탄생한 미합중국 헌법의 기본 원칙에 대해서는 아직도 논란이 있지만, 적어도 영국법을 이어받았고 공화주의, 국민주권주의, 민주주의가 바탕이 되었다는 사실에는 대체로 의견이 일치한다.

새로운 헌법의 뿌리는 영국의 정치적 경험과 보통법commom law의 원칙이었다. 미국의 국부들은 영국 모델에 따라 양원제 입법기관을 제도화했지만, 영국과 달리 세습 군주를 배제하고 선출직 대통령을 선택함으로써 영국의 헌정 이론과 단절한다.[3] 절대군주정이건 계몽군주정이건 모든 군주제를 혐오한 미국인들은 민주적 대통령이 선출직 군주로 전락하는 것을 극도로 우려했으며,[4] 이에 대한 대비책으로 엄격한 권력분립 원리에 근거한 통치기구의 구성, 대통령의 배임행위에 대한 탄핵제도를 마련했다.

미국인들이 새로운 정부 수립에 착수하면서 유일하게 이견이 없었던 것이 있다면 새로운 정부는 공화주의 정부여야 한다는 점이었다. 그들에게 공화정체란 모든 권력이 왕과 같은 지고의 권위가 아니라 국민으로부터 나오는 정치체제를 의미했다. 따라서 공화주의 정부의 성공 여부는 정치체제의 근간인 '시민'의 성격에 달려 있었다. 국민이 시민적 도덕으로 충만한 건전하고 독립적인 재산 소유자로 구성된다면 그 공화국은 존속될 수 있고, 소수의 막강한 귀족과 대다수의 독립적이지 못한 노동자로 구성된다면 그 공화국은 위험에 빠질 것이라고 생각했다. 미국 정치체제의 근간은 소규모 부동산 소유자인 독립적 자영농이었다.[5]

미합중국의 세계사적 중요성은 헌법의 시작 어구인 '우리 국민We the people'에서 웅변적으로 드러난다. 건국 초기의 정치적 현실이 결코 민주적이지 않았음에도 헌법 기초자들은 "정부의 권력은 국민의 신뢰에 근거해야 하므로, 정부가 국민의 신뢰를 유용한 경우 국민은 정부를 전복할 수 있다"는 로크의 신념에 따라 국민주권의 원칙을 채택했다. 이는 영국의 헌법 관행과의 근본적 결별을 의미했고, 이로 인해 국민의 의지popular will는 미국인들의 정치 생활에서 최종적이고 가장 우월적인 판단 근거, 즉 궁극의 상소심ultimate court of appeal으로 남게 되었다.[6]

미국인들은 모든 정부의 정당한 권력은 피치자의 동의에서 나온다는 민주적 이론을 채택해 세계 헌법사에 또 하나의 신기원을 이룬다. 그러나 이것이 정치적 권위의 문제를 한꺼번에 해결한 것은 결코 아니었다. 미국인들은 민주적 원칙이 다수의 의사를 따르는 것인지 아니면 기본권fundamental rights을 지키는 것인지를 항상 혼동해왔다. 그럼에도 1787년에 민주적 원칙을 채택한 결정은 매우 큰 중요성을 가지며, 이후 이 헌법은 세계 헌법사의 이정표가 되어 세계를 자유롭게 하고자 열망하는 사람들에게 많은 영감을 주었다.[7]

식민지 미국인들은 영국의 법률적 전통하에서 성장하고 이를 바탕으로 새로운 국가 체제를 만들었지만 군주제의 전통은 단호하게 거부했다. 민주적 대통령이 선출직 군주로 변질될 것을 두려워한 이들은 "국왕은 오류를 범하지 않는다"는 영국의 정치적 전통과 단절했다. 자신들의 대표자인 대통령도 오류를 범할 수 있음을 인정하고 선출한 대통령에게 정치적, 법적 책임을 지움으로써 자신들의 국가가 민주주의 공화국임을 선포했다.

중세적 탄핵제도가 영국에서 생겨났다면, 현대적 탄핵제도는 미국에서 태동했다. 이후 대부분의 국가는 대통령제건, 의원내각제건, 이원집정부제건 통치 구조의 형태를 불문하고 탄핵제도를 두고 있다. 민주국가의 탄핵제도는 행정부의 독단적인 통치권 행사와 사법부의 자의적인 사법권 행사를 제어하기 위해 마련된 헌법 보호 제도로 국민주권주의, 민주주의, 공화주의 원리를 이념적 근거로 한다.[8]

탄핵제도는 고위 공직자의 헌법침해로부터 헌법을 수호하는 헌법재판 제도다. 탄핵제도는 크게 영미식과 독일식으로 구분할 수 있다. 영미식 제도는 하원이 탄핵을 소추하면 상원이 결정하는 방식이기 때문에 의회의 정치재판적 성격이 강한 반면, 독일식 제도는 의회가 탄핵을 소추하면 사법기관인 헌법재판소가 결정하기 때문에 사법재판의 성격이 강하다.

미국의 탄핵제도는 1787년 헌법제정회의에서 비롯되었다. 미국은 영국의 선례에 따라 탄핵제도를 도입하지만 탄핵 대상에 대통령을 포함시켜 공화국임을 입증하려 했다. 미국 헌법의 기초자들은 의회를 신뢰했다. 의회는 정치적 판단의 어려움을 이해하는 지도자들이 모인 곳이기 때문에, 다른 사람의 의견을 묵살하지 않고 토론을 통해 결론을 도출하는 방식을 유지하리라고 믿었다. 이러한 믿음을 가지고 의회에 탄핵에 대한 전권을 부여했다. 하원은 공동체에 대한 직접적인 위해를 이유로 탄핵을 소추하고, 상원은 공직자가 국민적 신임을 배신하고 직권을 남용하는지 여부를 기준으로 심판한다. 따라서 미국의 탄핵 절차는 본질적으로 정치적이다.[9]

미국 헌법은 탄핵 대상을 '대통령, 부통령 및 모든 공무원'이라고 명시한다.[10] 다만, '모든 공무원'이 누구를 의미하는지, 그 범위에 대해서는 여전히 헌법적 논쟁이 계속되고 있다. 다만 미국 의회는 대통령, 연방판사,[11] 각료 수준의 행정부 공무원[12]을 탄핵하는 데는 적극적이지만 민간인,[13] 연방의원[14]에 대해서는 소극적인 태도를 보이고 있다.

미국 헌법은 탄핵 사유를 '반역, 뇌물 또는 기타 중범죄와 비행'이라고 규정하고 있다.[15] 반역과 뇌물은 상대적으로 개념 정의가 용이한 반면[16] '중범죄와 비행'은 헌법과 법률을 참조하더라도 개념이 명확하지 않다. 특히 형법상 범죄행위만이 탄핵 사유에 해당하는지, 비범죄행위도 포함되는지가 불분명하다. 탄핵제도 도입에 적극적 논거를 제시했던 알렉산더 해밀턴은 '공무원의 비행'은 '국민적 신임을 배신하거나 자신의 권한을 남용'하는 행위를 의미하며, 이러한 행위는 '국가와 사회에 즉각적으로 해악을 초래할 만한 정치적 행위'라고 말했다.[17] 이러한 논리에 따르면 형법상 범죄행위가 아니더라도 사안이 중대한 경우 탄핵이 가능해진다.

미국 헌법상 탄핵소추권은 하원에 전속된다.[18] 하원의 탄핵소추만으로 대통령의 권한 행사가 당연히 정지되는 것은 아니다. 대통령의 권한 행사를 정지하고 부통령이 권한을 대행하기 위해서는 '부통령과 장관의 과반수 또는 의회의 과반수'가 '대통령이 직무 권한을 행사할 수 없음을 기재한 서한'을 '상원 임시의장과 하원의장'에게 송부하는 등 별도의 절차가 필요하다.[19]

탄핵심판권은 상원에 전속된다.[20] 하원이 소추의결서에 적시한 탄핵 사유 중 한 가지 항목에 대해서라도 상원 출석의원 3분의 2 이상의 찬성을 얻으면 탄핵 인용결정이 내려진다.[21] 탄핵심리에 있어 상원의원들은 엄격한 선서의무를 진다.[22] 미국 헌법상 형사절차의 기본 원칙이자 국민의 기본권에 해당하는 배심제도는 탄핵 절차에 적용되지 않는다.[23] 원칙적으로 '부통령'이 상원의장으로서 탄핵심판 절차를 주재한다. 다만, 탄핵심판 대상이 대통령인 경우 '대법원장'이 탄핵심판 절차를 지휘한다.[24]

상원에서 탄핵 인용결정이 내려지면 피소추자는 즉시 공

직에서 퇴출된다.[25] 상원은 탄핵결정과 별도로 장래 공직에 취임하지 못하도록 자격 박탈 결정을 내릴 수 있다.[26] 공직에 대한 국민적 신뢰를 유지하기 위해서다. 장래의 자격 박탈 결정은 상원의 단순다수결에 의한다.[27] 탄핵 인용결정을 받은 자는 동일한 사유로 형사소추를 받을 수 있고, 형사재판에서 유죄판결을 받은 자도 동일한 사유로 탄핵당할 수 있다. 아울러 미국 헌법은 탄핵으로 인한 파면의 실효성을 유지하기 위해 대통령의 사면권 행사를 금지하고 있다.[28]

미국 상원의 탄핵심판 절차는 형사 절차가 아니기 때문에 미국 재판제도의 핵심인 배심제도가 적용되지 않고,[29] 이중위험 금지 원칙이 적용되지 않기 때문에 탄핵심판과 별도로 형사 절차가 진행될 수 있다.[30] 미국 의회는 탄핵 절차에 대한 법률을 별도로 두고 있지 않으며, 탄핵 절차에 형사소송법을 준용하지도 않는다. 탄핵심판 절차는 의회 내 의사 절차의 문제이기 때문에 상원의 의사규칙[31]에 따라 탄핵 절차를 진행한다. 더욱이 탄핵심판에 필요한 증거능력, 증명력 등에 관한 사항도 상원이 스스로 결정한다.[32]

독일의 탄핵제도는 대통령[33]과 법관에 대한 탄핵제도[34]로 구분된다. 독일 기본법상의 탄핵제도는 바이마르헌법의 탄핵제도를 기본으로 삼았고 바이마르헌법의 탄핵제도는 미국의 탄핵제도를 모델로 삼았다. 바이마르헌법에서는 대통령을 국민이 직접 선출한 반면[35] 독일 기본법에서는 대통령을 연방총회에서 간접 선출하기 때문에[36] 독일 기본법에서는 바이마르헌법의 국민투표에 의한 대통령 해임제도[37]를 폐지하고 의회의 소추에 따라 헌법재판소가 결정하는 탄핵심판 절차만을 남겨두었다. 바이마르헌법은 대통령제에 가까운 이원정부제인 반면 독일 기본법은 의원내각제이기 때문에 바이마르헌법상 존재했던 대통령의 수상과 각료에 대한 해임제도는 폐지되었고, 수상과 각료는 의회 불신임 대상이기 때문에 이들에 대한 탄핵제도는 두지 않았다. 다만 히틀러 정권하에서 사법부가 나치의 반인륜적 범죄에 부역했기 때문에 이에 대한 반성으로 법관을 탄핵 대상에 추가했다.

연방대통령에 대한 탄핵 사유는 '고의에 의한 기본법 또는 기타 연방 법률 위반행위'다.[38] 이 조항의 의미에 대해서는 단순한 법률 위반으로 족하다는 견해,[39] 단순한 법률 위반으로는 부족하고 특별한 정치적 중요성[40] 또는 직무 관련성[41]이 필요하다는 견해, 탄핵의 구성 요건은 단순한 법률 위반이고 탄핵의 효과 중 대통령직 박탈의 경우에만 정치적 중요성이 필요하다는 견해[42] 등으로 다양하게 나뉜다.

연방대통령에 대한 탄핵소추권자는 '연방의회 또는 연방

참사원'[43]이다. 연방의회와 연방참사원은 각각 독립적 탄핵 소추기관이다. 탄핵소추는 소추 권한이 있는 기관이 탄핵 소추의 기초되는 사실을 안 때로부터 3개월 이내에 제기해야 한다.[44]

탄핵소추의 발의는 연방의회 재적 의원 4분의 1 또는 연방참사원 투표수 4분의 1 이상의 다수결을 요하고, 탄핵소추의 의결에는 연방의회 재적 의원 3분의 2 또는 연방참사원 투표수 3분의 2 이상의 다수결을 요한다. 소추의결서에는 탄핵 사유가 된 작위 또는 부작위, 증거방법 및 위반되었다고 주장한 헌법 또는 법률의 규정을 명시해야 한다.[45]

연방대통령에 대한 탄핵소추는 탄핵소추권이 있는 기관이 연방헌법재판소에 소추의결서를 제출함으로써 제기된다. 소추기관은 심판기관의 판결선고가 있을 때까지 탄핵소추를 취하할 수 있다. 따라서 탄핵소추권 행사 여부는 소추기관의 재량 행위로 보아야 한다. 탄핵소추의 취하는 연방의회 재적 과반수의 찬성 또는 연방참사원 투표수 과반수의 찬성을 요한다.[46]

당연히 탄핵소추를 제기하는 것만으로 연방대통령의 직무 권한이 정지되는 것은 아니며, 연방헌법재판소의 직무집행정지 가처분이 필요하다. 연방대통령의 직무 집행이 정지된 경우 연방참사원 의장이 대통령의 권한을 대행한다.[47]

연방대통령에 대한 탄핵심판권은 연방헌법재판소에 속한다. 연방헌법재판소는 두 개의 재판부로 조직되며, 각 재판부는 연방의회와 연방참사원에서 각각 2분의 1씩 선출한 여덟 명의 재판관으로 구성된다. 연방대통령에 대한 탄핵심판은 제2재판부가 담당한다. 연방헌법재판소장과 부소장이 소속 재판부의 재판장이 된다. 각 재판부는 6인 이상의 재판관이 출석했을 때 결정할 수 있다. 긴급을 요하는 절차에 있어 재판부가 결정이 불가능한 상태에 빠진 경우 재판장은 추첨 절차를 명하고 6인에 도달할 때까지 다른 재판부의 재판관을 대행자로 지명한다. 대통령 탄핵 절차에 있어 피청구인에게 불리한 재판을 하기 위해서는 재판부 소속 재판관 3분의 2 이상의 다수를 필요로 한다.[48]

연방헌법재판소는 변론에 의해 재판한다. 연방헌법재판소는 변론을 준비하기 위해 예심을 명할 수 있다. 다만 소추대리인 또는 연방대통령이 신청한 경우에 예심을 명해야 한다. 예심의 수행은 본안 재판을 관할하지 않는 재판부의 재판관에게 촉탁해야 한다.[49]

심리에는 연방대통령을 소환해야 한다. 이 경우 무단으로 불출석하거나 충분한 이유 없이 사전에 멀리 떠난 때는 궐석으로 심리한다는 취지를 연방대통령에게 고지해야 한다. 심리는 먼저 소추기관의 대리인이 소추장을 낭독하고,

연방대통령이 소추에 대한 의견진술 기회를 가지며 이후 증거조사를 한다. 증인·감정인 신문의 경우 형사소송법을 준용한다.[50] 이렇듯 독일의 탄핵 절차는 형사 절차적 요소를 지니고 있음에도 대다수의 헌법학자들은 탄핵제도의 본질을 형사소송이 아닌 특수한 헌법재판으로 이해한다.[51]

연방헌법재판소는 연방대통령이 기본법 또는 연방 법률을 고의로 위반한 책임이 있다고 확인될 때 연방대통령직을 상실시킬 수 있다. 연방대통령은 판결의 선고와 동시에 그 직을 상실한다. 이유를 기재한 판결정본은 연방의회, 연방참사원 및 연방정부에 송부해야 한다. 독일의 헌법재판은 "국민의 이름으로" 행한다.[52]

우리나라는 독일식 탄핵제도를 채택해 고위 공직자에 대한 탄핵 절차를 국회에 의한 소추 절차(헌법 제65조)와 헌법재판소에 의한 심판 절차(헌법 제111조 제1항 제2호, 제113조 제1항)로 구분하고 있다. 탄핵소추는 국회 재적 의원 3분의 1 이상의 발의와 과반수의 찬성이 있어야 한다. 다만 대통령에 대한 탄핵소추는 국회 재적 의원 과반수의 발의와 3분의 2 이상의 찬성이 있어야 한다(헌법 제65조 제2항). 국회에서 탄핵소추가 의결되면, 법제사법위원회 위원장이 소추위원으로서 국회를 대표해 소추를 행하고 헌법재판소의 심판에 관여한다(헌법재판소법 제49조 제1항). 탄핵소추의

의결을 받은 자는 소추의결서가 본인에게 송달된 때로부터 헌법재판소에 의한 탄핵심판이 있을 때까지 그 권한 행사가 정지된다(헌법 제65조 제3항, 국회법 제134조 제2항). 헌법재판소는 탄핵심판 절차의 심리가 종결되면, 재판관 6인 이상의 찬성으로 탄핵을 결정할 수 있다(헌법 제113조 제1항).

대통령 노무현에 대한 탄핵심판은 사실관계가 비교적 단순해 '국회 탄핵소추 의결의 절차상 하자, 적법 절차 원칙 위배 여부, 대통령의 법 위반 사실이 확인된 경우 헌법재판소가 반드시 파면결정을 내려야 하는지' 등과 같은 절차적 쟁점이 주로 문제가 된 반면, 대통령 박근혜에 대한 탄핵심판은 '탄핵심판 절차에 형사소송법이 엄격하게 적용되어야 하는지' 등과 같은 절차적 쟁점과 함께 '대통령의 직권남용, 비밀 엄수 의무 위배, 공무원 임면권 남용 여부' 등과 같은 실체적 쟁점이 문제 되었다.

헌법재판소는 창립 이래 두 건의 대통령 탄핵 사건을 처리했다. 2004년 노무현 대통령 탄핵 사건은 기각되었고(헌재 2004. 5. 14. 2004헌나1, 판례집 16-1, 609), 2016년 박근혜 대통령 탄핵 사건은 인용되어 대통령이 파면되었다(헌재 2017. 3. 10. 2016헌나1, 판례집 29-1, 1).

두 사건 모두 탄핵소추 및 재판 과정 전후에 걸쳐 커다란 정치적 파장을 불러왔다. 탄핵 지지파와 반대파로 나뉘어 극단적으로 대립하는 등 국론이 분열되었으며, 그 후 엄청난 정치적 변화가 초래되었다. 두 탄핵 사건과 관련해 헌법재판소가 결정문에서 밝힌 명확한 메시지는 한마디로 '최고 권력자인 대통령도 결코 헌법과 법 위에 군림할 수 없다'는 헌법적 확인과 선언이었다.[53]

노무현 대통령 탄핵 사건에서 헌법재판소는 총 64일 동안 7회의 변론기일을 진행하면서 변론을 듣고 증거조사를 했다. 그 과정에서 증인 세 명에 대한 증인신문을 실시하고 네 건의 사실조회 회신을 받았다.

헌재는 대통령이 선거에 임박한 시기에 기자회견에서 특정 정당을 지지하고 중앙선거관리위원회로부터 선거법 위반 여부와 관련해 경고를 받는 상황에서 선거법을 '관권선거 시대의 유물'로 폄하하고 법률의 정당성에 대해 공개적으로 의문을 제기하는 한편, 헌법상 허용되지 않는 재신임 국민투표를 제안하는 등의 행위는 공무원의 선거 중립 의무와 대통령의 헌법 수호 의무를 위반하는 것으로 보았다.

좀 더 구체적으로 살펴보면, 피청구인(노무현 대통령)은 선거에 임박해 공무원의 정치적 중립성이 어느 때보다도 요청되는 때에, 공정한 선거 관리의 궁극적 책임을 지는 대통령으로서 기자회견 중 전 국민을 상대로 특정 정당을 지지하는 발언을 했다. 이는 대통령직의 정치적 비중과 영향력을 이용해 선거에 부당한 영향력을 행사하고 이로써 선거 결과에 영향을 미치는 행위를 한 것이므로 선거에서의 중립 의무를 위반했다고 판단했다.

또 피청구인이 선거법 위반행위로 중앙선거관리위원회로부터 경고를 받는 상황에서 현행 선거법을 '관권선거 시대의 유물'로 폄하하고 법률의 합헌성과 정당성에 대해 대통령의 지위에서 공개적으로 의문을 제기하는 것은 헌법과 법률을 준수해야 할 의무와 부합하지 않으며, 다른 공직자의 의식에 중대한 영향을 미치고, 나아가 국민 전반의 준법정신을 저해하는 효과를 가져오는 등 법치국가 실현에 매우 부정적인 영향을 미칠 수 있다. 따라서 대통령이 국민 앞에서 현행법의 정당성과 규범력을 문제 삼는 행위는 법치국가의 정신에 반하는 것이자, 헌법을 수호해야 할 의무를 위반했다고 보았다.

아울러 국민투표는 직접민주주의를 실현하기 위한 수단으로서 '사안에 대한 결정', 즉 특정한 국가정책이나 법안을 그 대상으로 한다. 따라서 본질상 '대표자에 대한 신임'은 국민투표의 대상이 될 수 없으며, 우리 헌법에서 대표자의 선출과 그에 대한 신임은 단지 선거의 형태로 이루어져야 한다고 보았다. 피청구인이 위헌적인 재신임 국민투표를 단지 제안하기만 했을 뿐 강행하지는 않았으나, 헌법상 허용되지 않는 재신임 국민투표를 제안한 것은 그 자체로서 헌법 제72조에 반해 헌법을 실현하고 수호해야 할 대통령의 의무를 위반했다고 판단했다.

한편 헌법재판소법 제53조 제1항에 규정된 "탄핵심판 청구가 이유 있는 때"라 함은 헌법 또는 법률 위배가 있는 모든 경우가 아니라, 공직자의 파면을 정당화할 정도로 '중대한' 법 위반이 있는 경우를 말하고, 대통령을 파면할 정도로 중대한 법 위반이란 '대통령의 직을 유지하는 것이 더 이상 헌법 수호의 관점에서 용납될 수 없거나 대통령이 국민의 신임을 배신해 국정을 담당할 자격을 상실한 경우'를 말하므로 이 사건에서 인정되는 정도의 대통령의 법 위반은 그러한 경우에 해당하지 않는다는 이유로 기각했다(헌재 2004. 5. 14. 2004헌나1).

박근혜 대통령 탄핵 사건에서 헌법재판소는 총 92일 동안 3회의 변론 준비 기일과 17회의 변론기일을 진행하면서 변론을 듣고 증거조사를 했다. 그 과정에서 증인 26명에 대한 증인신문을 실시하고 19건의 사실조회 회신(70개 기관·기업으로부터 답변)을 받았다. 헌재는 헌법재판소법과 헌법재판소 심판규칙, 탄핵심판의 성질에 반하지 않는 한도에서 형사소송에 관한 법령을 준용해 심판 절차를 진행했으며, 출처와 입수 경위 등에 논란이 제기된 JTBC의 태블릿 PC는 처음부터 증거 조사 대상에서 배제했다.

헌재는 재판관 전원일치의 의견(8:0)으로 탄핵심판 청구를 인용해 대통령을 파면하는 결정을 했다(헌재 2017. 3. 10. 2016헌나1). 그 이유는 '최○원 국정 개입 허용과 권한 남용' 부분과 관련해 대통령이 공무상 비밀 문건을 유출하고 평소 각별한 친분 관계에 있던 특정 인물의 사익 추구를 돕는 과정에서 현행법을 심각하게 위반했다고 보았다. 대통령의 거짓말과 은폐 시도 등도 파면결정에 있어 탄핵과 기각의 논거 중 어느 쪽이 우위에 있는지 비교해 판단하는 법익형량의 이유로 제시했다.

좀 더 구체적으로 살펴보면, 피청구인(박근혜 대통령)은 최○원이 추천한 인사를 다수 공직에 임명했고, 이렇게 임명된 일부 공직자는 최○원의 이권 추구를 돕는 역할을 했다고 보았다. 피청구인은 사기업으로부터 재원을 마련하여 재단법인 미르와 케이스포츠를 설립하도록 지시했고, 대통령의 지위와 권한을 이용하여 기업들에 출연을 요구했다(기업 출연금으로 미르에 합계 486억 원, 케이스포츠에 합계 288억 원 납입). 이어 최○원이 추천하는 사람들을 미르와 케이스포츠의 임원진이 되도록 해 최○원이 두 재단을 실질적으로 장악할 수 있도록 해주었다. 그 결과 최ㅇ원은 두 재단을 이권 창출 수단으로 활용할 수 있었다. 피청구인은 기업에 대해 특정인을 채용하고 특정 회사와 계약을 체결하도록 요구하는 등 대통령의 지위와 권한을 이용하여 사기업 경영에 관여했다. 그 밖에도 피청구인은 스포츠클럽 개편 같은 최ㅇ원의 이권과 관련된 정책 수립을 지시했고, 5대 거점 체육 인재 육성 사업을 위한 시설 건립과 관련해 롯데그룹이 케이스포츠에 거액의 자금을 출연하도록 했다(70억 원). 피청구인의 이러한 일련의 행위는 최ㅇ원 등의 이익을 위해 대통령의 지위와 권한을 남용한 것으로 공정한 직무 수행이라 할 수 없으므로 헌법 제7조 제1항, 국가공무원법 제59조(친절·공정의 의무), 공직자윤리법 제2조의 2(이해 충돌 방지 의무) 제3항, 부패 방지 및 국민권익위원회의 설치와 운영에 관한 법률 제2조 제4호 가목, 제7조(공직자의 청렴 의무) 등에 의한 대통령의 공익 실현 의무를 위반했다고 판단했다.

또 피청구인은 롯데그룹에 최ㅇ원의 이권 사업과 관련 있는 하남시 체육 시설 건립 사업 지원을 요구했고, 경제수석비서관으로 하여금 사업 진행 상황을 수시로 점검하도록 했다. 또 피청구인은 현대자동차그룹에 최ㅇ원의 지인이 경영하는 회사와 납품 계약을 체결하도록, 주식회사 케이티에는 최ㅇ원과 관계있는 인물의 채용과 보직 변경을 요구했으며, 그 과정에서 경제수석비서관 등 고위 공직자를 이용해 영향력을 행사했다. 피청구인의 이와 같은 일련의 행위는 기업의 임의적 협력을 기대하는 단순한 의견 제시나 권고가 아니라 구속적 성격을 지녀 아무런 법적 근거 없이 대통령의 지위를 이용해 기업의 사적 자치 영역에 간섭한 것으로 해당 기업의 재산권 및 기업 경영의 자유를 침해했다고 보았다.

아울러 피청구인의 지시와 묵인에 따라 최ㅇ원에게 많은 문건이 유출되었고, 여기에는 대통령의 일정·외교·인사·정책 등에 관한 내용이 포함되어 있다. 이런 정보는 대통령의 직무와 관련되어 일반에 알려질 경우 행정 목적을 해할 우려가 있고, 실질적으로 비밀로 보호할 가치가 있으므로 직무상 비밀에 해당한다. 피청구인이 최ㅇ원에게 이러한 문건이 유출되도록 지시 또는 방치한 행위는 국가공무원법 제60조의 비밀 엄수 의무를 위반했다고 판단했다.

그 밖에 피청구인에 대한 소추 사유 중 문화체육관광부 소속 공무원에 대한 문책성 인사와 관련한 공무원 임면권 남용, 〈세계일보〉 사장 해임 등과 관련한 언론의 자유 침해는 증거 불충분 등의 이유로 받아들이지 않았다. 세월호 침몰 사고와 관련한 생명권 보호 의무 위반은 재난 상황이 발생했다고 대통령에게 바로 구체적이고 특정한 행위 의무가 발생한다고 보기 어렵다고 판단했고, 침몰 사고와 관련한 성실한 직책 수행 의무 위반도 규범적으로 그 이행이 관철될 수 있는 성격의 의무가 아니므로 그 자체로 소추 사유가 될 수 없다고 보아 받아들이지 않았다. 다만, 피청구인의 성실한 직책 수행 의무 위반에 관해 재판관 2인은 "피청구인이 헌법상 성실한 직책 수행 의무 및 국가공무원법상 성실 의무를 현저하게 위반했으나, 직무를 의식적으로 방임하거나 포기한 경우에 해당한다고 보기는 어려워 그러한 사실만으로는 파면 사유에 해당한다고 볼 수 없다"는 보충의견을 제시했다.

결국 피청구인은 특정 지인의 이익을 위해 대통령의 지위와 권한을 남용해 특정 사인의 재단 설립에 출연을 요구하는 등 공익 실현 의무를 위반했으며, 기업의 사적 자치 영역에 간섭하는 등 기업의 재산권과 기업 경영의 자유를 침해했고, 대통령의 지시 또는 방치로 직무상 비밀에 속하는 많은 문건을 유출해 국가공무원법상의 비밀 엄수 의무를 위반했다. 이와 같은 대통령의 헌법과 법률 위배는 국민의 신임을 배반한 행위로 헌법 수호의 관점에서 용납할 수 없는 중대한 법 위배행위라고 보아야 하며, 따라서 헌법질서에 미치는 부정적 영향과 파급효과가 중대하므로, 대통령을 파면해 얻는 헌법 수호의 이익이 압도적으로 크다는 이유로 탄핵심판 청구를 인용한 것이다.

두 번에 걸친 대통령 탄핵 사건은 우리 헌정사상 엄청난 정치 지형의 변화를 가져왔다. 또 탄핵으로 대통령을 파면하는 경험을 통해 어떠한 권력도 헌법 위에 존재할 수 없음이 확인되었고, 그 결과 집권 세력의 권력남용을 심리적으로 견제하는 예방적 효과를 가져왔다. 아울러 탄핵재판 과정에서 국민의 다양한 의견이 자유롭게 표출되고 법질서가 평화롭게 유지되어 우리나라 민주주의의 성숙도를 재확인하는 계기가 되었다.[54] 그러나 정치권에서는 각 진영의 이해관계에 따라 탄핵재판 결과를 정치적으로 이용하거나 부정하는 등 자신들에게 유리한 방향으로 해석하여 지속적 갈등을 부추겨 논란이 되고 있다.

12

양심이란 무엇인가
양심적 병역 거부 사건(2018. 6. 28.)[1]

역사적 기록에 남은 가장 유명한 양심수는 플라톤의 스승 소크라테스다. 델피의 신탁에서 "세상에서 가장 현명한 사람은 소크라테스다"라는 점괘가 나오자, 소크라테스는 이를 의심하고 그 진위를 확인하기 위해 세상의 유명한 정치인, 장군, 사제, 학자를 만나고 다닌다. 그 결과 그는 신탁의 결과가 옳았음을 인정한다. 왜냐하면 소크라테스는 적어도 '자신이 아무것도 모른다'는 사실은 알고 있었기 때문이다. 하지만 이 사실로 인해 소크라테스는 신성모독과 청년들을 타락시킨 혐의로 재판에 회부된다. 소크라테스의 변론은 재판정을 압도했지만 마음에 상처를 입은 재판관들은 그에게 사형을 선고한다. 그의 죽음은 제자인 플라톤에게 커다란 정신적 충격을 주었고 이로 인해 플라톤은 평생 우민정치로 전락할 수 있는 민주주의를 혐오하게 된다.

소크라테스는 다음과 같은 유명한 최후진술을 남긴다. "그렇지 않습니다. 당신들은 나의 과오로 내가 유죄판결을 받았다고 여기겠지만 틀린 생각입니다. 내가 유죄판결을 받은 것은 나의 변론이 부족해서가 아니라 당신들의 염치가 부족했기 때문입니다. 여러분이 가장 듣고 싶어 하는 말을 내가 하지 않았기 때문입니다. 지금까지 여러분이 법정에서 항상 보아왔듯 피의자는 눈물을 흘리고, 울부짖고, 한탄해야 하는데, 나는 그렇게 하지 않았습니다. 나는 죽음을 피할 수 있는 방법과 기회에 대해 이미 잘 알고 있습니다. 하지만 나에게는 죽음을 회피하는 것보다 불의를 회피하는 것이 더 힘든 일입니다. 이제 나는 늙고 행동이 굼뜨기 때문에 느린 죽음에 붙잡혔지만, 나를 기소한 예리하고 기민한 자들은 날쌘 불의에 붙잡히고 말 것입니다."[2]

오늘날 양심良心에 해당하는 말은 라틴어 conscientia에서 파생되었고 데카르트에 의해 널리 알려졌다고 한다.[3] 라틴어 conscientia는 양심보다는 '앎'이라는 의미에 더 가깝다. 오늘날 양심과 행동의 불일치를 지칭하는 인지부조화cognitive dissonance라는 말도 이러한 의미에서 파생되었다. 양심Gewissen은 도덕적 가치에 관한 지식을 바탕으로 인간의 생각과 행동을 보다 고양된 정신적 실체와 일치시키려는 심리적 상태를 의미한다. 이처럼 양심은 선행적 조건과 후행적 결과에 대한 지식을 바탕으로 특정한 행동을 실행하거나 금지하도록 한다.[4] 따라서 의식Bewusstsein과 지식Wissen을 전제로 한다. 또 양심이란 우리 인간이 구체적 상황에서 '어떻게 판단하고 행동해야 하는지' 결정하는 내면 의식의 특수한 형태를 말한다. 따라서 우리의 행동에 윤리적, 도덕적 명분을 부여하기도 한다. 이러한 논리적 연관관계로 오늘날 양심의 자유는 사상의 자유, 학문의 자유, 언론의 자유, 표현의 자유, 종교의 자유 등과 불가분의 관계를 맺고 있다.

양심의 자유는 1517년 교회의 기본교리에 대한 마르틴 루터의 양심적 위기에서 연유했다고 한다. 당시의 종교는 곧 교회이고, 종교는 국교로서 신민의 의무였기 때문에 종교는 자유의 관점에서 접근할 수 있는 대상이 아니었다. 1521년 4월 18일 루터는 보름스 제국회의에 출석해 황제와 제후들에게 "인간의 내적 권위로서의 양심은 무조건적으로 따라야 한다"는 토마스 아퀴나스의 말을 인용하면서 종교의 자유가 아닌 양심의 자유를 언급했다.[5] 이후 개신교

도들에게 신앙에 대한 개인적, 양심적 결정은 교회의 권위에 대한 복종보다 중요해졌다. 이렇게 최초의 양심의 자유는 기성 종교에 대한 소수자의 항의에서 비롯되었고, 이후 양심이란 다수의 도덕관념, 다수의 정치철학에 대한 소수의 이의 제기로 확대되었다.

양심의 개념은 유동적이고 불확실하다. 양심은 '세계관, 인생관, 주의, 신조' 등의 의미로,[6] 때로는 '어떤 일의 옳고 그름을 판단함에 있어 그렇게 행동하지 않고는 자신의 인격적인 존재 가치가 허물어지고 말 것이라는 강력하고 진지한 마음의 소리'이자 선악의 범주에 대한 윤리적 결정의 의미로 사용되기도 한다.[7] 양심의 개념에 대해서는 종교적 확신과 동일한 개념으로, 도덕적 의무의 자각 또는 도덕적, 윤리적 판단으로, 세계관, 인생관 같은 일반적 신조로 이해하는 등 매우 다양한 견해가 존재한다. 이러한 양심의 개념에 대한 논쟁은 1930년대 독일의 공법학자 게르하르트 안쉬츠Gerhard Anschütz와 리하르트 토마Richard Thoma 시대까지 거슬러 올라간다.[8]

양심의 자유는 내심적 자유, 국가권력에 의해 외부에 의견을 표명하도록 강제받지 않을 침묵의 자유[9]뿐만 아니라 실현의 자유, 즉 적극적 행동을 통해 외부적으로 양심을 실현할 자유를 포함한다. 양심 형성의 자유와 양심 결정의 자유를 포함하는 내심적 자유는 내심에 머무르는 한 절대적 자유다. 그러나 양심 실현의 자유는 타인의 기본권이나 다른 헌법질서에 저촉되는 경우 헌법 제37조 제2항에 따라 국가 안전 보장, 질서 유지, 공공복리를 위해 법률로 제한할 수 있는 상대적 자유다. 양심 실현의 자유는 적극적 작위뿐만 아니라 소극적 부작위에 의해서도 그 실현이 가능하다.[10]

양심적 병역 거부란 자신의 신념을 이유로 전쟁 참가, 무기 소지 등 병역의무의 이행을 거부하는 것을 말한다. 작위나 부작위에 의한 양심 실현을 의미하므로 헌법 제37조 제2항의 국가 안전 보장, 질서 유지, 공공복리를 위한 법률에 의해 제한할 수 있다. 미국의 경우 헌법상 근거는 없지만 연방대법원이 종교의 자유를 근거로 양심적 병역 거부권을,[11] 독일의 경우 기본법상 직접 양심의 자유에 근거한 전투 임무 거부권Kriegsdienstverweigerung 을 인정하고 있다.[12] 다만, 미국 연방대법원[13]과 독일 연방헌법재판소[14]는 전쟁 자체가 아니라 특정 전쟁만 거부한다든지, 특정 전쟁 수행 방법만 거부하는 경우같이 선택적 병역 거부는 양심적 병역 거부의 범주에 속하지 않는다고 본다.

특히 미국은 제1차 세계대전에 참전하기 위해 1917년 대독 선전포고를 하면서 '대체복무법The Selective Service

Act'**15**을 제정하고 이후 수차례 개정을 거쳐 현행법인 '군사대체복무법Military Selective Service Act'**16**에 이르렀다. 미국은 현재 모병제를 채택하고 있지만 국가 비상사태 발생 시 징병제로 전환하기 위해 1948년 '군사대체복무법'을 확대·개정·유지하고 있다.

'군사대체복무법'을 구체화하고 있는 미국 정부의 '선택적 복무 규정Selective Service Regulation'**17**에 의하면 양심적 병역 거부자conscientious objector는 '종교적 훈육, 믿음 때문에 전쟁 참여를 양심적으로 거부하는 자'로 좁게 정의되어 있고 양심적 병역 거부자의 심사, 분류 처분, 불복을 처리하기 위해 '지역위원회, 항소위원회, 대통령'의 3단계 행정절차를 둔다. 양심적 병역 거부자는 '비전투적 병역의무'의 이행이 가능한지 여부 등을 기준으로 네 종류로 구분해 환자 보호, 소방 업무, 장애인 봉사, 환경미화, 난민 보호, 교도소 근무 등의 대체 복무를 이행하며 대체 복무 담당관이 이들에 대한 근무 감독, 성과 평가, 제재 조치, 조기 해제, 변상 조치 등을 수행하는 등 공정성 담보 장치를 마련하고 있다.

'양심적 병역 거부 사건'은 우리 헌법이 인정하는 양심은 무엇인지, 양심에 따른 병역 거부를 이러한 양심에 포섭할 수 있는지, 양심에 따른 병역 거부를 인정한다면 우리 헌법의 중요한 가치인 국가 안보와 어떻게 조화시킬지 등에 대한 진지한 성찰과 고민이 담겨 있다.

'양심적 병역 거부 사건(2011헌바379등)'은 '헌바' 사건, 즉 위헌심사형 헌법소원 사건으로 다수의 유사 사건을 병합했다. 대표적 사건인 '2011헌바379'를 중심으로 사건의 개요를 살펴보자. 청구인은 '현역병 입영 대상' 처분을 받은 사람으로 경남 지방 병무청장으로부터 2010년 6월 7일까지 입영하라는 현역입영통지서를 받고도 입영일부터 3일이 지나도록 입영하지 않아 병역법 위반죄로 기소되었다. 청구인은 1심 법원에서 징역 1년 6월의 형을 선고받자 항소했고, 항소심 계속 중인 2011년 병역법 위반죄를 규정한 병역법 제88조 제1항 등에 대한 위헌법률심판 제청 신청을 했으나 기각되자, 청구인이 직접 헌법재판소에 해당 법 조항의 위헌 확인을 구하는 헌법소원심판을 청구했다.

이 사건에서는 입영 회피자에 대한 형사처벌을 규정하고 있는 병역법이 양심적 병역 거부자의 양심의 자유와 충돌하는지가 문제 되었다. 구체적으로는 첫째, 입영 회피자를 '3년 이하의 징역'에 처하도록 하는 병역법 제88조 제1항과 둘째, 병역법 제88조 제1항의 전제가 되는 '병역의 종류'를 한정적으로 열거하는 병역법 제5조가 헌법에 위반되는지가 쟁점이었다. 헌법재판소는 병역법 제88조 제1항은 양심적 병역 거부자의 양심의 자유를 침해하지 않지만 병역법 제5조는 대체복무제도를 규정하지 않아 양심적 병역 거부자의 양심의 자유를 침해했다고 보았다. 하지만 제88조 제1항의 쟁점에 대해 합헌(4인), 일부 위헌(4인), 각하(1인)로 재판관의 의견이 크게 갈렸고, 제5조의 쟁점에 대해서도 헌법재판소의 선고 이후 입법자의 법률 변경이 있을 때까지 잠정적으로 해당 법률이 존속하는 형태의 위헌결정을 의미하는 헌법 불합치(6인)와 각하(3인)로 의견이 갈렸다(헌재 2018. 6. 28. 2011헌바379등, 판례집 30-1하, 370). 이러한 사실은 아직까지 우리 사회 내부에는 병역의무의 상대화를 용인하기 힘들어하는 정서가 존재한다는 사실을 반영한다. 이 사건 이전에도 '병역법'에 대해 다수의 헌법소원이 제기되었지만 그때마다 헌법재판소는 헌법에 위반되지 않는다는 결정을 선고했다(헌재 2011. 8. 30. 2008헌가22등, 판례집 23-2상, 174 / 7:2 합헌; 헌재 2004. 8. 26. 2002헌가1, 판례집 16-2상, 141 / 7:2 합헌).

헌법재판소의 결정에 따르면 헌법상 보호되는 양심은 어떤 일의 옳고 그름을 판단할 때 그렇게 행동하지 않고는 자신의 인격적인 존재 가치가 허물어지고 말 것이라는 강력하고 진지한 마음의 소리로 절박하고 구체적인 양심을 말한다. 이러한 양심은 그 대상이나 내용 또는 동기에 의해 판단될 수 없으며, 특히 양심상의 결정이 이성적이고 합리적인가, 타당한가 또는 법질서나 사회규범, 도덕률과 일치하는가 하는 관점은 양심의 존재를 판단하는 기준이 될 수 없다(헌재 2004. 8. 26. 2002헌가1; 헌재 2004. 10. 28. 2004헌바61등; 헌재 2011. 8. 30. 2008헌가22등 참조).

또 양심은 사회 다수의 정의관이나 도덕관과 일치하지 않을 수 있으며, 오히려 헌법상 양심의 자유가 문제 되는 상황은 개인의 양심이 국가의 법질서나 사회의 도덕률에 부합하지 않는 경우이므로, 헌법에 의해 보호받는 양심은 법질서와 도덕에 부합하는 사고를 지닌 다수가 아니라 이른바 '소수자'의 양심이 되기 마련이라고 보았다. 헌법상 양심의 자유에 의해 보호받는 '양심'으로 인정할 것인지에 대한 판단은 그것이 깊고, 확고하며, 진실된지 여부에 따른다. 따라서 양심적 병역 거부를 주장하는 사람은 자신의 '양심'을 외부로 표명하여 증명할 최소한의 의무가 있다는 것이다.

일반적으로 양심적 병역 거부는 병역의무가 인정되는 징병제 국가에서 종교적, 윤리적, 철학적 또는 이와 유사한 동기로 형성된 양심상의 결정을 이유로 병역의무의 이행을 거부하는 행위를 가리킨다. 그런데 일상생활에서 '양심적' 병역 거부라는 말은 병역 거부가 '양심적', 즉 도덕적이고 정당하다는 것을 가리키는 것처럼 보여, 그 반면으로 병역의무를 이행하는 사람은 '비양심적'이거나 '비도덕적'인 사람으로 치부할 여지가 있다. 하지만 앞에서 살펴본 양심의 의미에 따를 때, '양심적' 병역 거부는 실상 당사자의 '양심을 이유로 한' 병역 거부를 가리킬 뿐이지 병역 거부가 '도덕적이고 정당하다'는 의미는 아니다. 따라서 '양심적' 병역 거부라는 용어를 사용한다고 해서 병역의무 이행이 '비양심적'이거나, 병역을 이행하는 거의 대부분의 병역의무자와 병역의무 이행이 국민의 숭고한 의무라고 생각하는 대다수 국민이 '비양심적'인 사람이 되는 것은 결코 아니라고 강조했다.

한편 양심적 병역 거부를 인정하면 여호와의 증인 등을 비롯한 특정 종교나 교리에 대해 특별취급하는 것이 아니냐는 의문이 제기되기도 한다. 헌재는 이러한 인정이 인류 공통의 염원인 평화를 수호하기 위해 무기를 들 수 없다는 양심을 보호하려는 것일 뿐, 특정 종교나 교리를 보호하려는 것은 아니라고 밝혔다. 또 양심적 병역 거부를 인정한다 해서 양심적 병역 거부자의 병역의무를 전적으로 면제하는 것은 아니라고 표명했다. 양심적 병역 거부를 인정하는 다른 징병제 국가들은 대부분 양심적 병역 거부자가 비군사적 성격의 공익적 업무에 종사해 병역의무의 이행에 갈음하는 제도인 대체복무제를 두고 있다는 사실을 근거로 든다.

양심적 병역 거부자는 병역의무를 단순히 거부하는 것이 아니라 자신의 양심을 지키면서도 국민으로서 국방의 의무를 다할 수 있도록 집총 등 군사훈련을 수반하는 병역의무를 대신하는 제도를 마련해달라고 국가에 호소하고 있다. 헌재는 이를 근거로 이들의 병역 거부를 군복무의 고역을 피하기 위한 핑계라거나 국가 공동체에 대한 기본 의무는 이행하지 않으면서 국가의 보호만을 바라는 무임승차라고 볼 수는 없다고 판단했다. 즉 양심적 병역 거부자는 단순히 군 복무의 위험과 어려움 때문에 병역의무 이행을 회피하려는 다른 병역 기피자들과는 구별되어야 한다는 것이다.

양심적 병역 거부자는 현재의 대법원 판례에 따르면 이 사건의 법률 조항에 의해 형사처벌을 받고 이후에도 공무원이 될 기회를 얻을 수 없게 되는 등 여러 부가적 불이익까지 받게 된다. 헌재는 이제까지 국가가 양심적 병역 거부자의 절박한 상황과 대안의 가능성을 외면하고 양심을 지키려는 국민에게 그 양심의 포기 아니면 교도소 수용이라는 양자택일을 강요해왔을 뿐이라고 지적했다. 국가에 병역의무의 면제라는 특혜와 형사처벌이라는 두 개의 선택지뿐이라면 모르지만, 국방의 의무와 양심의 자유를 조화시킬 수 있는 제3의 길이 있다면 국가는 그 길을 진지하게 모색해야 한다고 강조했다.

헌법재판소의 결정 이후 법원은 양심적 병역 거부자에 대해 무죄판결을 선고했고, 후속 조치로 병역법이 개정되었으며, 대체복무제도 시행을 위한 '대체역의 편입 및 복무 등에 관한 법률(법률 16851호, 2019. 12. 31., 제정)'이 만들어졌다. 이 사건의 표면에는 양심의 자유와 국방의 의무 충돌이라는 가치 충돌의 문제만 드러나 있지만, 그 이면에는 남북분단이라는 한반도의 특수 상황, 국민개병제와 평등 원리의 조화, 저출산·고령화 사회 진입에 따른 병역 자원의 지속적 감소, 현대적 첨단 전쟁에 대처하기 위한 국방정책의 전환 등 수많은 국가정책적 문제가 복잡하게 얽혀 있다.

헌법 불합치결정에 따른 양심적 병역 거부자에 대한 대체복무 허용은 다수의 도덕관념이나 정치철학·신념과 배치되는 사고를 지닌 자라 하더라도 개개인의 진지한 마음의 결단으로서 양심을 존중하고 그 존엄성을 인정해준다는 의미다. 이는 남북분단의 현실과 북한의 군사적 위협에도 자유민주주의 체제의 헌법적 관용을 선언하여, 특정 종교나 신념에 따른 병역 거부자인 소수자의 취업 등 사회적 불이익을 적극적으로 해소해주고, 동시에 정치적으로는 민주주의적 다양성과 선진 시민 의식을 크게 확대하는 의미를 가진다.

13

생명권은 절대적 기본권인가

낙태죄 사건(2019. 4. 11.)[1]

우리 헌법은 독일 기본법과 달리 '생명권'에 대한 명문 규정이 없다. 그러나 생명권은 '신체의 완전성' 및 '신체 활동의 임의성'을 보장하는 '신체의 자유'의 당연한 전제일 뿐아니라 '인간의 존엄성'을 가치의 핵심으로 삼는 우리 기본권 질서의 논리적 기초를 이룬다.[2] 우리 헌법은 명문으로 '인간의 존엄과 가치'를 헌법적 핵심 가치로 인정하고, 국가에 이를 보장할 의무를 부과하고 있다.[3] 인간의 존엄은 우리 헌법질서가 절대로 양보할 수 없는 최고의 가치적 합의의 결과로 모든 국가 작용의 실천 규범이자 기본권 제한

입법의 한계를 이룬다. 인간은 존엄하기 때문에 다른 동물과 차별화되고, 인간의 생명권은 절대적으로 보장된다.

이 지점에서 근본적인 질문을 하나 해보자. 그렇다면 인간은 왜 존엄할까? 인간이라는 종種에 속하기 때문에 존엄할까? 아니면 인간의 고유한 속성 때문에 존엄할까? 신이 자신의 형상대로 인간을 만들었다는 신화적 근거 때문에 존엄할까? 아니면 제2차 세계대전이라는 인간 이하의 역사적 경험 때문에 존엄해야 할까? 이에 대해 신학자 토마스 아퀴나스는 인간의 '자유의지'에, 철학자 칸트는 도덕적 정언명령을 수행할 수 있는 '이성Vernunft'에 그 근거를 두었다. 두 사람의 생각을 종합해보면 인간은 다른 동물과 달리 신의 형상대로 창조된 피조물로 이성이라는 정신 작용을 통해 선악을 분별하고 이성과 자유의지를 근거로 '자신의 행위 기준이 입법의 보편적 원리로 작용'할 수 있도록 행동하거나 그렇게 할 잠재적 가능성이 있기 때문에 존엄하다는 것이다.

현대사회에 들어서면서 인간은 자유의지와 이성의 존재 여부 및 그 메커니즘을 확인하기 위해 위대한 과학적 실험에 돌입했다. 1989년 미국 의회는 향후 10년을 뇌과학의 시대로 삼기로 결의했고, 1990년 미국 대통령 조지 부시는 '뇌의 10년'을 국가적 사업으로 공식 선포했다.[4] 같은 시기

독일도 미국의 영향을 받아 이와 유사한 국가 사업을 시작했다. 2010년 말 미국과 독일은 공식적으로 '뇌과학' 사업이 종료되었음을 선언했다. 당시 사람들은 이러한 사업을 통해 인간의 사유, 의식, 나$_{ego}$, 심지어 우리의 정신 자체가 위치한 장소를 알아내고 그것들을 공간과 시간 안에서 관찰 가능한 사물과 동일시할 수 있으리라고 믿었다. 하지만 이러한 시도는 미완의 성공으로 끝나고 말았다.[5] 정신 능력이 활성화되는 위치를 대략적으로는 알아냈지만 정확한 메커니즘을 알아내는 데는 실패했다.

인간 조건이라는 수수께끼를 자연과학에 의지해 풀 수 없다면 종교, 신화 또는 내면의 성찰이라는 방식을 통해서 풀 수밖에 없을 것이다. 지금까지 인류가 쌓아온 과학적 지식을 통해 알려진바, 인간 두뇌 활동의 대부분은 의식이 지각조차 하지 못한다. 위대한 과학자이자 철학자 찰스 다윈은 19세기 말에 "우리 뇌는 직접 공략해서는 함락시킬 수 없는 성채와 같다"고 말한 바 있다.

'생각에 관한 생각'은 창작과 예술의 핵심 과정이지만, '우리가 어떻게 생각하는지'에 대해 거의 말해주지 못한다. 애초에 창작과 예술이 왜 출현했는지도 전혀 설명하지 못한다. 인간과 인간의 의식은 수백만 년에 걸친 삶과 죽음의 투쟁을 통해 진화했다. 인간의 두뇌와 의식은 이러한 투쟁을 수행하기 위해 설계되었지, 자기 성찰을 위해 고안된 것이 아니다. 뇌는 생존과 번식을 위해 설계되었다.[6]

뇌과학자의 입장에서 보았을 때, 우리의 의식적 사고를 조종하는 것은 이성이 아니라 감정이다. 인간의 의식적 사고는 궁극적으로 생존과 번식이라는 목적에 철저하게 매진한다. 창작과 예술은 인간 마음의 복잡하게 뒤틀린 양상을 세밀하게 표현할 수 있다. 그러나 창작과 예술은 인간의 본성이 결코 진화의 투쟁적 역사를 경험하지 않은 듯 아름답게 묘사한다. 예술의 강력한 은유도 자연과학과 마찬가지로 마음의 수수께끼에 다가가지 못한다.

우리는 크나큰 수수께끼의 답을 얻겠다고 철학으로 눈을 돌리는 헛된 노력을 한다. 순수철학은 고상한 목적과 유구한 역사를 지녔지만 인간존재에 대한 근본적 질문을 포기한 지 오래다. 그것을 탐구하는 것 자체가 명성을 깎아 먹는 일이기 때문이다. 철학사의 대부분은 인간존재의 본질에 대한 실패한 모형으로 가득 차 있다. 20세기 중반 비트겐슈타인을 필두로 논리실증주의가 과학과 논리학을 하나의 닫힌 체계로 융합하려 시도했지만 실패로 끝났다. 이제 철학은 산산이 흩어진 지적 디아스포라가 되었다.

철학이 인간존재의 본질에 관한 문제를 과학에 내맡겼지만, 그럼에도 답해야 하는 근본적인 질문이 있다. 인간은 왜 무리 지어 사는가? 또 이러한 사회성의 근원은 무엇인가? 규범은 사회성이 만들어낸 부산물이자 사회성을 유지하는 원재료다. 자연과학은 생명의 시점을 난자와 정자가 결합하는 때라고 정확하게 정의한다. 하지만 규범은 생명의 시점을 상황에 따라 달리 말한다. 그 상황에는 역사적 시간과 장소뿐만 아니라 이를 해석하는 주관적 경험이 포함된다.

독일 기본법[7]과 달리 우리 헌법에는 생명권에 대한 명확한 근거 규정이 없기에 헌법학자마다 생명권의 근거에 대한 의론이 분분하다. 우리 헌법재판소는 "인간의 생명은 고귀하고, 이 세상 무엇과도 바꿀 수 없는 존엄한 인간존재의 근원이다. 이러한 생명에 대한 권리는 비록 헌법에 명문 규정이 없다 하더라도 인간의 생존 본능과 존재 목적에 바탕을 둔 선험적이고 자연법적인 권리로서 헌법에 규정된 모든 기본권의 전제로서 기능하는 기본권 중의 기본권이다"[8]라고 판시하고 있다.

생명권은 생명을 유지할 수 있는 권리다. 여기서 생명은 육신의 생존을 말한다. 다만 생명을 '권리'로 구성하기 위해서는 법률 도그마에 따라 '권리주체'가 필요하다. 일견 모든 나라의 헌법은 살아 있는 사람에게만 기본권 능력(권리주체성)을 부여한 듯 보인다. 예를 들어 아직 태어나지 않은 사람이나 사망한 사람은 의견을 표시할 수도, 집회에 참석할 수도, 교육을 받을 수도, 직업을 가질 수도 없기 때문이다.

독일 연방헌법재판소는 생명에 대해 매우 보수적인 시각을 가지고 있다. 인간의 존엄에 대한 국가의 보호 의무는 인간의 사망으로 종료되지 않는다[9]고 보기도 하고 출생 전 사람(태아)에게 생명권과 신체의 불훼손권을 인정하기도 하며,[10] 심지어 인격의 자유로운 실현권을 인정하기도 한다.[11] 하지만 독일 연방헌법재판소가 자신의 결론을 뒷받침할 충분한 논거를 제시하지는 못한다.

독일 연방헌법재판소는 인간의 생명이 착상과 더불어 시작되는지, 아니면 난자와 정자가 수정될 때부터 시작되는지에 대한 문제를 확정 짓지 못했다.[12] 또 태아 자체가 기본권의 주체인지, 권리 능력과 기본권 능력이 없기 때문에 기본권 주체로 볼 수 없는지, 태아는 기본권 주체가 아님에도 국가는 헌법의 객관적 규범성 때문에 태아에 대한 보호 의무를 부담하는 것인지 등에 대해 아무런 답변도 제공하지 못하고 있다.[13] 이들은 단지 생명권이 절대적이라고 믿기 때문에 태아도 절대적으로 보호해야 한다고 믿는 것 같은 인상을 준다. 하지만 논증 없는 주장은 법이 아니라 믿음의 영역에 속한다.

낙태와 관련된 흥미로운 역사적 사실을 하나 상기해보자. 1960~1980년대 우리나라에서는 정부가 주도적으로 낙태 시술을 장려했다. 정부는 1961년 경제개발 5개년 계획에 맞춰 인구 증가율을 인위적으로 낮추기 위해 '가족계획 사업'을 도입했으며 '월경조정술'이라는 이름으로 '낙태 시술비'를 지원했다.[14] 이와 관련해 서울대학교 보건연구원의 조사 결과에 따르면 조사에 응답한 기혼 여성의 33.2퍼센트가 낙태 시술을 경험한 것으로 나타났다.[15] 국가는 한편으로는 형법을 통해 낙태를 범죄로 금지하면서도 다른 한편으로는 경제적 목적으로 낙태를 권장했던 것이다. 그렇다면 낙태는 법률의 문제인가, 정책의 문제인가, 아니면 정치의 문제인가.

태아는 임부의 신체 일부다. 따라서 태아의 생명권은 임부의 자기결정권과 충돌할 수밖에 없다. 태아는 개인의 잠재적 자녀인 동시에 공동체의 미래 구성원이다. 공동체가 미래의 구성원에 대한 충분한 양육 및 교육 책임을 부담하지 못하는 상황에서 일방적으로 개인의 경제적, 사회적 희생을 강요하는 것이 올바른지도 고민거리 중 하나다.

'낙태죄 사건(2017헌바127)'은 '헌바' 사건, 즉 위헌심사형 헌법소원 사건이다. 이 사건의 청구인은 산부인과 의사 면허를 취득한 사람으로, 2013년에서 2015년 사이 69회에 걸쳐 부녀의 '촉탁(부탁)' 또는 승낙을 받아 낙태 시술을 했다. 청구인은 제1심 재판 계속 중 형법 제269조 제1항(부녀의 자기 낙태죄), 제270조 제1항(의사 등의 승낙 낙태죄) 등이 헌법에 위반된다고 주장하면서 해당 법원에 위헌법률심판 제청 신청을 했으나 그 신청이 기각되자, 직접 헌법재판소에 같은 취지의 헌법소원심판을 청구했다.

'낙태'란 모체 밖에서 생명을 유지할 수 없는 시기에 태아를 인공적으로 모체 밖으로 배출시키는 행위를 말하고, '낙태죄'는 이러한 행위를 범죄로 규정하고 관련자들을 처벌하는 형법 규정(구舊형법 제269조 및 제270조)을 의미한다. 1912년 일본 의용형법에서 규정한 타태죄墮胎罪가 1953년 한국 형법에 낙태죄落胎罪로 명칭만 바뀐 채 그대로 수용되었고, 1973년 모자보건법이 제정되면서 제한적으로나마 합법적인 낙태의 길이 열렸다. 하지만 정부와 검찰이 낙태죄에 대해 일관된 태도를 보이지 못해 어떤 시기에는 낙태죄가 장기간 사문화되었다가 또 어떤 시기에는 갑자기 활성화되는 이상한 일이 반복되었다. 국가의 태도가 시기에 따라 변하며 일치하지 않는 동태적 비일관성 때문에 심각한 법적 불안정성이 발생한 것이다.

낙태 허용 여부에 관해서는 전면 금지부터 전면 허용에 이르기까지 다양한 견해가 존재한다. 낙태 허용 여부를 결정하기 어려운 가장 큰 이유는 과연 생명이 언제부터 시작하는지, 더 나아가 생명이란 무엇인지에 대해 아직 풀지 못한 철학적, 과학적 숙제 때문이다. 특히 태아는 임부 신체의 일부이고, 태아의 생명권은 임부의 자기결정권과 충돌한다는 점에서 논의를 더욱 어렵게 만든다.

원래 독일 형법에서는 임신 후 12주 이내의 낙태를 합법으로 인정하고 있었다. 하지만 1975년 독일 연방헌법재판소는 이러한 기한에 따라 판단하는 방식을 채택한 독일 형법이 태아의 생명권을 침해한다고 보아 위헌을 선언했다.[16] 즉 원칙적으로 낙태는 전체 임신 기간에 모두 금지되어야 하며, 엄격한 기준을 갖춘 예외적 경우에만 제한적 방식으로 낙태를 허용할 수 있다고 본 것이다.

미국은 일찍부터 낙태에 유연한 입장이었는데, 최근 들어 매우 엄격한 입장으로 선회했다. 1970년대 미국 대법원[17]은 임부의 낙태권이 프라이버시의 자유에서 유래하며, 임부의 낙태권은 태아의 생명권에 우선한다고 보았다(로 대 웨이드 판결Roe v. Wade, 1973). 따라서 원칙적으로 낙태를 금지하고 예외적으로만 낙태를 허용하는 것은 위헌이라고 보았다. 미국 대법원은 임신 기간을 3단계로 나누어 처음 3개월 동안은 낙태 여부가 임부의 사생활 영역에 속하고, 4~6개월 기간에는 국가가 임부의 건강을 보호하기 위해 합리적 범위 내에서 낙태 절차를 규제할 수 있고, 그 이후에는 임부의 생명과 건강을 보호하기 위해 필요한 경우를 제외하고는 낙태를 금지해야 한다고 보았다. 하지만 1990년대 들어 미국 대법원[18]은 엄격한 심사 척도에 따른 '3단계 기간 구분 방식trimester framework'을 폐기하고, 이보다 완화된 '부당한 부담 기준undue burden test'을 낙태 규제 입법의 합헌성 판단 기준으로 채택했다(가족계획협회 대 케이시 판결Planned Parenthood v. Casey, 1992).

미국 대법원이 채택한 '부당한 부담 기준'에 따르면 태아가 모체 밖에서 생존할 가능성viability of the fetus이 없는 단계에서는 여성의 권리가 태아의 권리에 우선한다. 따라서 이 단계에서 국가가 낙태에 '부당한 부담'을 부과하는 것은 헌법을 위반한다. 태아가 모체 밖에서 생존할 가능성이 있는 단계에서는 원칙적으로 낙태가 금지된다. 다만, 이 단계에서도 임부의 생명과 건강을 위해 필요한 경우에는 예외적으로 낙태가 허용된다. 문제가 된 펜실베이니아 낙태법[19]에서는 임부가 낙태를 숙려할 기간을 가지도록 의무화한 의무적 대기 기간waiting period을 두고, 기혼자는 배우자에게 낙태 사실에 대해 통지해야 하며, 미성년 낙태의 경우 부모의 동의가 있어야 할 것 등을 규정하고 있었다. 미국 대법원은 낙태 사실을 배우자에게 통지하도록 하는 규정은 '부당한 부담'에 해당하지만 그 밖의 규정은 해당하지 않는다고 판단했다.[20]

2022년 6월 24일 미국 대법원은 거의 50년 동안 유지된 '로 대 웨이드 판결'의 법리, 즉 '수정헌법 제14조[21]의 프라이버시권right to privacy이 여성의 낙태권을 보장한다'는 법리를 파기함으로써 이를 기반으로 한 가족계획협회 대 케이시 판결도 함께 파기했다(돕스 대 잭슨 여성보건기구 판결Dobbs v. Jackson Women's Health Organization, 2022).[22] 이제 연방 차원에서 주법을 통제할 수 있는 헌법적 근거가 사라졌기 때문에, 각 주는 자체적으로 낙태죄를 처리할 수 있게 되었다.

이번 판결에서 9인의 미국 대법관은 자신의 이념적 노선에 따라 평결에 임했다. 공화당이 지명한 6인의 대법관은 모두 '임신 15주 이후의 낙태를 금지'한 미시시피 주법이 합헌이라고 보았고, 이들 중 5인은 한걸음 더 나아가 로 대 웨이드와 가족계획협회 대 케이시 판결의 법리를 부정하여 낙태권의 기본권 성격을 부정했다. 이들은 그 논거로 "미국 헌법 어디에도 낙태권이 명시되어 있지 않다. 따라서 헌법상 권리로 인정하기 위해서는 낙태권이 미국의 역사와 전통에 깊이 뿌리내린 권리인지 여부를 먼저 살펴보아야 한다. 수정헌법 제14조가 만들어진 1868년에는 이미 대다수의 주가 낙태를 범죄로 규정하고 있었다. 낙태죄는 미국이라는 국가의 역사와 전통에 깊은 뿌리를 두고 있지만, 수정헌법 제14조는 1868년에, 낙태권은 당시 대법원의 잘못된 헌법해석을 통해 1973년에 만들어진 것에 불과하다. 미국 헌법은 중요한 도덕적, 사회적 문제를 국민들이 결정(의회 입법)하도록 남겨두는데, 법원이 로 대 웨이드 판결을 통해 국민의 권리를 찬탈한 것이다."[23]라고 판시했다.

민주당이 지명한 3인의 대법관은 이례적으로 기자회견을 열고 "대법원의 다수파가 미국 여성을 2등 시민second-class citizenship으로 강등시켰다. 기본적인 헌법적 보호를 상실한 수백만 명의 미국 여성과 대의를 상실한 대법원을 위해 슬픔을 담아 이번 결정에 반대한다"는 성명을 발표했다. 전국이 정치적으로 분열된 데 이어, 대법원마저 분열된 것이다.

이번 결정으로 미국 50개 주와 워싱턴 D.C.가 낙태 금지 주와 낙태 허용 주로 나뉘면 낙태를 금지하는 주의 여성은 낙태를 허용하는 주에 가서 낙태 시술을 받아야 하는데, 이로 인한 경제적 부담과 건강권의 침해가 우려된다. 특히 경제적으로 취약한 흑인과 히스패닉 여성의 피해가 클 것으로 전망된다.[24] 낙태를 금지하는 주의 여성이 낙태를 허용하는 주에서 낙태 시술을 받을 경우, 시술받은 여성, 이를 도와준 의사, 휴가비를 보전한 기업[25] 등이 낙태죄의 정범 또는 공범으로 처벌될 수도 있기 때문에, 비용이 많이 들고 위험성이 높은 불법 낙태가 기승을 부릴 가능성이 커진다. 이제 문제를 해결해야 할 책임은 미 대통령과[26] 연방의회로 넘어간 것이다.

갤럽 자료에 의하면 미국인 대다수는 1970년대 중반 이후 낙태의 합법화를 일관되게 지지해왔으며, 미국인 다섯 명 중 한 명만이 낙태의 전면적 금지에 찬성하고 있다. 2022년 5월에 실시된 갤럽 여론조사에서는 미국인의 55퍼센트가 낙태에 찬성pro-choice하고, 47퍼센트는 낙태를 도덕적으로 용인할 수 있다morally acceptable고 답변했는데, 이것은 1955년 이후 가장 높은 수준이라고 한다.[27]

2012년 우리 헌법재판소는 재판관 4(합헌):4(위헌)의 의견으로 낙태죄가 합헌임을 인정했다(헌재 2012. 8. 23. 2010헌바 402, 판례집 24-2상, 471). 우리 헌법상 법률을 위헌으로 결정하기 위해서는 재판관 6인 이상의 찬성이 필요하다.[28] 따라서 위헌 의견이 6인에 달하지 않은 경우 해당 법률의 합헌성 추정은 그대로 유지된다. 이때에도 4인의 위헌 의견은 "태아에 대한 국가의 보호 의무에는 여성이 임신 중 또는 출산 후 겪는 어려움을 도와주는 것까지 포함된다. 국가의 입법 조치는 인간 생명의 발달 단계에 따라 보호 정도나 수단을 달리할 수 있다. 현대 의학의 수준에서는 태아의 독자적 생존 능력이 인정되는 임신 24주 이후에는 낙태를 원칙적으로 금지하고, 임부의 생명이나 건강에 현저한 위해가 생길 우려가 있는 등 특단의 사정이 있는 경우에만 낙태를 허용함이 바람직하다. 임신 중기(임신 13~24주)의 낙태는 임신 초기(임신 1~12주)의 낙태에 비해 임부의 생명이나 건강에 위해가 생길 우려가 증가한다는 점에서 국가는 모성의 건강을 증진하기 위해 낙태 절차를 규제하는 등으로 임신 중기의 낙태에 관여할 수 있다. 그런데 임신 초기의 태아는 고통을 느끼지 못하고 이 시기의 낙태는 시술 방법이 간단해 낙태로 인한 합병증 및 모성 사망률이 현저히 낮아지므로 임신 초기에는 임부의 자기결정권을 존중해 낙태를 허용해줄 여지가 크다"는 유력한 논거를 제시하며 합헌 의견을 압박했다.

2019년 헌법재판소는 4(헌법 불합치):3(단순 위헌):2(합헌)의 의견으로 낙태죄가 헌법 불합치임을 선고했다(헌재 2019. 4. 11. 2017헌바127, 판례집 31-1, 404).[29] '단순 위헌'은 선고 즉시 해당 법률이 효력을 상실하는 반면 '헌법 불합치'는 선고 이후 입법자의 법률 변경이 있을 때까지 잠정적으로 해당 법률이 존속하는 형태의 위헌결정을 의미한다. 단순 위헌 3인에 헌법 불합치 4인을 합치면 위헌결정에 필요한 6인의 정족수를 초과하므로 헌법 불합치 형식의 위헌결정이 선고된 것이다. 이 사건에서 법정 의견의 주요 논거는 다음과 같다. "자기 낙태죄 조항은 태아의 생명을 보호하기 위한 것으로, 정당한 입법 목적을 달성하기 위한 적합한 수단이다. 다만 임신·출산·육아는 여성의 삶에 근본적이고 결정적인 영향을 미칠 수 있는 중요한 문제이므로, 임신한 여성이 임신을 유지 또는 종결할지 여부를 결정하는 것은 스스로 선택한 인생관·사회관을 바탕으로 자신이 처한 신체적·심리적·사회적·경제적 상황에 대한 깊은 고민을 한 결과를 반영하는 전인적全人的 결정이다. 현시점에서 최선의 의료 기술과 의료 인력이 뒷받침될 경우 태아는 임신 22주 내외부터 독자적인 생존이 가능하다고 한다. 한편 자기결정권이 보장되려면 임신한 여성이 임신을 유지하고 출산할지 여부에 관해 전인적 결정을 하고 실행하는 데 있어 충분한 시간이 확보되어야 한다. 이러한 점들을 고려하면, 태아가 모체를 떠난 상태에서 독자적으로 생존할 수 있는 시점인 임신 22주 내외에 도달하기 전인 동시에 임신 유지와 출산 여부에 관한 자기결정권을 행사하기에 충분한 시간이 보장되는 시기(이하 착상 시부터 이 시기까지를 '결정 가능 기간'이라 한다)까지의 낙태에 대해서는 국가가 생명 보호의 수단 및 정도를 달리 정할 수 있다고 봄이 타당하다. 모자보건법상의 낙태를 정당화하는 사유에는 다양하고 광범위한 사회·경제적 사유에 의한 낙태 갈등 상황이 전혀 포섭되지 않는다. 예컨대 학업이나 직장 생활 등 사회 활동에 지장이 있을 것에 대한 우려, 소득이 충분하지 않거나 불안정한 경우, 자녀가 이미 있어서 또 다른 자녀를 감당할 여력이 되지 않는 경우, 상대 남성과 교제를 지속할 생각이 없거나 결혼 계획이 없는 경우, 혼인이 사실상 파탄에 이른 상태에서 배우자의 아이를 임신했음을 알게 된 경우, 결혼하지 않은 미성년자가 원치 않은 임신을 한 경우 등이 이에 해당할 수 있다. 자기 낙태죄 조항은 모자보건법에서 정한 사유에 해당하지 않는다면 결정 가능 기간 중 다양하고 광범위한 사회·경제적 사유를 이유로 낙태 갈등 상황을 겪고 있는 경우까지도 예외 없이 전면적, 일률적으로 임신의 유지 및 출산을 강제하고, 이를 위반한 경우 형사처벌하고 있다. 따라서 낙태죄 조항은 임신한 여성의 자기결정권을 과도하게 제한하고 있어 침해의 최소성을 갖추지 못했고 법익 균형성 원칙에도 위배되므로 과잉금지 원칙을 위반했다.”

헌법재판소의 불합치결정에 따라 2021년 1월 1일 형법상 낙태죄가 폐지되었다. 헌법재판소의 결정 주문은 “형법 제269조(낙태) 제1항, 제270조(의사 등의 낙태, 부동의 낙태) 제1항 중 ‘의사’에 관한 부분(“의사가 부녀의 촉탁 또는 승낙을 받아 낙태하게 된 때에는 2년 이하의 징역에 처한다”)은 모두 헌법에 합치되지 아니한다. 이 조항들은 2020년 12월 31일을 시한으로 입법자가 개정할 때까지 계속 적용된다”는 내용이었다. 그 취지

는 위헌결정을 내리면 그날부터 바로 법 규정의 효력이 상실
되어 생기는 법적 혼란을 방지하기 위해 법이 개정될 때까지
한시적으로 법적 효력을 인정해주려는 것이다.

따라서 국회와 행정부는 헌법재판소가 제시한 기간(2020년
12월 31일) 내에 해당 법률을 반드시 개정해야 함에도 이를 방
치하여 처벌 대상이 되어야 할 낙태죄(임신 22주 이후의 낙태
등 위헌의 대상이 되지 않는 부분)까지 처벌하지 못하게 되는 입
법 공백의 사태가 생기고 말았다. 이러한 상황은 우리 국회의
현주소를 여실히 보여준다. 국회가 입법기관으로서의 역할과
책임을 과연 제대로 수행하고 있는지 다시 한번 깊이 생각하
게 하는 대목이 아닐 수 없다.

한편 일부 여성계에서는 헌법재판소의 불합치결정에 따
라 임신 중지의 비범죄화가 달성되었지만, 이에 그치지 않고
여성의 재생산권[30]을 포괄하는 새로운 법률의 제정이 필요하
다[31]는 입장이다.

3부

분열과 갈등의 시대,
헌법재판이 가야 할 길

오늘날 정치적 헌법기관이 각기 사회통합을 위한 고유의 책무와 역할을 제대로 수행하지 못해 헌법재판소의 부담은 현저히 커지고 있다. 특히 국민의 대표자로 구성된 다원적 합의체로서 공개 토론 절차를 통해 주도적으로 다양한 이익 충돌의 조정과 타협을 추진해야 할 국회가 정파적 이해관계나 여야 간의 극단적 대립으로 고유의 기능을 제대로 발휘하지 못하고 있는 현실에서는 더욱 그렇다. 결국 헌법재판소는 사법 작용의 한계를 벗어나지 않는 범위 내에서 일정 부분 정치의 역할과 책임을 대신 수행할 수밖에 없는 상황으로 내몰리고 있다.

헌법재판소가 사회통합의 역할을 수행할 때 특히 사회적 약자나 소수자 보호 측면에서 정부나 국회의 적정한 역할을 촉구하거나 방향을 제시하지 않으면 안 된다. 또 사회갈등은 많은 경우 사회경제적 이익의 배분과 관련 있기 때문에 사회적 기본권의 적극적인 실현과 큰 연관성을 가진다. 무엇보다 경제적 양극화로 빈부 격차와 불평등이 심화되는 경우 사회적 안전망을 구축하거나 회복하는 등 적극적으로 대처하지 않으면 심각한 사회적 양극화 내지 분열로 이어질 것이기 때문이다.[1]

아울러 정치적 분쟁·갈등으로 인해 때로는 시의적절하게 개입하지 않으면 안 되는 상황이 빈번하게 발생한다. 이 경우 개입 시기를 놓치면 엄청난 사회적 비용을 치러야 하는 것은 물론, 회복 불가능하거나 치유가 곤란한 사태에 이를 수 있다. 이 점에서 우리 헌법상 인정되지 않는 추상적 규범통제 제도의 도입 여부에 대한 검토가 필요하다.

사회적 약자를 배려하고
책임지는 공동체

19세기 근대 입헌민주주의(입헌주의) 국가는 개인의 자유
와 권리를 최대한 보장하고 최소한의 안전과 질서유지에
국한해 활동하는 소극국가의 원리를 기초로 하고 있었다.
19세기 후반 이후 자본주의가 고도로 발달하며 격심한 빈
부 격차, 경제공황과 실업 등 많은 폐단이 발생하자, 국가
작용도 확대·강화되어 국민의 실질적 권리 향상을 위한 적
극국가의 기능이 강조되었는데, 이것이 20세기 사회국가
내지 복지국가(사회복지국가)다. 사회국가에서는 국민의 자
유와 권리의 실질화, 실질적 평등, 생존권의 보장 등이 중

요시되었다. 우리 헌법은 사회국가 원리를 명문으로 규정하고 있지는 않지만 헌법 전문, 사회적 기본권의 보장(헌법 제31조 내지 제36조), 경제 영역에서 적극적으로 계획하고 유도하고 재분배해야 할 국가의 의무를 규정하는 경제에 관한 조항(헌법 제119조 제2항 이하) 등 사회국가 원리를 구체화한 여러 표현을 통해 사회국가를 헌법의 기본 원리로 수용하는 것으로 받아들여진다. 헌법재판소도 우리 헌법이 사회국가 원리를 수용한 것으로 전제하면서, 사회국가란 "사회현상에 방관하는 국가가 아니라 경제·사회·문화의 모든 영역에서 정의로운 사회질서의 형성을 위해 관여하고 분배하고 조정하는 국가이며, 궁극적으로는 국민 각자가 실제로 자유를 행사할 수 있는 그 실질적 조건을 마련해줄 의무가 있는 국가(2002. 12. 18. 2002헌마52, 판례집 14-2, 904)"라고 설명하고 있다.

최근 한국은 자본주의의 폐단이 심화됨은 물론 정치, 경제, 사회, 문화 등 다양한 영역에서 계층 사이의 이해관계가 상충하고 사회적 대립이 크게 증가하고 있다. 그럼에도 사회갈등을 적극적으로 해결해야 할 국회와 정치권은 손을 놓은 채 경쟁적 포퓰리즘과 편 가르기, 극단적인 대결로 고유의 역할인 정치를 실종시키고 이로 인해 사회갈등은 더욱 심화되고 고착화되는 경향이 나타나고 있다.

이러한 '정치과정과 정치의 무기력화 현상'은 문제와 갈등을 극단적 파행 상태로 만들고, 모든 것을 헌법재판소와 사법 영역에 떠맡기는, 이른바 '정치의 과도한 사법화 현상'을 초래하고 있다. '정치의 사법화'는 다시 사법을 특정 세력의 정치적 입장을 대변하거나 그의 숨겨진 정치 행위로 전락시키는 '사법의 정치화'로 나타나기도 한다. 그 결과 사법에 대한 국민 신뢰가 저하되고, 헌법 시스템의 약화와 훼손, 국가 공동체의 위기라는 악순환이 발생할 가능성이 더욱 커지고 있다.

이러한 복잡한 위기 상황하에서 헌법재판소는 헌법이 지향하는 가치를 철저히 구현해 갈등을 최종적으로 조정하고 해결하여 사회통합에 기여해야 한다. 그렇지 않으면 이해당사자를 포함하여 일반 국민이 승복할 수 있는 종국적인 사회통합, 나아가 국가통합이 결코 이루어질 수 없다.

사회통합의 헌법적 가치를 구현하는 구체적인 방법을 살펴보면 우선 경제 양극화, 노사갈등, 세대갈등, 다문화갈등 등 사회적 갈등 영역에서는 '인간의 존엄성(헌법 제10조)이 확보되는 가운데, 각인의 기회를 균등히 하고 능력을 최고도로 발휘하게(헌법 전문)' 하는 방향으로 헌법해석을 적극적으로 해야 한다. 정치갈등, 이념갈등, 지역갈등 등 정치적 갈등 영역에서는 '자율과 조화를 바탕으로 자유민주적 기본 질서를 더욱 확고히(헌법 전문)' 하는 방향으로 헌법해석을 능동적으로 해야 한다.

한편 오늘날의 사회갈등은 단순히 현세대에서만 문제가 되는 것은 아니다. 특히 현세대와 미래 세대 간의 갈등과 불평등 역시 큰 사회문제다. 단순히 특정 시점의 사회 구성원이 동의했다고 하여 모든 갈등이 해결되는 것은 아니다. 현재의 결정이 미래 세대에게 어떠한 영향을 미치는지, 그들의 부담을 가중시키지는 않는지, 불평등과 양극화를 심화시키지는 않는지 고민해야 하고, 이를 위해 헌법재판소가 최소한의 가이드라인을 제시해야 한다. 진정한 사회통합은 전 세대를 아우르는 큰 틀에서 이루어져야 하고, 이를 통해 비로소 민주주의가 유지되고 국가가 영속할 수 있다.

최근 독일 연방헌법재판소는 기후보호법Klimaschutzgesetz에 대해 헌법 불합치결정을 선고했다(2021. 3. 24. 1 BvR 2656/18 등). 독일의 기후보호법은 2050년까지 온실가스 순배출을 0으로 만드는 기후 중립Klimaneutralität을 목표로 2019년 제정되어, 분야별로 연간 배출량을 정하고 배출량을 2030년까지 1990년에 비해 55퍼센트 이상 감축하도록 규정했다. 하지만 2019년 당시 이미 상당한 감축이 이루어진 상황이어서(1990년 12억 5,100만 톤에서 2019년 8억 500만 톤 배출), 앞으로 2030년까지는 아주 적은 양만 감축하면 된다. 이에 독일 연방헌법재판소는 현재의 기후보호법에 따르면 2030년 이후에 더 긴박하고 강력한 감축이 이루어질 수밖에 없는데, 인간 생활의 거의 모든 영역이 온실가스 배출과 관련 있으므로, 결국 이러한 과도한 감축은 다음 세대의 기본권(자유권Freiheitsrechten)을 침해한다고 보았다. 나아가 입법자는 이러한 과중한 부담을 완화할 수 있는 방지책을 마련했어야 하는데 하지 않았다면서, 입법자가 2022년 12월 31일까지 2030년 이후의 온실가스 배출량 감축과 관련된 사항을 상세히 규정하도록 했다.

오늘날 여러 갈등과 위험이 일상화된 21세기 현대 정보화 사회에서 헌법은 공동체의 안전과 번영을 위해 더욱더 적극적인 역할을 해야 한다. 21세기 헌법은 19세기 '근대 입헌주의' 헌법 및 20세기 '사회복지국가' 헌법을 바탕으로 하되 이를 한 단계 더 뛰어넘어 이른바 '사회통합국가' 헌법으로 나아가야 한다. 즉 '인간 존엄과 공동 번영을 약속하는 기본 가치질서 내지 이를 구체화하는 전략적 인프라'로서 자리매김해야 한다.[1]

이를 위해 헌법재판소는 보다 더 적극적인 헌법해석을 통해 헌법이 갈등 해결의 수단이자 목표로 작동할 수 있도록 하고, 단계적 가치판단에 있어 헌법을 준거의 틀로 적극 활용해야 한다. 또 정치와 권력기관에 공동체가 나아가야 할 방향을 더 구체적이고 적극적, 지속적으로 제시해 사회 통합의 나침반이 되어야 한다.

헌법적 근거로는 '우리들과 우리들 자손의 안전과 자유와 행복을 영원히 확보할 것을 다짐'하는 헌법 전문, 국가는 사회보장·사회복지의 증진에 노력할 의무를 지고, 재해를 예방하고 그 위험으로부터 국민을 보호하기 위해 노력해야 한다는 내용이 담긴 헌법 제34조 제2항 및 제6항, 국가는 환경을 보전하고, 주택개발정책 등을 통해 모든 국민이 쾌적한 주거 생활을 할 수 있도록 노력해야 한다는 헌법 제35조 제1항 및 제3항, 국가가 시장의 지배와 경제력의 남용을 방지하며 경제주체 간의 조화를 통한 경제 민주화를 위해 경제에 관한 규제와 조정을 할 수 있도록 하는 헌법 제119조 제2항, 국가는 지역 간의 균형 있는 발전을 위해 지역 경제를 육성해야 하는 의무를 지도록 한 헌법 제123조 제2항, 국민 경제상 긴절한 필요로 인해 법률이 정하는 경우 예외적으로 사영 기업을 국유 또는 공유로 이전하거나 그 경영을 통제 또는 관리할 수 있도록 한 헌법 제126조 등을 들 수 있다.

사회적 기본권은 국민이 생존을 유지하거나 인간다운 생활을 영위하기 위해 국가에 적극적인 급부 또는 배려를 요구할 수 있는 권리를 말한다. 현대 산업사회에서 상당수의 개인은 인간의 존엄과 자유를 누리기 위한 사회경제적 조건을 스스로 형성할 수 없기 때문에 국가의 적극적인 급부와 지원에 의존하지 않으면 안 된다.

국민의 중요한 사회경제적 생활 조건은 무엇보다 안정된 직장과 교육으로 국가는 그 사회적·사실적 조건을 적극적으로 형성하고 제공해야 할 책임과 의무를 지며, 사회적 기본권은 이러한 조건을 보장하기 위한 것이다. 사회적 기본권의 법적 성격에 관해서는 학계에 많은 논의가 있지만, 사회적 기본권의 실현은 적극적인 국가 과제를 실현하고 급부를 제공하는 것을 전제로 하므로 이는 국가의 제한된 재정 능력과 다양한 국가 과제 간의 우선순위 선정 문제와 직결된다.[2]

자유권의 경우 헌법해석은 구체적인 보호 영역의 침해에 대한 소극적인 배제 내지 통제에 관한 것으로 소극적으로 헌법적 한계(과잉 제한인지 여부)를 제시하면 족하지만, 사회적 기본권은 입법자에 의한 구체적 형성을 필요로 하므로 입법자가 입법형성권을 제대로 행사했는지 여부가 중요하다. 따라서 사회적 기본권의 경우 헌법해석은 미래 지향적인 적극적 형성에 관한 것으로 규범해석의 범위를 벗어나 주관적인 헌법해석과 정치적 형성의 위험을 떠안게 된다.

아무런 정치적 책임을 지지 않는 사법기관이 자원 배분에 관해 적극적으로 판단하는 경우, 스스로 소위 '대체 입법자'가 되는 셈이어서 권력분립의 원칙에 반한다는 비난을 피할 수 없으므로 적극적으로 입법 재량을 통제하는 데는 한계가 있다. 따라서 헌법재판소는 사회적 기본권과 관련해서는 입법위임 범위 준수 여부, 포괄 위임 입법 금지[3] 위반 여부 등의 규율 형식이나 다른 기본권 침해가 문제 되지 않는 한 '명백히 재량을 일탈하지 않는다면 헌법에 위반되지 않는다(명백성 통제 기준)'고 판단해 형식적, 소극적 심사에 그치고 있다.[4] 이 경우 일반적으로는 국가가 사회적 기본권을 실현하기 위해 적절하고 효율적인 최소한의 조치를 취할 의무를 제대로 이행했는지 여부(과소 보장 금지 원칙)만이 문제 된다.[5]

그러나 국가의 급부나 활동이 인간의 존엄성과 직결되거나 인간다운 생활의 본질적 영역에 해당하는 경우에는 입법자의 결단이나 재정적 가능성에만 맡길 수 없고 헌법재판소의 적극적 심사를 요한다고 볼 수 있다. 이때 급부 관련 입법 또는 행정이 수익적 효과와 함께 권리를 침해하는(침익적) 효과를 가져오거나 침익적 효과로 간주할 수 있는 경우 그와 관련해서는 엄격하게 심사할 여지가 있다. 침익 효과와 연결하기 어려운 경우에는 기본권 주체의 측면에서 국가의 입법 또는 행정으로 인해 그가 입는 피해(법적 상황)의 심각성이 받아들일 수 있는 수준인지, 또는 인간의 존엄 내지 인간다운 생활을 할 권리의 본질적 측면에서 헌법적 '기대 가능성(또는 '최소한의 신뢰 보호'의 필요성)'이 있는지 여부를 엄밀하게 검토해 심사 기준과 강도를 높일 필요가 있다.[6] 입법자의 폭넓은 형성 재량을 고려하더라도 그 재량이 '0' 또는 최소한으로 수축해 구체적인 어떤 급부 수준이나 급부가 확정적으로 도출될 수 있는 영역, 즉 개인의 생명, 생존과 직결되거나 최저생계비(기본적인 의식주 및 경제적·사회적·문화적 생활의 최소한의 수요 충족)와 관련되는 경우에는 입법자의 예측 판단에 대해 엄격한 내용의 통제를 받도록 하는 등 적극적으로 헌법해석을 할 필요가 있다.[7] 독일 연방헌법재판소는 최저생계 보장과 관련한 법률에 대한 판결에서 최저생계비 산정 절차의 목표는 소득 하위 계층의 수준에 맞추는 것을 방향성으로 잡아야 한다는 최소 평준화 원칙을 채택하면서 동시에 '밀도 있는 통제'를 해야 한다고 보았다. 입법자가 설득력 있는 이유를 제시하지 않은 채 통계 모델의 기본 원리로부터 벗어나 있는 점, 의무교육을 이행하기 위해 소요되는 필요 비용 등 아동의 특별 수요를 고려하지 않고 아동에 대한 법정 급여의 수준을 일률적으로 성인의 60~80퍼센트로 정한 데 아무런 경험적 근거가 없었다는 점, 최저생계비를 구성하는 구체적인 항목이 현재의 실질 수요를 반영하고 있지 않은 점, 지속적으로 존재하는 특별 수요를 최저생계의 일부로서 보장하고 있지 않은 점 등을 이유로 심판 대상 조항들이 헌법에 합치되지 않는다고 판시했다.[8] 우리 헌법재판소는 혈우병 치료제인 유전자재조합 제제의 요양급여 대상을 '1983년 1월 1일 이후에 출생한 환자'로 한정한 보건복지부 고시조항에 대해, 사회적 기본권에 대한 검토 없이(다만, 차별의 합리성 여부의 판단 내용 중 일부로서 보험 재정의 악화 가능성 여부에 대해 검토하고 있다), '환자의 출생 시기에 따라 요양급여 허용 여부를 달리 취급하는 것은 합리적인 이유가 있는 차별이라고 할 수 없어 평등권을 침해한다'는 이유로 위헌결정을 했다(헌재 2012. 6. 27. 2010헌마716, 판례집 24-1하, 754 / 위헌 7:각하 1).[9]

아울러 일정 정도의 재량권을 배제할 수 없어 비록 헌법재판소가 위헌결정을 내리는 데까지는 이르지 못하더라도 헌법에 우호적이지 않거나 바람직하지 않은 사회적 기본권 관련 국가 작용에 대해서는 체계적이고 설득력 있는 논리에 기반하여 바람직한 방향을 제시할 수 있다면, 위헌결정 못지않은 정치적 효과를 가질 뿐 아니라 헌법재판의 정치교육적 효과로 갈등 해소에 긍정적인 영향을 미칠 수 있을 것이다. 2016년 9월 헌법재판소는 근로자가 사업주가 제공하거나 그에 준하는 교통수단을 이용해 출퇴근하던 중 발생한 사고의 경우에만 업무상 재해로 인정하던 산업재해보상법 조항에 대해 헌법 불합치결정(6:3)을 했다(헌재 2016. 9. 29. 2014헌바 254, 판례집 28-2상, 316). 이는 같은 재판부가 2013년 9월에 선고한 합헌결정(헌재 2013. 9. 26. 2011헌바271; 헌재 2013. 9. 26. 2012헌가16, 판례집 25-2상, 630)을 변경한 것으로서 산업재해 보상보험 제도는 사업주의 무과실 배상책임을 전보하는 기능 외에도, 오늘날 산업재해로부터 근로자와 그 가족의 생활을 보장하는 기능도 하고 있다. 따라서 통상의 출퇴근 재해를 업무상 재해로 인정해 근로자를 보호하는 것이 산재보험의 생활 보장적 성격에 부합한다고 지적하면서, 합리적 이유 없이 사업주로부터 교통수단을 제공받지 못하는 근로자를 차별하므로 평등 원칙에 위배된다고 판단했다.[10]

2017년 9월에는 일반 근로자인 청원경찰관의 복무에 국가공무원법을 준용하여 노동운동을 금지한 청원경찰법 조항에 대해 재판관 전원 일치로 헌법 불합치결정을 선고했다(헌재 2017. 9. 28. 2015헌마653, 판례집 29-2상, 485). 그 이유는 청원경찰 업무의 공공성은 근로3권을 제한하는 근거가 될 수 있지만, 청원경찰은 경찰과 달리 제한된 구역의 경비만을 목적으로 필요한 범위에서 경찰관의 직무를 수행할 뿐이고, 신분보장도 공무원에 비해 취약하며, 국가기관이나 지방자치단체 외의 장소에서 근무하는 청원경찰이 실질적으로 동등한 지위에서 근로조건을 결정하기 위해서는 근로3권이 일률적으로 부정되어서는 안 된다. 따라서 심판 대상 조항이 모든 청원경찰의 근로3권을 전면적으로 제한하는 것은 과잉금지 원칙을 위반해 청구인들의 근로3권을 침해한다는 것이다. 이는 2008년 7월의 합헌결정(2008. 7. 31. 2004헌바9, 판례집 20-2상, 50 / 4:5 합헌)을 변경한 것이다.

이러한 헌재 결정의 취지는 대학교원에게 단결권을 인정하지 않는 교원노조법에 대한 헌법 불합치결정으로 이어졌다(2018. 8. 30. 2015헌가38, 판례집 30-2, 206 / 7:2 불합치).

극단적 정치갈등 완화를 위한 미래 지향적 처방

정치란 국가권력을 획득하고 행사하며 유지·관리하는 사회적 활동의 총칭으로 민주주의국가에서는 헌법의 최고 가치인 인간의 존엄을 실현하고 사회통합과 사회질서를 유지하는 데 그 목적이 있다. 즉 국가 구성원인 시민의 행복을 구현하고 사회 발전 방향을 제시하며 사회통합을 이루는 것이 정치의 고유 기능이자 책무라고 할 수 있다. 그럼에도 오늘날 우리 정치는 본연의 역할을 다하지 못함은 물론, 스스로 정치적 갈등을 양산하고 있는 것이 현실이다. 정치적 갈등은 적시에 해소되거나 적절한 조정이 이루어지지 못하면 엄청난 사회적 비용과 부작용이 초래됨은 두말할 필요가 없다. 그렇다면 정치적 갈등을 사전에 예방하거나 최소화할 수 있는 방법은 없을까?

정치적 갈등은 많은 경우에 앞의 미디어법 권한쟁의 사건(헌재 2009. 10. 29. 2009헌라8등)같이 입법 절차를 둘러싸고 발생한다. 즉 국회 입법 과정에서 진지한 토론과 설득, 협상이 이루어지지 않고 여당이 이미 장막 뒤에서 내린 결론을 일방적으로 밀어붙이려 하거나 당파적 이해관계를 성급하게 관철시키려 하는 데서 비롯된다. 이로 인한 폐해를 방지하기 위해 소위 국회선진화법을 만들었으나 특정 정당이 전체 의석의 5분의 3에 가까운 의석을 점하고 있어 그 기능이 사실상 유명무실해진 것이 현실이기도 하다.

국회 입법 과정의 절차적 하자는 주로 다수당 출신 국회의장(국회부의장, 위원장)이 법이 정한 의사 절차를 위반하거나 잠탈해 소수당 출신 국회의원의 심의표결권을 침해하는 형태로 나타나는데, 이러한 행위를 직접 다룰 수 있는 법원의 재판제도는 전 세계 어느 나라에도 존재하지 않는다. 왜냐하면 의회주의는 국회의원들의 공개 토론과 이성적 설득을 전제로 할 뿐 이 같은 절차를 무시한 다수파의 횡포를 전혀 예정하지 않고 있기 때문이다. 국회의 의사 절차는 국회의 자율적 영역에 속하며, 이러한 자율적 영역은 권력분립의 원리에 의해 엄격하게 보호된다.

따라서 심의표결권이 침해된 국회의원은 권한쟁의심판이라는 우회적 절차를 이용해 국회의장(부의장, 위원장 등)을 상대로 다투어야 한다. 앞에서도 보았지만 '권한쟁의'란 국가기관(지방자치단체 포함) 상호 간에 권한의 존부나 범위에 대해 다툼이 생겼을 때 헌법재판소가 헌법해석을 통해 유권적으로 그 분쟁을 해결하는 헌법재판 제도를 말한다. 그러나 권한쟁의 사건의 경우 일반적으로 그 절차상(필요적 변론 절차 등) 최종 판단에 이르기까지 장기화되는 것이 불가피하다. 또 이러한 권한쟁의심판을 통해 부수적으로 해당 법률이 위헌으로 판명되더라도 법률이 시행되고 위헌결정이 나기까지 그사이에 이미 형성된 법률관계가 뒤집히기 때문에 심각한 법적 불안정이 발생하게 된다.

만약 독일과 같은 '사후적 추상적 규범통제' 제도가 존재한다면 어떨까? 사후적 추상적 규범통제는 국회가 의결한 법안을 대통령이 '공포한 이후(사후적)' 해당 법률의 시행 이전에 해당 법률이 형식적, 실질적으로 헌법에 위반된다는 의심이 드는 경우 중앙정부, 지방정부, 국회의원 재적 4분의 1[1] 이상의 청구로 헌법재판소가 규범통제(위헌법률심사)를 실시하고, 위헌으로 판단한 경우 그 법률은 무효가 된다.[2]

여기서 법률의 형식적 합헌성 심사는 해당 법률이 적법한 입법 권한과 입법 절차에 따라 제정·개정되었는지 여부를 검토한다. 이 경우 형식적 합헌성을 결여한 법률 제정·개정 행위는 객관적으로 위헌·위법한 법률행위로서 유효하게 성립되었다고 볼 수 없으므로 위헌이 될 것이다. 법률의 실질적 합헌성 심사는 해당 법률의 내용이 헌법에 합치하는지 여부를 검토한다. 예컨대 기본권을 제한하는 법률의 경우 비례의 원칙과 기본권의 본질적 내용 침해 금지 원칙을 준수하고 있는지 검토하여 위헌 여부를 판단한다.

우리가 독일처럼 '사후적 추상적 규범통제' 제도를 채택하고 있다면, 국회 다수파가 절차를 위반해 법안을 통과시키더라도 이 단계에서 국회의원 재적 4분의 1 이상의 청구가 있다면 헌법재판소는 해당 법률에 대한 규범통제가 가능하다. 더욱이 헌법재판소가 법률이 시행되기 전에 위헌법률심사를 완료하거나 법률의 시행을 중단하는 가처분 신청을 인용할 경우 법률이 시행되고 위헌결정이 나기까지 그사이에 형성된 법률관계가 소급적으로 무효화되어 발생하는 심각한 법적 불안정을 피할 수도 있다.

또 '추상적 규범통제' 제도가 존재하면 국회 다수파가 힘들게 절차를 위반해 통과시키더라도 법률을 시행하기 전에 헌법재판소가 위헌 무효화할 수 있으므로, 다수파가 절차를 위반할 유인이 없어지고 국회 내에 공개적 대화와 토론을 통한 의사 결정 관행이 정착될 수 있다. 즉 '추상적 규범통제' 제도는 국회 다수파가 힘의 논리를 포기하고 토론과 설득을 기반으로 한 의회주의에 복귀하도록 강제하는 제도적 순기능이 있다.

'규범통제Normenkontrolle'는 하위 규범이 상위 규범과 합치하는지 여부를 심사하는 것이다. 규범통제의 역사적 근원은 다양하다. 오늘날에도 규범통제의 형식과 절차 유형이 매우 다양한 것은 그 때문이다.[3]

모든 국가법 질서는 '헌법-법률-명령-규칙'이라는 엄격한 위계질서를 취하고 있다. '헌법'은 주권자인 국민이 제정한 최상위의 규범이고, '법률'이란 헌법적 수권에 따라 입법권이라는 국가권력을 배분받은 의회가 제정한 규범을, '명령'이란 법률의 위임에 따라 또는 법률을 집행하기 위해 행정부의 최고 수장인 대통령이 정한 규범을, '규칙'이란 법률과 명령의 위임에 따라 또는 법령을 집행하기 위해 각 부 장관이 만든 규범을 의미한다. 따라서 규범통제는 법률에 한하지 않고 행정입법, 사법입법 등 모든 종류의 법규범에 적용된다.[4] 하지만 헌법재판에서 주로 문제가 되는 규범통제는 의회가 제정한 '법률'이 주권자인 국민이 정한 '헌법'이라는 최상위 규범과 합치하는지 여부를 심사하는 것이다. 따라서 일반적으로 규범통제는 위헌법률심사를 의미한다.

'규범통제'는 법률의 위헌 여부를 심사해 위헌법률의 효력을 상실시켜 헌법의 최고 규범성을 지키는 헌법재판의 가장 핵심적인 제도다. 규범통제는 주관적 권리 보호보다는 객관적 법질서 보호의 측면을 중요시하는 일종의 객관소송objektive Verfahren이라는 데 그 특징이 있다.[5] 규범통제의 기능은 일차적으로 헌법 수호이며, 나아가 법질서의 단계적 서열 보장 및 중앙정부와 지방자치단체 사이의 권한 배분 질서의 보장을 포함한다. 규범통제는 일반적으로 '구체적 규범통제Die kontrete Normenkontrolle, concrete norm-control'와 '추상적 규범통제Die abstrakte Normenkontrolle, abstract norm-control'로 나누어진다.

구체적 규범통제의 '구체적'이란 '법원의 재판을 전제로', 추상적 규범통제의 '추상적'이란 '법원의 재판과 무관하게'라는 의미다. 다만 '구체적' 규범통제는 '법원'이 위헌법률심판을 '제청'하기 위해 '법원의 재판을 전제로' 할 뿐이고, 일단 법원이 헌법재판소에 위헌법률심판을 제청하면 헌법재판소는 '법원의 재판과 무관하게' 문제가 된 법률이 헌법을 위반했는지 여부를 판단한다. 따라서 법원의 위헌법률심판 제청 이후 헌법재판소가 실시하는 규범통제 절차는 '구체적(법원의 재판을 전제로)'이지 않고 '추상적(법원의 재판과 무관하게)'으로 진행된다.

이렇듯 헌법재판소는 여러 절차를 통해 법률을 통제할 수 있다. 규범통제의 효과는 모든 절차에서 동일하다. 즉 법률이 위헌으로 판단되면 당해 법률은 무효가 된다. 모든 유형의 절차에서 한정위헌, 한정합헌, 헌법 불합치 등 변형 결정이 내려질 수 있다. 헌법재판소의 규범통제재판은 항상 '추상적'으로 법률을 대상으로 하며,[6] 구체적 개별 사건을 대상으로 하지 않는다. 따라서 추상적 규범통제와 구체적 규범통제는 궁극적으로 법적 성격, 통제 절차 및 결정의 효력에 있어서는 전혀 차이가 없다. 단지 규범통제의 계기와 범위에서 차이가 날 뿐이다.[7,8]

헌법소원에서는 소원 청구인의 '자기 관련성'이 적법 요건이고, 구체적 규범통제에서는 당해 규범의 '재판 전제성'이 적법 요건이지만, 추상적 규범통제는 이러한 기준과 무관하게 허용된다. 이러한 절차를 통해 이루어지는 규범의 합헌성 여부에 대한 통제는 개별 사건과 분리되어 추상적으로 진행된다. 따라서 모든 규범통제는 '추상적'이다. 이러한 이유 때문에 독일 공법학의 대가 콘라트 헤세Konrad Hesse는 규범통제를 기술하며 특별히 양자를 구분하지 않고 추상적 규범통제를 중심으로 쓰고 있다.[9] 하지만 우리 헌법은 독일식 헌법재판 제도를 도입하면서도 구체적 규범 통제(위헌법률심판)만을 규정하고 있다.[10] 이러한 제도 설계는 체계 정당성의 측면에서 문제가 있다.

추상적 규범통제는 헌법재판소가 구체적 사건과 관계없이 규범의 합헌성 여부를 심사하는 제도를 말하기 때문에, 사전적 규범통제와 사후적 규범통제를 포괄하는 상위개념으로 유용하다. 여기서 '사전적' 규범통제란 당해 규범의 효력 발생 이전에 행하는 규범통제를, '사후적' 규범통제란 효력 발생 이후에 행하는 규범통제를 말한다. 프랑스는 사전적 규범통제를, 독일, 오스트리아, 이탈리아, 스페인 등은 사후적 규범통제를, 포르투갈과 헝가리는 사전적, 사후적 규범통제를 동시에 채택하고 있다.[11]

독일의 경우 앞서 본 바와 같이 연방법과 주법의 형식적, 실질적 헌법 위반 또는 주법의 연방법 위반이 의심되는 경우 연방정부, 주정부 또는 연방의회 재적 4분의 1 이상의 청구로 연방헌법재판소가 사후적, 추상적 규범통제를 실시한다.[12] 헌법재판소가 기존 법률을 위헌으로 판단할 경우 그 법률은 무효가 된다. 따라서 헌법재판소는 소극적 입법자로 기능하게 된다.

프랑스의 경우 조직법,[13] 의회 규칙은 그 효력이 발생하기 이전에,[14] 국제조약은 체결 전에[15] 반드시 헌법재판소[16]의

합헌성 심사를 받아야 한다. 대통령, 총리, 상원의장, 하원
의장, 상원의원(60명 이상), 하원의원(60명 이상)이 사전적
규범통제 청구권을 갖는다.[17] 헌법재판소가 위헌으로 결정
한 규범은 공포 또는 시행할 수 없다.[18] 헌법재판소의 결정
에 대해서는 불복 수단이 없으며, 그 결정은 행정부와 법원
을 비롯한 모든 국가기관을 구속한다.[19] 프랑스가 '사전적'
추상적 규범통제 제도를 도입한 철학적 명분은 루소의 민
주주의 이론이다. 국민의 일반의지로 제정된 법률[20]을 의
회 아닌 기관이 사후적으로 무효로 만들 수 없다는 것이
다. 따라서 일반의지가 효력을 발휘하기 이전에 위헌 여부
를 가려내야 한다. 하지만 현실에서 이 제도의 이면에는 극
좌에서 극우까지 다양하게 존재하는 프랑스의 원내 파벌과
이들의 정치적 셈법이 복잡하게 작용하고 있다.[21]

　참고로 구체적 규범통제와 관련해서는 헌법재판으로부
터 입법부의 법 정립 기능을 보호하기 위해 법률에 대한 위
헌심사권과 위헌결정권을 분리해 전자는 각급법원(일반법
원)에 맡기고 후자만 최고법원(헌법재판소)에 일원적으로
귀속시키는 것이 바람직하다는 견해[22]가 존재한다.

　그러나 이러한 견해에는 여러 문제가 있다. 구체적 규범
통제의 효시인 마버리 대 매디슨 사건에서 알 수 있듯 규범
통제는 입법부의 헌법 침해로부터 헌법을 수호하기 위해

만든 것이지 사법부의 입법권 침해로부터 입법부를 보호하기 위해 만든 제도가 아니다. 재판제도의 본질상 개별 사건을 결정하는 모든 법원은 헌법 및 법률에 구속되기 때문에 그 사건을 결정하는 데 있어 중요한 법규범이 유효한가 여부를 심사할 권한이 있다. 즉 법원은 원칙적으로 적용해야 하는 법규범이 유효하다는 결론을 얻은 경우에만 그 법률을 재판에 적용할 수 있다. 이런 의미에서 법원은 법률의 합헌성은 심사할 수 있다. 그러나 법원이 법률의 위헌성을 직접 심사할 수는 없다.[23] '법원은 재판을 거부할 수 없다' 는 법언에도 이러한 한계가 내포되어 있다. 따라서 위헌심사권이 없는 법원이 위헌이라고 생각하는 경우 법원은 그 절차를 중지하고 헌법재판소의 결정을 제청하여야 한다.[24] 일반법원이 법률의 합헌성 심사에 실패한 경우, 즉 위헌 법률을 합헌이라고 착각해 이를 근거로 결정을 내린 경우 소송당사자는 위헌적 판결에 의한 기본권 침해를 구제받기 위해 헌법재판소에 재판을 취소하는 내용의 헌법소원을 제기함과 아울러 위헌법률심사를 요청할 수 있어야 한다. 그러나 우리나라에서는 헌법재판소법 제68조 제1항에서 재판소원을 원칙적으로 금지하고 있기 때문에 독일처럼 위헌법률을 적용한 해당 재판의 취소를 구하는 헌법소원을 직접 제기할 수는 없고, 상소심 절차 등을 이용해 위헌법률심판을 구하는 등 우회적인 방법을 이용해야 한다. 헌법재판소법 제68조 제1항("공권력의 행사 또는 불행사로 인해 헌법상 보장된 기본권을 침해받은 자는 법원의 재판을 제외하고는 헌재에 헌법소원심판을 청구할 수 있다")은 규범통제의 본질과 관련해 문제가 있다.

결론적으로 법률에 대한 위헌심사권과 위헌결정권을 분리하자는 견해는 법률의 합헌성 심사만 가능한 일반재판 제도와 법률의 합헌성 심사와 위헌성 심사 모두가 가능한 헌법재판 제도의 본질을 혼동한 데 기인한 것이다.

추상적 규범통제란 앞에서 본 바와 같이 구체적 소송사건의 발생과 상관없이 법률의 위헌 여부를 일정한 국가기관의 청구에 따라 헌법재판소가 심사하는 제도를 말한다. 이는 기본권을 침해당한 당사자가 소송을 제기해 그에 관한 재판이 진행되는 과정에서 법률의 위헌 여부를 심사하는 구체적 규범통제 제도에 대응하는 개념으로 우리 헌법은 구체적 규범통제 제도만 채택하고 있다(헌법 제111조 제1항 제1호, 헌법재판소법 제41조).

우리 헌법은 추상적 규범통제를 헌법재판소의 관장 사항으로 받아들이고 있지 않지만, 헌법재판소는 헌법해석을 통해

일정 부분은 실질적으로 추상적 규범통제를 인정한 것과 같은 효과를 거두고 있다.[25, 26]

첫째, 위헌법률심판에서 재판의 전제성이 인정되지 않았더라도 개별 사건을 떠나 보편적 의미가 있고 공공복리 등 헌법질서의 수호·유지를 위해 중대한 의미가 있는 경우에는 헌법적 해명의 필요성을 인정하여 심판의 대상으로 삼고 있다. 이는 구체적 규범통제의 경우 당해 사건의 해결을 전제로 함에도(재판의 전제성 요건) 당해 사건의 해결과는 직접적인 관계가 없어 추상적 규범통제로 전환되는 효과를 가져온다고 할 수 있다. 헌법재판소는 법원의 보석 허가 결정 등에 대한 검사의 즉시항고를 허용하는 형사소송법 제97조 제3항에 대한 위헌법률심판 결정에서 "동 법률 조항으로 인한 기본권의 침해가 반복될 위험성이 있는데도 좀처럼 그 법률 조항에 대해 위헌 심판의 기회를 갖기 어려운 경우에는 위헌 제청 당시 재판의 전제성이 인정되는 한 당해 소송이 종료되었더라도 예외적으로 객관적인 헌법질서의 유지·수호를 위해 심판의 필요성을 인정하여 적극적으로 그 위헌 여부를 판단하는 것이 헌법재판소의 존재 이유에도 부합하고 그 임무를 다하는 것이다(헌재 1993. 12. 23. 93헌가2, 판례집 5-2, 578, 591)"라고 판시했다. 이처럼 헌법재판소는 재판의 전제성이 없는 경우에도 헌법적 해명이 필요한 사안이어서 예외적으로 객관적인 헌법질서의

수호·유지를 위해 심판의 필요성이 인정되는 경우에는 위헌 제청의 적법성을 폭넓게 인정하고 있다.[27]

둘째, 법규범의 제·개정을 계기로 법령 제·개정 절차 및 효과의 위헌 여부를 심판 대상으로 하는 권한쟁의심판에 있어서는 실질적으로 구체적 사건의 발생 여부와 관계없이 법규범의 위헌 여부를 심사하는 추상적 규범통제와 유사한 성격을 가진다(예컨대 앞의 미디어법 권한쟁의 사건이 이에 해당한다).

셋째, 법령에 대한 헌법소원심판에서 법령이 아직 시행되기 전인데도 기본권 침해의 직접성과 자기 관련성을 폭넓게 인정하여 본안을 판단하는 경우 이는 구체적 사건의 발생을 전제로 하지 않는 추상적 규범통제와 유사한 효과를 가져온다. 언론인과 사립학교 관계자가 부정 청탁 및 금품 등 수수의 금지에 관한 법률의 적용을 받아 법에 따른 의무를 부과받고 위반 시 처벌토록 한 조항에 대해 헌법소원을 청구한 사건(소위 '김영란법' 사건)은 법률이 시행(당시 2016년 9월 28일 시행 예정)되기 약 1년 3~6개월 전에 헌법소원이 제기되었고 아직 시행 전임에도 본안판단을 했다(헌재 2016. 7. 28. 2015헌마236 등, 판례집 28-2상, 128).

첫째와 셋째 사례의 경우 헌법재판소가 법적 안정성을 도모하고 사회적 혼란을 최소화하기 위해 불가피하게 헌법해석의 폭을 넓힌 것이라 할 수 있다. 그러나 헌재의 이러한 헌법해석만으로는 한계가 있으며 추상적 규범통제 제도의 도입을 신중하게 검토할 필요가 있다. 오늘날 우리 국회가 국민 여론을 수렴하고 조정하는 고유한 역할을 제대로 하지 못하고 여야 간에 극단적으로 대립하여 엄청난 국가적 혼란과 비용, 심각한 정치갈등을 초래함에 따라 국가기능을 조기에 정상화하거나 문제를 최소화하기 위해서다. 특히 헌법상의 권력분립 질서 내에서 국회의 소수파를 헌법의 감시자로 만드는 긍정적 효과를 기대할 수 있다. 또 법규범이 현실에서 적용되어 법적 효과가 광범위하게 발생하기 전에 규범통제가 이루어질 수 있다는 점에서 법적 안정성 실현에도 기여할 수 있다.

한편 이에 대해 국회의 소수파가 쟁점 법률에 관한 정치적 논쟁을 헌법재판소의 심판 절차를 통해 지속시키는 등 정치적으로 남용할 수 있고, 헌법재판소도 정치적 분쟁에 휘말리게 되어 사법적 재판기관으로서의 위상을 손상시킬 수 있다는 비판이 있다.[28] 이 점에 대해서는 도입 초기에는 추상적 규범통제의 요건을 보다 엄격하게 규정하여 부작용을 최소화할 수 있을 것이다. 예를 들어 프랑스의 경우 하원의원 60명 (재적 577명 10분의 1)이 추상적 규범통제를 청구할 수 있는 반면, 독일의 경우 연방의회 재적 4분의 1이 찬성하는 경우 추상적 규범통제를 청구할 수 있다. 따라서 프랑스보다는 독일이 추상적 규범통제의 요건(청구인 적격)을 엄격하게 규정하고 있다는 사실을 알 수 있다. 나라마다 의회주의의 역사와 그 실현 정도가 상이한 점 등을 고려해볼 때, 우리가 이들보다 다소 엄격한 수준의 정족수(예를 들어 국회의원 재적 3분의 1)를 규정한다면 추상적 규범통제의 남용에 따른 부작용을 최소화하면서 제도의 순기능을 발휘하는 데 상당한 도움이 될 수 있다.

최종적 가치판단 기관으로서의
책임과 의무

앞서 살펴보았듯 최근 우리나라는 정치, 경제, 사회, 문화 등 다양한 영역에서 계층 사이의 이해관계 상충과 사회적 대립이 크게 증가하고 있다. 그럼에도 사회갈등을 적극적으로 해결해야 할 국회와 정치권은 손을 놓은 채 경쟁적 포퓰리즘과 편 가르기, 극단적 대결을 통해 고유의 역할인 정치를 실종시키고 이로 인해 사회갈등은 더욱 심화되고 고착화되는 등 정치과정과 정치의 무기력화 현상이 나타나고 있다.

이러한 현상은 문제와 갈등을 최대한 키울 대로 키우고 결국 극단적 파행 상태로 만든 다음 헌법재판소와 사법의 영역에 모든 것을 떠맡기는 식의 행태를 반복하는 정치의 과도한 사법화 현상을 초래하는데, 오늘날 우리의 정치 현실이기도 하다.[1] 이러한 현상은 사법기관에 대한 소위 코드 인사[2]와 맞물릴 경우 헌법재판이나 사법이 헌법과 법치주의의 실현을 넘어 재판관 개인 또는 그가 대표하는 정치적, 사회적 세력의 특정 정치적 입장을 대변하거나 추종하고자 하는 숨겨진 정치 행위로 전락할 위험성이나, 명백한 정치적 판단은 아니라 하더라도 헌법정신과 정치적 의도를 적당히 절충·조정하는 타협적 판결에 이르게 할 가능성을 갖는다.[3]

그 결과 사법기관에 대한 '코드 인사'는 심각한 사법의 신뢰 저하 문제로 연결되고 국가 전체적으로는 헌법 시스템의 약화와 훼손을 가져와 국가 공동체의 위기를 초래하는 악순환을 만들 우려가 크다. 따라서 헌법재판소는 그 결정을 통해 불가피하게 정치적 영향력을 행사하게 되므로 정치적으로 민감한 사안일수록 정치적 세력과는 일정한 거리를 두고 오로지 헌법과 헌법정신에 따라 독립적으로 판단해야 하며, 이것이야말로 헌법재판의 존재 이유이자, 그 정당성이 인정되는 근거다.

만일 헌법재판관의 임명에 있어 임명 주체와의 친밀성이나 정치적 성향을 조건으로 삼는다면 이는 헌법재판소의 권위와 신뢰에 치명적인 악영향을 준다. 특히 다른 나라에 비해 헌법재판관의 임기(6년)가 짧고, 연임 가능성이 열려 있는 우리나라의 경우[4] 이러한 우려는 헌법재판소의 독립성을 심하게 손상시키는 결과로 이어질 수 있다. 따라서 재판관이 비록 임명 당시에는 정치적 성향에 따라 임명되었다 하더라도 헌법재판의 정치적 중립성과 독립성을 확고히 인식해 오로지 헌법에 충실한 해석과 적용을 통해 헌법적으로 타당한 결론을 추출하는 데 주력해야 한다. 만일 그렇지 않으면 스스로의 존재 의의를 부정하는 결과를 낳을 것이다.

이러한 복합적인 위기 상황에서 헌법의 우위를 실현하고[5] 헌법 수호의 임무를 지니는 헌법재판소로서는 헌법적 분쟁으로 사건화된 사회갈등에 대해 헌법을 해석하고 적용해 위헌 여부를 판단할 때, 우리 헌법이 지향하는 헌법적 가치를 철저히 구현하여 갈등을 최종적으로 조정하고 해결해 사회통합에 기여하지 않으면 안 된다. 만일 그렇지 않다면 이해 당사자를 포함한 국민이 승복할 수 있는 종국적인 사회통합, 나아가 국가통합이 결코 이루어질 수 없다.

헌법적 가치를 구현하는 구체적 방법으로는 첫째, 주로 경제 양극화, 노사갈등, 세대갈등, 다문화갈등 등 사회적 갈등 영역에서는 '인간의 존엄성(헌법 제10조)'이 확보되는 가운데, 각인의 기회를 균등히 하고 능력을 최고도로 발휘하게(헌법 전문)' 하는 방향으로 적극적으로 헌법해석을 해야 한다. 이 경우 사회적 약자 및 소수자 보호와 국민의 기본권 실현을 위한 적극적인 배려가 필요하다. 또 갈등의 근본 원인을 해결하려면 사회 안전망과 계층 이동의 사다리가 제대로 작동할 수 있도록 장애 요인을 적극적으로 제거하거나, 제도화를 촉구하는 노력도 필요하다. 이러한 과정을 통해 비로소 민주적인 다양성을 존중하면서도 포용성을 발휘하는 헌법적 통합이 이루어질 것이다. 2부에서 살펴본 다양한 헌법재판 사례 중 '제대 군인 가산점 사건', '호주제 사건', '시각장애인 안마사 독점 사건', '간통죄 사건', '양심적 병역 거부 사건', '낙태죄 사건' 등이, 3부에서 인용하고 있는 '출퇴근 재해의 산업재해보상 배제 위헌 확인 사건', 'A형 혈우병 환자의 요양급여 배제 위헌 확인 사건' 등 다양한 판례[6]가 사회적 갈등 영역에서 헌법재판을 통해 사회적 분열을 방지한 사례에 해당한다.

둘째, 정치갈등, 이념갈등, 지역갈등 등 정치적 갈등 영역에서는 '자율과 조화를 바탕으로 자유민주적 기본질서를 더욱 확고히(헌법 전문)' 하는 방향으로 헌법해석을 하지 않으면 안 된다. 이 경우 정치적 헌법기관 간에 상호 견제와 균형이 이루어지고 권력분립의 원칙이 지켜지면서도 국가 기능의 원활한 수행을 도모해나가도록 하는 노력이 필요하다. 특히 권력이 일방에 집중되지 않고 헌법상의 통제장치가 제대로 작동되도록 분쟁을 조정해야 한다. 또 모든 부문에서 시민의 참여와 지방자치가 확대될 수 있도록 하고 소수파를 보호해 자유민주주의의 기반을 확충하고 보편화하는 것이 중요하다. 2부에서 살펴본 헌법재판 중 '친일 재산 환수 사건', '긴급조치 사건', '수도 이전 사건', '미디어법 권한쟁의 사건', '통합진보당 해산 사건', '대통령 탄핵 사건' 등이 바로 정치적 갈등 영역에서 헌법재판을 통해 국가적 균열을 방지한 대표적인 사례에 해당한다. 결국 헌법재판을 통한 사회통합은 철저하게 헌법 및 헌법정신에 기반을 둔 헌법적 통합이 되지 않으면 안 된다.

04

21세기 사회통합국가 헌법

헌법은 모든 법질서의 기초이며, 국가와 사회의 공존과 번영을 위한 타협의 결과물이자 청사진이다. 즉 헌법은 국민투표의 방식으로 국민 모두가 합의한 이념과 가치의 총체로 모든 사회갈등이나 분쟁을 해결하는 준거이자 척도이기도 하다.

19세기 근대 입헌주의하의 헌법은 주권자로서의 국민의 자유를 우선시하는 헌법으로 '권력과 자유의 조화의 기술(앙드레 오리우André Hauriou)'로서의 성격이 중요한 징표라 할 수 있으나,[1] 20세기 사회복지국가 헌법은 단순한 형식적 자유의 보장에서 나아가 실질적으로 국민의 자유와 권리를 보장하기 위해 국가의 적극적 역할을 인정하는 헌법이다.[2] 오늘날 온갖 갈등과 위험이 일상화된 21세기 현대 정보화사회의 헌법은 공동체의 안전과 번영을 위해 더욱더 적극적인 역할을 담당하지 않으면 안 된다.[3]

21세기 현대 헌법은 종래의 근대 입헌주의 및 사회국가적 헌법의 의미를 기본으로 하되, 이를 한 단계 더 뛰어넘어 '인간 존엄과 공동 번영을 약속하는 기본 가치질서 내지 이를 구체화하는 전략적 인프라'로서 자리매김해야 한다(21세기 '사회통합국가' 헌법).[4] 즉 민주주의의 본질인 다원성과 자율성을 기초로 하면서도 국민통합으로 나아가는 국가 원동력으로서의 적극적인 역할이 더욱 중요해지고 있다. 이러한 의미에서 헌법재판소는 보다 적극적인 헌법해석을 통해 우리 헌법이 구체적인 갈등 해결의 수단이자 목표로 작동하도록, 단계적 가치판단에 있어 헌법을 준거의 틀로 활용해야 한다. 동시에 정치와 권력기관에는 공동체가 나아가야 할 방향을 보다 구체적이고 적극적, 지속적으로 제시해 밝은 미래를 향한 사회통합의 나침반이 되어야 한다.[5]

더욱이 오래지 않아 남북통일이 현실화될 경우 매우 다양하고 복잡한 정치·경제·사회·문화적 문제가 일시에 발생할 수 있다. 과거 독일 통일의 역사적 경험을 통해 예상해볼 수 있는 대표적인 문제로는 남북 지역의 경제적 격차 해소, 북한 지역의 경제 회복, 북한 지역 신생 정당에 대한 균등한 기회 보장, 통일 전 북한 불법 체제 청산에 따른 공공기관 재편과 북한 공무원의 일괄 해고 및 재임용, 북한 정권의 몰수재산 및 월남 주민의 북한 소재 재산권 처리, 북한 공직자 등의 연금 전환과 기타 사회보장 등을 들 수 있다. 남북 간 정치, 경제, 사회 전반의 통합을 추진하면서 그 과정에서 발생하는 사회 갈등을 최소화하고 실질적 국가통합을 이루기 위해서는 21세기 '사회통합국가' 헌법 개념이 매우 중요하다.[6]

　물론 헌법재판소의 역할은 주도적이라기보다 어디까지나 국회나 정부가 사회통합의 중심 역할을 할 수 있도록 도와주는 유도적, 조정적 역할에 그쳐야 할 것이다. 헌법규범이 갖는 정치적 성격이나 헌법재판의 사법 작용으로서의 한계[7]에 비추어 볼 때 모든 헌법적 이슈와 쟁점을 헌법재판소가 재단하는 것은 결코 바람직하지 않기 때문이다. 또 권력분립 원칙이나 민주적 정당성[8] 원리에도 부합하지 않는다.[9]

　사유재산에 바탕을 둔 시장경제는 지식과 기술의 확산을 통해 사회적 격차를 좁혀가는 강력한 수렴의 힘을 지니고 있다. 그러나 시장경제는 민주주의와 그 기반이 되는 사회정의의 가치에 대한 잠재적 위협이 될 수 있는 양극화의 힘도 가진다. 지금처럼 자본의 수익률이 생산의 성장률을 크게 초과하는 현상이 장기간 지속되면 기업가는 혁신가의 지위를 포기하고 자본소득자의 지위에 안주할 수밖에 없을 것이다. 이 경우 노동력만 가진 사람들은 더욱 궁핍해지고 종속적인 지위로 전락한다.[10] 부의 불평등이 자본주의의 장기적 역학과 결합하면 민주주의와 법치주의라는 헌법 원리도 치명적인 손상을 입을 수 있다.

지금까지 우리는 지속적인 경제성장과 지식의 확산 덕분에 마르크스적 종말을 피해 갈 수 있었다. 그러나 자본과 불평등의 심층적인 구조가 바뀐 것은 아니다. 제2차 세계대전 이후 잠시 낙관적인 시대를 경험했지만 기대와 달리 긍정적인 변화는 일어나지 않았다. 자본 수익률이 생산과 소득의 성장률을 넘어설 때 자본주의는 자의적이고 견딜 수 없는 불평등을 자동적으로 양산하는 시스템으로 변질될 가능성이 높다.[11] 이미 19세기에 그런 상황이 벌어졌다. 글로벌 금융 위기와 코로나19 팬데믹의 어두운 터널을 지나며 현대를 사는 우리의 삶에도 19세기의 암울한 그림자가 드리우고 있다.

자본주의적 파국을 피하고 민주주의와 법치주의를 유지하기 위해서는 개인이나 집단 모두가 국가 공동체의 구성원으로서 21세기 '사회통합국가' 헌법의 목표와 비전하에 서로의 다양성을 인정하고 '자율과 조화를 바탕으로' 국가, 사회가 지속적으로 발전해나갈 수 있도록 공동의 노력을 기울이지 않으면 안 된다. 사회갈등을 보다 근본적으로 해결하기 위해서는 개인이나 집단 스스로 인권 존중, 준법정신, 공정성, 책임성, 관용 등 윤리적 덕목의 내면화가 필요하다.

즉 일상생활에서 주인의식을 가지고 설득과 관용을 통해 문제를 해결하려는 공동체 의식, 다른 사람의 의견을 경청하고 대화와 토론을 통해 타협하고 해결하는 민주적 절차 준수, 정치권의 포퓰리즘적 선동에 빠져들지 않고 비판적이고 미래지향적으로 바라볼 수 있는 안목과 능력, 태도 등이 무엇보다 중요하다.

결국 갈등의 시대를 극복하기 위해서는 정치권력은 물론, 개인이나 집단 모두 각기 민주주의의 다양성을 존중하고 소통과 양보, 타협을 통해 대안을 찾아가는 등 상생, 화합의 헌법정신과 인간의 존엄과 행복 추구를 지향하는 헌법가치를 적극적으로 구현하여 갈등의 부정적 에너지를 긍정의 에너지로 바꾸어 미래와 희망이 있는 사회를 만들어나가는 것이 궁극적인 해답이다.

❖

4부

정치와 사회통합을 위한
철학적 담론

01

국가란 무엇인가

앞에서 보았듯 헌법은 국가를 규율 대상으로 한다.

그렇다면 국가란 무엇인가?

국가Staat, state, stato, estado, état 라는 개념은 근대 유럽의 역사적 산물이다. 국가라는 단어는 원래 '상태'를 의미하는 라틴어 'status'에서 파생되었다. 하지만 국가라는 용어가 널리 사용된 것은 근대 이후의 일이다.[1] 근대 이전의 유럽에는 오늘날 우리가 사용하는 의미의 국가가 존재하지 않았다. 국가라는 말은 근대의 여명기인 르네상스 시대의 이탈리아에서 비롯되었다.

물론 고대 로마에도 '공공의 상태status rei publicae'[2]같이 국가 개념과 유사한 단어가 존재했다. 하지만 이것은 공동체의 의사 결정을 인민이 결정하는 '상태'를 의미했다. 르네상스 시대의 거장 마키아벨리가 쓴《군주론Principe》(1513)의 첫 문장은 이렇게 시작한다. "모든 국가stato는 공화국이 아니면 군주국(공국)이다." 여기서 'stato'는 오늘날과 같이 상태status(예를 들어 현상 유지status quo)와 국가state 모두를 의미하지만 양자의 의미는 서로 밀접하게 연결되어 있다. stato는 다른 사람을 지배하는 사람이나 집단의 상태를 의미한다.[3] 마키아벨리 이후 이 단어는 스페인(estado)과 프랑스(l'état)에서 사용되었으며 17세기에는 독일(Staat)에 도달했다.

헌법의 규율 대상인 국가는 현대의 산물로서 현대적 제도다. 국가는 현대 정치의 전형적인 요소를 특징으로 한다. 현대 정치의 전형적 요소에는 '주권Souveränität'에 대한 요구, 즉 절대적이고 최종적인 의사 결정을 하는 권력에 대한 요구가 포함된다. 여기에는 영토에 미치는 최고의 권능으로 한 나라의 영토 안에서 다른 나라의 주권 침입을 허용하지 않는 권력인 '영토고권'과 국가를 구성하는 '인민'의 개념이 포함된다. 대혁명, 특히 미국혁명과 프랑스혁명 이후 국가 규모의 대표들로 구성되는 현대적인 대의제도가 형성되었다. 이렇듯 국가는 특정한 역사적인 시기와 연결되어 있는 구체적인 용어다.[4]

막스 베버는 국가를 합리적 지배rationale Herrschaft 형태라고 규정했다. 합리적 지배는 중세의 봉건제도나 이슬람의 전제 군주제 같은 전통적 지배traditionale Herrschaft와 구분된다. 양자는 법의 성격, 집행 방법, 폭력을 독점하는 이유와 성질이 다르다. 전통적 지배가 인격화된 지배를 의미하는 반면, 국가적 지배는 객관화된 지배를 의미한다. 전통적 지배는 파편화되어 있지만, 국가적 지배는 중앙 집중화되어 있다. 전통적 지배는 법적 측면에서 자의적이지만 국가적 지배는 절차를 통한 예측이 가능하다.[5]

국가의 현대적 기원에도 많은 사람들, 심지어 전문적인 학자들조차 그리스의 정치를 그리스인의 국가와 연관 지어 설명하는 경향이 있다. 이러한 용어법은 타당하지 않다. 국가라는 용어를 가능한 한 넓은 의미로 사용하고 정주하는 인민의 정치질서를 지칭하는 모든 것이라고 이해한다면, 이 용어를 그리스의 정치질서에도 적용할 수 있다. '국가'의 의미를 이처럼 넓게 확장할 경우, 이 단어는 고대 바빌론과 이집트 같은 대제국은 물론이고, 로마제국과 중세 왕국, 르네상스의 도시 공화국, 현대의 국가를 모두 포괄하는 만능열쇠가 되어버린다. 이런 식으로 사용할 경우, 국가는 모든 정치적 조직의 대부가 될 수 있다. 그러나 그러한 집단적 세례가 무슨 의미가 있는지 의문이다.

독일의 위대한 공법학자 게오르크 옐리네크Georg Jellinek에 따르면 국가Staat는 국가권력Staatsgewalt, 국가인민Staatsvolk, 국가영토Staatsgebiet로 구성된다.⁶ 권력, 인민, 영토 앞에 '국가'를 붙인 이유는 국가가 현대적 현상이기 때문이다. 권력이 존재하더라도 행사 대상이 국가영토와 국가인민이 아닌 경우 국가권력이 아니라 단순한 사실적 힘에 불과하다. 인민이 국가영토에 정주하더라도 국가권력의 승인이 없다면 국가국민이 아니라 단지 외국인에 불과하다. 설령 권력과 인민이 존재하더라도 자신의 국가영토가 없다면 단순히 유랑 민족에 불과하다.

그러나 그리스인들에게 영토는 현대인들의 그것처럼 중요한 것이 아니었다. 현대의 국가는 지역국가이자 영토국가다. 하지만 폴리스는 사람의 결속체였다. 따라서 폴리스는 영토가 아니라 본질이었다. 그리스에서는 시민과 헌법이 폴리스와 동일시되었다. 이러한 폴리스의 특성은 "성벽이 도시를 만들지 않는다"⁷는 아리스토텔레스의 아름다운 문장에도 잘 나타나 있다. 마찬가지로 역사가 투키디데스는 이렇게 말했다. "남자가 도시를 만든다. 남자가 없다면 성벽도 없고, 선박도 없다."⁸

그리스인들의 사고 체계에서는 정치적 통일체의 명칭에 땅Land이라는 단어를 붙이는 것(예를 들어 영국England, 독일

Deutschland)은 불가능하다. 그리스의 정치적 통일체는 도시였기 때문이다. 그리스의 도시는 시민으로 구성된다. 따라서 아테네는 바로 아테네인을 의미한다. 기원전 480년 페르시아와의 전쟁이 발발해 페르시아군이 육로로 아티카를 공격하자, 테미스토클레스는 노인과 부녀자를 살라미스로 피란시키고 나머지 전체 아테네 시민을 군함에 태웠다. 이처럼 아테네는 필요한 경우 바다로 이동할 수 있었다.[9] 심지어 영토 없는 폴리스도 있었다. A 도시가 B 도시의 토지 소유권을 취득했더라도 B 도시는 여전히 법적으로 유효한 도시로 인정받을 수 있었다.[10]

카를 슈미트에 따르면 "국가의 개념은 정치적인 것의 개념 Begriff des Politischen을 전제로 한다."[11] 이 문장은 20세기에 주권국가에서 일어난 변화를 반영한다. 20세기 이전까지 국가는 '정치적인 것'이었다. 국가는 정치적 독점권을 가지고 있었다. 19세기에는 명확한 경계선이 존재했다. 여기에는 국가가 있고, 저기에는 사회가 있었다. 여기에는 정치적인 것이 있고, 저기에는 사회적인 것이 있었다. 여기에는 내적인 것이 있고, 저기에는 외적인 것이 있었다. 전쟁과 평화, 군대와 시민, 중립과 비중립이 각각 분리되어 있었다. 하지만 20세기 이후 정치적인 것의 명확한 구분은 더 이상 존재하지 않는다. 슈미트는 "국가의 시대가 이제 끝나가고 있다"[12]고 과감하게 주장했다.

국가를 근본적으로 변화시킨 것은 국가와 사회의 통합이다. 이러한 맥락에서 슈미트는 1931년 《헌법의 수호자Hüter der Verfassung》라는 책에서 통합국가totaler Staat라는 개념을 처음으로 제시했다.[13] 국가는 17세기와 18세기의 절대국가, 즉 '국가가 사회를 지배하는 국가'에서 19세기의 중립국가, 즉 '국가가 사회의 자율적 영역을 인정하는 국가'를 거쳐 20세기에 통합국가, 즉 '국가와 사회가 하나로 통합된 국가'로 발전했다. 통합국가는 국가와 사회가 동질적이다.[14]

슈미트의 통합국가라는 개념은 프로그램이나, 비전이나, 미래에 대한 전망이 아니었다. 이 용어는 처음부터 현재 상황에 대한 설명일 뿐이다.[15] "20세기의 국가를 19세기의 국가적 표상과 비교할 때 가장 눈에 띄는 변화는 경제국가Wirtschaftsstaat로의 전환이다."[16] 이미 당시에도 독일 국민소득의 53퍼센트를 공공 당국이 통제하고 있었다.[17] 이는 국가가 국민소득의 분배에 자유시장보다 더 큰 역할을 한다는 것을 의미한다.[18]

'정치적인 것'이라는 개념은 실체가 없는 추상적 표현에 지나지 않을 수 있다. 한편으로 슈미트는 정치적인 것이 국가의 지위를 대신한다고 말하고 싶어 한다. 하지만 다른 한편으로는 주권국가가 완전히 사망했다는 진단을 내리지 않는다. 국가는 여전히 정치적일 수 있다. 국가는 아직 다른 결사와 대등한 조직이 아니다. 국가가 국민의 생사여탈권을 가지고 있는 한 어느 누구도 국가에 사망진단서를 발급할 수 없다.[19] 기업, 정당, 교회, 노조, 협회 등 그 어느 단체도 이러한 권리를 갖지 못한다. 오직 국가만이 삶과 죽음의 심각성과 관련된다.

국가는 내부적으로는 평화를 유지하는 자이고, 외부적으로는 전쟁을 지도하는 자다. 국가는 내부적으로 평화와 질서와 정상상태를 창조한다. 이를 위해 국가는 내부의 적을 결정한다. 국가는 외부적으로 전쟁권을 보유한다. 전쟁은 사전적, 프로그램적으로 정당화될 수 없다. 그럼에도 전쟁에는 어떠한 규범적 의미도 부여될 수 없다. 오늘날 우크라이나 사태에서 볼 수 있듯 전쟁은 존재하느냐Sein, 존재하지 않느냐Nicht-Sein에 관한 것이며, 벌거벗은 실존에 관한 것이다.

슈미트의 '정치적인 것'은 인간의 '결합과 분리의 강도'를 가리키는 '관계론적 개념'이다. 인간 사회의 모든 영역에서 극단적인 대립이 발생하면 이는 곧바로 정치적인 대립으로 전환될 수 있다. 적대를 기초로 하는 '정치적인 것'은 인간 세상에서 결코 사라질 수 없는 실존, 현존재에 해당하기 때문이다.

이러한 견지에서 슈미트는 적대를 부인하는 자유주의자들의 정치관은 비현실적이고 오히려 진정한 정치적 문제를 은폐하는 것에 불과하다고 주장했다. 또 자유주의 이념은 정치와 국가를 비도덕적인 폭력의 영역으로 규정하여 국가의 존재 이유를 알 수 없게 만들었다고 통렬하게 비판했다.

즉 국가의 정치적 존재 여부는 그의 적을 인식할 수 있는 능력에 달려 있는데도 자유주의자들은 적의 개념을 부인하여 적에 대한 국가의 인식 능력을 박탈했으며, 그 결과 국가의 기능은 스스로 제한적이고 수동적이며 불가지론적인 존재로 전락하고 말았다는 것이다.

자유주의자들의 유토피아적 환상으로 인해 오늘날의 현실 정치에서도 표를 의식한 단순한 정치공학적 접근 이외에 국민을 위한, 미래를 위한 진정한 정치를 찾아가는 노력을 찾아볼 수 없는, 소위 정치 실종의 근원적인 원인을 제공하고 있다고 보았다. 그 증거는 역사적 경험을 통해 손쉽게 찾아볼 수 있다.

제1차 세계대전 이후 유럽에서 민족을 바탕으로 국민국가가 속속 출현하면서 국민국가를 존재하게 하는 자유와 민주주의, 법의 지배라는 이념이 그 자체만으로 과연 국가와 사회의 지속적 발전의 동력이 될 수 있는가, 또는 전쟁과 평화라는 양극단의 해결책이 될 수 있는가, 하는 질문이 자연스럽게 제기되었다.

이에 대한 해답은 그 뒤 이어진 나치, 파시스트의 출현이나 프롤레타리아혁명에 의한 공산국가의 등장, 엄청난 인류적 재앙을 경험한 제2차 세계대전의 결말을 살펴볼 때, 굳이 심오한 정치적 사유의 과정을 거치지 않더라도 슈미트적 통찰로 당연하게 귀결되었음을 알 수 있다.

　적과의 관계에서 적을 인식한다는 것은 나와 동지라는 공동체의 이념과 가치, 정체성을 자각하는 것을 의미한다. 즉 적에 대해 진정성 없는 형식적인 포용이나 가식적인 부화뇌동이 아닌 자기 정체성에 기반한 끊임없는 대화와 타협, 때로는 치열한 투쟁을 통해 헤겔의 정正, These－반反, Antithese－합合, Synthese에 이르는 변증법적 변화와 발전을 모색하지 않으면 안 된다. 그렇지 않으면 결국 공공성과 지속적 발전 가능성에 부합하는 자기 정체성과 자존감, 가치에 대한 확신을 잃고 스스로 혼란에 빠지거나 내부에서부터 부패·쇠락·붕괴되고 말 것이다.

　슈미트의 '정치적인 것'의 개념에서 가장 핵심적인 내용은 적의 존재 여부다. 만약 적이 존재하지 않는다면 정치의 존재이유도 사라지기 때문이다. 적은 실존적으로 '나＝동지'와는 다른 타자를 의미하는 것으로서 어떠한 도덕적, 윤리적 의미도 포함되어 있지 않다. 슈미트의 적은 배척이나 절멸의 대상이 아니라 존재가치를 긍정해야 할 '정당한 적'을 말한다.

　적과 동지의 구별은 결합 내지 분리, 연합 내지 분열의 가장 높은 경우를 나타낸다. 정치상의 적이 도덕적으로 악할 필요는 없으며 미학상 추할 필요도 없다. 또 경제적인 경쟁자로 등장해야 하는 것도 아니다. 적이란 바로 타인, 이방인이며, 그

본질은 특히 낯설고 이질적인 존재라는 강렬한 의미인 것으로 족하다. 결국 적과 동지는 자신의 본질을 인식하게 하는 하나의 짝을 이루고, 이러한 인식을 전제로 할 때 보다 더 큰 틀에서의 관용과 포용, 통합으로 나아가는 원동력이 될 수 있다는 것을 보여준다.

적과 동지의 구별이 사라지면, 정치도 없어진다. 만약 정치적으로 실존하는 국민 중 일부가 더 이상 어떠한 적도 없다고 선언한다면, 이는 상황에 따라서는 적을 돕고 적에 가담하는 일이 되며, 이러한 선언으로 적과 동지의 구별이 사라지는 것도 아니다. 또 이러한 방법으로는 결코 세계가 탈정치화되거나 순수한 도덕성, 합법성, 경제성의 상태로 이행하게 되는 것도 아니다.

이러한 경우 그와 같은 태도를 부정하는 존재가 출현하면 그 존재가 다른 국민이든, 적이든, 앞의 선언에 가담했던 국민의 일부는 결과적으로 상대방의 이념과 프레임에 포박되어 자기 정체성을 상실하거나 무장해제되어버림으로써 정치적 소멸이나 패망을 자초하게 된다. 전술한 '21세기 사회통합국가' 개념도 이러한 실존적 문제의식을 전제로 한다.

슈미트의 시각에 의하면 거대 노동조합, 이념화된 종교, 시장을 독점하는 대기업, 콘체른, 힘 있는 시민단체가 반사회적, 반국가적 행태를 보이거나 강력한 사회갈등을 유발하는 경우 이들 모두가 '정치적인 것'에 포섭될 수 있다. 따라서 이들에 대한 헌법적 통제, 특히 헌법재판을 통한 사회 안정화 기능의 수행이 가능하다. 그러나 오늘날 인공지능AI, 빅데이터 등 4차 산업혁명에 기반한 초다국적 기업이나 소위 '딥 스테이트deep state'[20]의 문제는 기존 법체계와 현재의 국제법 질서만으로는 포섭하기 어렵기 때문에 매우 복잡한 정치적, 법적 문제를 불러온다. 최근 국내적, 국제적으로 엄청난 문제를 일으키고 있는 소위 암호화폐digital currency 또는 암호자산digital asset은 특정한 국가를 기반으로 하지 않고 인터넷을 통해 전 세계로 흘러 다니기 때문에 기존 국제법 질서로는 규율하기가 매우 곤란하다. 앞으로 이러한 문제들을 실효적으로 규제하기 위해서는 전 세계 대부분의 국가가 참여하는 초다자 간 조약 또는 지역 간 다자 조약의 체결이 필요하다.

02

정치인가 정치적인 것인가

고대 그리스인들이 '정치Politik'를 발견했고 정치라는 단어는 고대 그리스어에서 유래했다. 그러나 고대 그리스의 정치와 현대 국가의 정치를 혼동해서는 안 된다. 고대 그리스의 정치는 도시인 폴리스와 관련된다. 고대의 폴리스와 현대의 국가는 매우 다르다. 영토의 존재 여부, 시민의 참여 정도, 규모 면에서 그러하다. 고대 그리스인에게 정치의 중심은 국가가 아니라 시민이었다. 이하에서는 그리스의 정치와 현대 국가의 정치를 구별하기 위해 전자는 '정치Politik', 후자는 '정치적인 것Politischen'이라고 부르겠다. '정치적인 것'이라는 개념은 앞에서 언급했듯 20세기적인 관점에서 카를 슈미트가 만들었다. 따라서 이 개념을 고대에 적용하는 것은 문제가 있다. 그리스인들은 '정치적인 것'이 아니라 '정치'를 발견했다. 그리스인들이 정치를 발견한 것은 그들의 생활 방식과 문화적 특성에서 연유했다.

우리가 사용하는 정치政治라는 단어는 영어 'politic', 독일어 'Politik', 프랑스어 'politique'에 대응하는 일본의 번역어로 '나라를 다스리는 일' 또는 '국가의 권력을 획득하고 유지하며 행사하는 활동'을 의미한다. 이 말은 아리스토텔레스의 유명한 책 제목《정치학Ta Politika》에서 유래했는데, 이 책은 그리스의 폴리스(도시)라는 개념에 기반을 두었다. 책 제목을 직역하면 '도시polis에 관한 것'이 된다. 하지만 현재 우리가 사용하는 정치politics라는 용어와 아리스토텔레스가 사용했던 정치politika라는 용어 사이에는 중세 유럽의 라틴 번역어가 가교 역할을 한다. 우리가 역사를 통해 알고 있듯, 그리스어로 쓰인 아리스토텔레스의 저술은 알렉산더 대왕을 통해 중동을 포함한 지중해 연안에 널리 퍼졌고 이슬람어로 번역되어 살아남았으며, 다시 중세 유럽으로 역수입되어 가톨릭 신학자들에 의해 라틴어로 번역되었다.

정치사가들은 전쟁, 혁명 같은 거대한 사건과 국왕, 혁명가 같은 저명한 인물을 중요시하지만, 문화사가들은 일상적이고 사소한 사건과 우리에게 잘 알려지지 않은 소시민적 인물에게 관심을 가진다. 알려진 바에 의하면 1260년 도미니크 수도사 빌헬름 폰 뫼르베케Wilhelm von Moerbeke가 아리스토텔레스의 《정치학》을 라틴어로 번역했다고 한다. 그는 고대 그리스어인 정치Πολιτικά라는 단어를 라틴화(politica)하면서, 도시를 의미하는 폴리스에 대응하는 단어로 시민을 의미하는 키비타스civitas를 선택했다. 폴리스를 키비타스로 번역하면서 의미의 전용이 일어났고, 이에 대응하는 영어(city, citizen), 프랑스어(cité, citoyen), 이탈리아어(citta, cittadino)가 생겨났다. 그러나 도시에 관한 것ta politika, 즉 정치는 시민의 것Zivik이 아니라 폴리스의 것politik으로 남았다. 이에 따라 '정치와 정치인'은 그리스어로, '국가와 시민'은 라틴어로 남게 되었다. 개념의 분리가 발생한 것이다. 오늘날 우리가 수입해 사용하는 영어, 프랑스어, 이탈리아어, 스페인어는 이러한 전통에 따른다.[1]

현대 국가와 달리 아테네 같은 폴리스에서는 직접민주주의를 구현할 수 있었다. 인류 역사상 어떠한 민주주의도 아테네와 비슷한 수준의 시민 참여를 실현할 수는 없었다. 아테네의 모든 시민은 의회(민회)나 법원(재판회의) 같은 고결한 제도에 참여했다. 아테네에서는 시민들이 직접 정치를 했다. 폴리스에서 정치는 시민의 정치, 즉 누구나 할 수 있는 정치였다. 하지만 현대 국가에서 정치는 대표자가 하는 일로 변질되었다.

모든 사람이 아니라 대표자가 만들어내는 것으로 바뀌었다. 이에 더해 19세기 이후에는 직업적 정치인이 정당이라는 기계적 조직을 독점하면서 정치를 전담하게 되었다. 현대 국가의 시민은 횡단보도를 정리하는 녹색어머니 등 순수한 자원봉사 활동을 제외하면 거의 전적으로 명예로운 정치적 활동에서 해방되었다. 폴리스의 시민은 모든 정치적인 사무가 원래부터 자신의 업무였기 때문에 전문직과 명예직을 구분하지 못했다.

오늘날 지젝이나 아감벤 또는 무페 같은 캐비아 좌파들이 즐겨 사용하는 '정치적인 것'이라는 용어는 슈미트의《정치적인 것의 개념Begriff des Politischen》(1927)이라는 기념비적인 저작에서 유래했다. 슈미트에 따르면 국가가 의미를 갖던 시대는 20세기에 끝났다. 국가는 정치적 독점권을 잃었다. 그 대신 '정치적인 것'이 그 자리를 차지했고, '정치적인 것'은 더 이상 특정 영역에 할당될 수 없는 것이 되었다. 사람들이 강렬하게 결합하거나 해체되는 곳에서는 어디서나 '정치적인 것'이 나타난다. 슈미트에게 '정치적인 것'의 기준은 '적과 동지를 구별하는 것'이다. 그러나 정치적인 것에 관한 명확한 개념 정의는 거의 찾아볼 수 없다. 정치적이란 말은 정치와 경제, 정치와 도덕, 정치와 법률 등과 같이 소극적으로 여러 다른 개념의 반대개념으로 사용될 뿐이다. 하지만 이렇게 부정적이고 논쟁적인 개념적 대립에도 문맥과 구체적인 상황에 따라서는 어느 정도 개념을 획득할 수 있다. 일반적으로 '정치적인 것'은 얼마간 '국가'와 동일시되거나 적어도 국가와 관련된다. 그러므로 불만족스러운 순환논법이기는 하지만 국가는 정치적인 것으로 나타나고, 정치는 국가적인 것과 관련되는 어떤 것으로 나타난다.[2]

정치적인 것의 정의에서 결정적인 징표로 사용되는 권력Macht 개념도 대부분 국가권력의 의미로 사용된다. 예를 들어 막스 베버는 정치를 "국가 간이나 국가 내부에서 권력적 지분을 얻거나 권력 분배에 영향을 미치고자 노력하는 것"[3] 또는 "오늘날 국가에 해당하는 정치단체를 지도하거나 이에 영향을 미치려 하는 것"을 의미한다고 보았다. 그는 "정치의 본질은 투쟁이며, 동지와 자발적 추종자를 모집하는 활동"이라고 보았다.[4] 진중한 법학자 하인리히 트리펠Heinrich Triepel은 "20세기 초반까지만 해도 국가학은 정치학의 하부에 위치했다. 이러한 맥락에서 정치학은 국가의 역사적 발전과 현재 상태를 고려한 국가에 대한 과학적 연구"[5]라고 말했다. 트리펠은 게르버라반트 학파Gerber-Laband Schule의 순수법학적 접근 방법과 전후 시대 그들을 계승한 한스 켈젠을 비판했다. '순수법학적 접근 방법rein rechtswissenschaftliche Betrachtungsweise'이란 이 세상을 존재Sein와 당위Sollen의 세계로 이분법적으로 쪼개고, 법과 규범은 당위의 영역으로, 국가와 정치는 존재의 영역으로 각각 몰아넣는다. 이 방법론에 '순수한rein'이라는 수식어가 붙은 이유는 한스 켈젠 스스로 '국가와 정치라는 불순물을 제거하고 법과 규범이라는 정수(에테르)만을 여과해 법학의 연구 대상으로 삼아야 한다'고 주장했기 때문이다.

트리펠은 켈젠의 '비정치적 순수성'이 은폐하고 있는 '순수한 정치적 의미'를 인식하지 못하고 '정치적=국가적'이라는 등식을 고집했다. 켈젠이 당위에 집착했다면 트리펠은 존재에 치우쳤기 때문이다. 켈젠의 '비정치적 순수성'은 플라톤과 베이컨이 우려한 동굴의 우상idola specus, 즉 '관념의 왜곡'을 만들어낸다. 왜냐하면 법은 국가적 폭력이 만들어낸 부산물이고 국가는 법이라는 강제수단으로 유지되므로 국가와 법은 양면적 교차 관계에 있음에도 켈젠은 국가와 법을 인위적으로 분리하여 법을 비국가적이고 비정치적인 것으로 의제하기 때문이다. 방법적 순수성을 동원하더라도 법을 국가(정치)로부터 분리할 수 없을뿐더러 법에 과학적이고, 공정하고, 객관적이며, 불편부당한 순수함(당위성)을 부여할 수는 없다. 하지만 정치적 현실에서는 적대자를 정치적이라 부르고 자기를 비정치적이라고 부르는 것이야말로 가장 전형적이고 강렬한 정치적 행태에 해당한다.[6]

슈미트가 진단한 20세기의 상황은 그리스인들이 처했던 상황과 일정 부분 닮았다. 거기(옛날)와 마찬가지로 여기(지금)에는 국가가 없다. 과거 그리스인이 살던 시대에는 아직 국가가 없었고, 20세기 후반(슈미트 이후)에는 더 이상 국가가 존재하지 않게 되었다. 거기와 마찬가지로 여기에는 '정치'가 있다. 국가가 독점하지 못하던 '정치' 말이다. 거기와 마찬가지로 여기에는 '정치적인 것의 강렬함'이 있다. '정치적인 것'은 '정치'와 구별된다. 이러한 유사성에도 이 책에서 다루고 싶은 내용은 '정치적인 것'이 아니라 '정치'에 관한 것이다. 그리스인들에게는 자유롭게 방랑하는 '정치적인 것'이 없었다. 그리스에서 모든 정치는 정치적 기본단위인 도시와 명확하게 관련되어 있었다. 플라톤의 《정치학Politeia》, 아리스토텔레스의 《정치학》같이 고전 작품의 제목이 그것을 보여준다. 하지만 오늘날과 그리스 시대 사이에는 2,000년 이상의 시간적 간극이 존재한다.

'정치적인 것'은 근대적 종말, 즉 국가 이후의 시대를 의미하는 용어다. 따라서 이 용어를 국가 이전의 시대, 즉 전근대적인 시대에 적용할 수는 없다. 슈미트의 가르침에 근거해 '정치적인 것'의 의미를 엄격하게 이해하면 이 용어는 그리스의 정치를 설명하는 데 완전히 부적합하다. 우리가 슈미트의 기준을 시대를 초월하는 준거로 이해할 경우 정치는 항상 적대감과 우정을 본질적 내용으로 삼아야 한다. 슈미트의 용어는 매우 특별한 시대적 색채로 채색되어 있다. 슈미트의 정치철학은 그 시대의 독특한 실존주의, 허무주의, 그리고 기성 종교와 긴장 관계에 있는 특별한 정치신학으로 뒤덮여 있다.

슈미트에게 '정치적인 것'은 삶과 죽음의 투쟁, 존재와 비존재의 투쟁이다. 그것은 모든 규범적인 것과 뚜렷하게 구분된다. 결단적인 방식으로만 이해될 수 있다. 이러한 사유는 그리스인들에게 생소할 것이다. 그리스에서는 기껏해야 소피스트 사이에서나 허무주의[7]의 메아리를 들어볼 수 있었다. 소피스트들도 이러한 허무주의를 논증 기술을 습득하기 위한 실험적 목적으로만 사용했다. 모든 그리스인은 일반적으로 정치를 도덕적 삶의 형식으로 생각했다. 그들은 '정치'가 '법', '관습', '절제', '정의'에 의해 형성된다고 이해했다. 이 네 가지는 그리스 고전 철학의 지도적 개념에 해당한다. 그리스인에게 '정치'는 결단이 아니라 토론이었다. 그리스에서 정치의 발견은 대화를 통해 이루어졌으며, 도시는 설득을 기반으로 만들어졌다. 슈미트의 '정치적인 것'의 개념은 결단과 규범의 전면적 대립을 기반으로 형성되었다. 하지만 그리스인들은 극한적 대치라는 개념을 알지 못했다.

'정치'인가, '정치적인 것'인가, 그것이 문제다.

정치적인 것의 귀환

국가는 '국민의 특별한 상태'이자 결단이 필요한 순간 '최종적 권위를 갖는 상태'를 의미한다. 이러한 상태와 국민은 보다 본질적으로 정치적인 것의 특성에서 그 의미를 부여받는다. 국가 개념은 정치적인 것의 개념을 전제로 한다.[1] 그러나 정치적인 것에 관한 명확한 개념 정의는 거의 찾아볼 수 없다. 정치적이란 말은 정치와 경제, 정치와 도덕, 정치와 법률 등과 같이 소극적으로 여러 다른 개념의 반대개념으로 사용될 뿐이다. 하지만 이렇게 부정적이고 논쟁적인 개념적 대립에도 문맥과 구체적인 상황에 따라 어느 정도 개념을 획득할 수 있다.[2]

그렇다면 '정치적인 것'은 무엇인가? 본질적으로 '정치적인 것'은 적과 동지의 구별을 의미한다.[3] 여기서 적Feind이란 경쟁 상대 또는 상대방 일반을 말하는 것이 아니다. 적은 사적인 혐오감 때문에 증오하는 상대방도 아니다. 적이란 현실적 가능성으로서의 투쟁하는 인간 전체이며, 그러한 전체와 대립하는 또 다른 전체를 말한다. 따라서 적은 공적公的인 적öffentliche Feind만을 말한다. 여기서 공적公敵이란 인간 전체, 특히 인민 전체와 관련되는 적을 말한다. 따라서 적은 사적私敵, inimicus을 의미하는 것이 아니다. 자주 인용되는 구절인 '원수를 사랑하라'[4]는 라틴어로 '사적을 사랑하라'이지 '공적을 사랑하라'는 의미가 아니다. 예수는 정치적인 적을 문제 삼지 않았다. 정치적 대립은 강도가 가장 높은 극단적 대립이다. 어떤 형태의 대립이든 적과 동지의 편 가르기에 가까워질수록 점점 더 정치적인 것이 된다.[5]

이렇듯 정치적인 것의 '기준Kriterium'은 적과 동지의 구분이다. '기준'이라는 단어의 의미가 중요하다. '기준'은 최종적으로 구별되는 특징이다. 따라서 더 이상 그 의미의 기원을 거슬러 올라갈 수 없어야 한다. 선거, 정당, 공직, 전쟁, 평화 등 정치적이라고 부를 수 있는 모든 목록을 제공하는 것은 아무런 의미가 없다. 이러한 정치적인 것의 기준은 도덕, 미학, 경제의 기준과 유사한 방식으로 설명될 수 있다. 즉 도덕의 궁극적 기준이 선-악이고, 미학은 미-추이며, 경제는 이익-손해라면 정치적인 것의 궁극적 기준은 친구-적이다. 이러한 '정치적인 것'은 우호적-적대적이라는 형용사가 아니라 친구-적이라는 명사가 기준이 된다.[6] 행위에 대한 형태가 고정되어 있지 않기 때문에 우리가 내용을 직접 결정해야 한다.

'정치적인 것'은 어디에서나 찾을 수 있다. 그것은 영역이 아니라 강렬함의 정도를 표시한다. 사람들이 강렬하게 결합하거나 해체되는 경우마다 '정치적인 것'이 드러난다. 경제적 분쟁은 그 자체만으로 '정치적인 것'이 될 수 없다. 투쟁의 강도가 계급투쟁으로 강화될 때 비로소 '정치적인 것'이 될 수 있다.

'친구-적'이라는 기준이 여타 기준과 다른 점은 궁극적으로 구별되는 특징, 즉 기준이 반드시 지녀야 할 특성을 지녔다는 점이다. '정치적인 것'은 다른 영역의 기준으로 거슬러 올라갈 수 없다. 즉 정치적 의미의 '적'은 도덕적으로 정죄되어서도, 멸시받아서도 안 되며, 경제적 이유로 싸울 수 있는 대상도 아니다. 적은 사악하거나 추하거나 쓸모가 없어서는 안 된다. 적은 '총체적인 적'이어야 한다. 따라서 적은 세계관적, 이데올로기적, 종교적 의미에서 규정되지 않는다. 적은 오히려 그의 현존재, 벌거벗은 실존 자체만으로 결정되어야 한다. 적은 진정한 적이어야 한다. 그 적은 나의 현존을 위협할 수 있는 적,

나의 실존을 의심할 수 있는 적이어야 한다. 적은 단지 거기에 있다. 적은 그저 벌거벗은 채 현존할 뿐이다.

정치는 존재하거나to be, Sein 존재하지 않기 위한not to be, Nicht-Sein 투쟁이다. '정치적인 것'은 평균에 수렴하여 적대감에서 벗어날 수 있는 가능성을 애초부터 배제하고 있다. 적대감은 도덕이나 종교를 통해 폐지될 수도 없고, 법률을 통한 표준화를 동원하더라도 없어질 수 없다. 적과의 싸움을 해결할 수 있는 심판관도 존재할 수 없다. "누가 적인지 결정하는 자는 바로 적이다."[7]

막스 베버는 '원수를 사랑하라'는 산상수훈이 강요하는 폭력의 포기가 정치적으로 무가치하고 무책임하다는 이유로 거부했다. 적과의 투쟁이 불가피하다고 본 것이다. 하지만 투쟁을 영구적인 갈등의 의미로 이해할 필요는 없다. 오히려 투쟁은 실질적 가능성이라고 생각해야 한다. '정치적인 것'은 내부적 투쟁과 외부적 전쟁의 가능성으로 상존한다. 이것은 정치의 엄숙함을 구성한다.

극우에서 극좌까지, 종교철학자에서 정치철학자에 이르기까지 스펙트럼이 다양한 사람들이 카를 슈미트의 교리에 도전했다. 하지만 가장 실효적으로 반론을 펼친 사람은 자크 데리다뿐이다. 데리다는 자신의 저서《친구의 정치학Politiques de l'Amitié》(1994)을 통해 슈미트의 가르침을 해체하기 원했다.[8]

하지만 데리다는 슈미트에 대해 반전의 형식을 취했을 뿐이다. 슈미트가 적에게 우선권을 주었다면, 데리다는 친구에게 우선권을 주었을 뿐이다. 또 슈미트가 우정과 적대감을 대칭적인 개념으로 보았다면,[9] 데리다는 비대칭적이라고 생각했을 뿐이다.

데리다는 철학자 레비나스의 견해를 따른다. 레비나스는 타자Andere의 인정을 선물이라고 해석했다. "타자를 긍정하는 것은 선물을 주는 것을 의미한다."[10] 데리다에게 이것은 타인에게 베풀어야 할 환대의 형태로 드러난다. 레비나스와 데리다는 불가능을 시도한다. 그들은 타자와의 관계가 선물에서 시작되기를 원한다. 선물은 자신을 내주는 사람을 필요로 한다. 그렇지 않다면 선물은 결코 존재할 수 없다. 주는 사람이 없는 선물이 존재할 수 있을까? 마찬가지로, 환대는 손님을 맞이할 집이 있어야 한다. 집이 없으면 손님도 없고 환대도 없다.

데리다는 슈미트가 만년에 적을 '형제Bruder'라고 불렀던 사실을 언급한다. "적은 형제처럼 나와 친밀하다. 적은 가장 가까운 사람이다."[11] 데리다는 형제와 형제애를 급진적인 방식으로 탈자연화하길 원한다.[12] 이제 형제는 더 이상 혈통이나 친척과 아무런 상관이 없어야 한다. 데리다는 이것을 실현하는 것이 다가올 미래 민주주의의 과제라고 생각했다. 데리다는 민주주의에 대한 메시아적 이해를 가지고 있었다. 어느 시점이 되면 민주주의는 더 이상 타자와의 경계도 알지 못하고 타자의 배제도 알지 못하게 될 것이라고 믿었다. 사실 이러한 생각은 메시아적인 것이 아니라 비논리적인 것이다. 왜냐하면 데리다의 민주주의는 동질성을 요구하기 때문이다. 언어와 문화와 세계관이 다양해질수록 통합은 더욱 불가능해진다.

슈미트는 적대를 부인하는 종래 자유주의자의 정치관은 국가 구성의 현실을 제대로 설명하지 못하고 진정한 정치적 문제를 은폐하는 것에 불과하며, '정치적인 것'의 복원만이 진정한 공동체를 이룩할 수 있다고 지적해 현실의 정치 현상에 대해 깊은 통찰력을 보여준다. 이와 같은 슈미트의 통찰은 국가와 정치 현실에 관해 보다 거시적이고 본질적인 성찰을 가능하게 해준다는 점에서 중요하다.[13, 14]

다시 그리스로

고대 그리스인들은 현대인보다 더 정치적이었다. 그들은 아리스토텔레스가 말한 대로 정치적 동물politische Tiere이었다. 현대인들은 정치에 대한 그리스인들의 뜨거운 관심에 존경을 금치 못하면서도 거부감을 느낀다. 모더니티는 새로운 것과 오래된 것의 갈등을 특징으로 한다. 로크나 칸트같이 모던한 자유주의의 옹호자들은 루소 같은 고대 공화주의의 옹호자들과 대립했다. 네오휴머니즘은 고대를 되살리려 했지만, 홉스와 베이컨은 근대의 파토스에 호소하고자 했다. 그들은 자신의 이론이 모든 정치와 과학의 출발점이 되어야 한다고 생각했다.

20세기 아렌트, 슈트라우스 등 신고전주의 철학자들은 과학적, 실증적 정치학파와 충돌했다. 롤스로 대표되는 모던한 자유주의자들은 고대를 옹호하는 테일러 같은 공동체주의자들과 경쟁했다.

뱅자맹 콩스탕Benjamin Constant은 고대 그리스인들이 사생활의 자유와 같은 근대적 권리를 모른다며 비난했다. 이와 비슷한 비난이 19세기 내내 계속되었다. 예를 들어 야코프 부르크하르트Jacob Burckhardt는 그리스 민주주의를 비합리적인 대중 조직에 불과하다고 평가했다.[1] 위대한 고대 도시 전문가 퓌스텔 드 쿨랑주Fustel de Coulanges 조차 폴리스를 절대국가라 불렀다.[2] 고대 역사가 폴 벤Paul Veyne은 그리스의 민주주의가 군국주의적이고 행동주의적이라고 평가했으며, 심지어 전체주의 질서를 지향한다고 비난하기까지 했다.[3]

그러나 이러한 비판은 시대정신에 반한다. 당나귀 대신 애꿎은 자루를 발로 차는 것과 같다. 부르크하르트는 19세기에 출현한 대중 민주주의를, 폴 벤은 20세기에 출현한 전체주의를 직접 비판했어야 한다. 쿨랑주는 절대적인 국가권력에 대해 스파르타에 국한해 말했어야 했다. 아테네와 스파르타는 정치적 성격이 완전히 다른 폴리스였기 때문이다. 비슷한 방식으로 고대 민주주의를 비판하고 싶더라도 전체주의는 20세기의 산물이라는 사실을 반드시 기억해야 한다. 그리스인들

이 이미 준비된 전체주의자라고 비난하는 것은 시대착오적이
다. 20세기가 책임져야 하는 것에 대해 다른 시대를 비난하는
것에 지나지 않기 때문이다.

그리스인들은 전체주의의 특징, 즉 역사적 단절과 대중화,
대중운동과 대중정당, 기독교의 세속화와 이데올로기를 통한
대중 동원에 대해 알지 못했다. 그리스인들은 현대인보다 공
존(더불어 살기)에 익숙했다. 이것은 부인할 수 없는 사실이다.
도시에서 멀리 떨어진 개인적 생활과 사생활에 대한 요구는
고대 그리스가 아니라 헬레니즘 시대에 처음 나타났다. 이미
폴리스가 무너지고 공동체 생활에 대한 욕구가 사적 영역에
서만 충족될 수 있었던 시기에 들어서고 나서야 개인을 주장
하기 시작했던 것이다.

폴리스가 번성하는 동안에도 공동체가 삶의 전부는 아니
었고 도시는 시민을 속박하지 않았다. 법적으로 사적인 영역
과 공적인 영역이 구분되어 있었다. 가정과 도시는 분리되었
다. 아리스토텔레스는 이러한 두 가지 삶의 영역을 구분하는
것이 얼마나 중요한지 강조해왔다. 투키디데스는 페리클레스
가 이룩한 아테네의 일상생활에 대한 관용을 칭찬한 바 있다.[4]
아테네에서 희극 작가는 페리클레스, 클레온 같은 유력한 정
치인을 마음껏 조롱할 수 있었다. 다른 모든 시민과 마찬가지
로 희극 작가도 자유롭게 말할 권리를 주장했다. 아리스토텔

레스는 비록 비판적인 의도로 말하고 있지만, 당시의 지배적인 의견을 반영해 "누구나 자신이 원하는 대로 살기 위해서는 민주적 자유가 필요하다"[5]고 했다. 플라톤은 자유를 통제할 수 없는 무정부 상태로 민주주의를 묘사하고 있다.[6]

그럼에도 무정부 상태는 그리스인들이 추구한 민주주의가 아니었다. 그리스의 민주주의는 자신만의 절차와 질서를 가지고 있었다. 오늘날 우리가 보유하는 가치 있는 제도는 모두 그 당시에 만들어졌다. 선거 절차, 연금제도, 성과 평가, 공직 감시, 발언할 권리, 소송할 권리 등이 그러하다. 모든 시민은 의회(민회)의 의원이 될 수 있었다. 누구든지 법원의 판사가 될 수 있었다. 폴리스는 놀라운 결과를 만들어낼 수 있는 정치 조직이었다.

그렇다면 고대의 정치와 현대의 자유가 양립할 수 없는 이유는 무엇일까? 고대의 통찰력이 현대의 가르침보다 바람직하지 않은 이유는 무엇일까?

정치의 개념을 크게 넓혀서 보면, 정치는 항상 존재해왔다. 따라서 사람이 사람을 지배할 때도, 권력이 한 사람에게 집중되더라도 정치는 존재했다. 그럴 경우 정치는 전쟁과 평화, 적과 동지, 명령과 복종, 충성에 대한 맹세, 정당성에 대한 믿음을 모두 포괄한다. 그러나 좀 더 정교하고 무겁고 진지한 의미에서 정치를 바라본다면, 정치는 그리스인들의 정치를 의미하

게 된다. 행위능력과 책임능력, 선거의 자유와 주체라는 개념
은 그리스인들이 발견했다. 따라서 본질적 의미의 정치를 확
립한 최초의 인물은 그리스인들이라고 말해도 무방할 것이다.

정치의 본질은 인간이 '서로를 다루는 것'이고, 정치는 인간
이 '서로 대화함'으로써 이루어진다. 오늘날에는 이 사실이 매
우 자명하게 들릴 수 있다. 그러나 이 두 가지 자명한 이치는
우리 이전에 누군가가 발견한 것이다. 신이나 운명이 모든 것
을 결정하기 때문에 인간이 책임을 지지 않는다면, 정치적 결
정과 선택은 존재할 필요가 없다. 정치가 명령과 복종으로만
구성되어 있다면, 결정을 공유할 필요도, 책임을 인정할 필요
도 없다.

그리스인들은 로고스logos, 즉 말을 통한 진리의 발견을 추
구했고, 연설과 대화를 존중했다. 이것이 정의와 불의에 대한
공통 개념을 만들어냈고, 이것이 다시 정치의 기초를 이루었
다. 정치는 처음부터 시민의 평등에 기초했다. 이와 동시에 정
치는 성과와 우수성에 의해 판단되었다. 그리스의 문화적 특
성이 정치의 발견을 가능하게 만들었다. 이러한 문화적 특성
은 그리스의 종교, 경쟁 문화, 그리스적 삶의 진지함, 중용과
온건함에 대한 존중에 이르기까지 매우 다양하다.

그리스인들은 '행위능력', 즉 행동할 수 있는 능력이라는 개
념을 발견해냈다. 이러한 행위능력은 선택과 결정의 전제가

된다. 우리가 현대적 의미에서 말하는 정치는 바로 선택과 결정, 즉 선거와 결단을 의미한다. 이러한 인간의 잠재력에 대한 발견은 그리스 문화를 관통하는 여러 증거를 통해 확인할 수 있다. 호메로스의 이야기에 나오는 영웅들은 신의 장난감이 아니라 스스로 운명을 결정할 수 있는 존재, 즉 행위 가능성을 지닌 존재였다. 이러한 모색은 소크라테스, 플라톤, 아리스토텔레스의 철학을 관통한다. 그리스의 이 위대한 철학자들은 '인간은 스스로 자신의 삶을 선택하고 그 선택에 따라 삶을 영위하는 존재'라고 생각했다.

'함께 행동하기'의 발견은 연극의 발견과 연결되어 있다. 연극은 한 사람이 명령하면 다른 사람은 그것을 따르고, 한 사람이 시작하면 다른 사람은 그것을 그대로 모방하는 독백적 구조와는 전혀 다른 형태의 실천 방법이다. 함께 행동할 수 있는 능력의 발견은 공동체 의식의 발달을 전제로 한다. 이러한 능력과 인식은 그리스에서 귀족 사회가 붕괴하면서 나타나기 시작했다.

'함께 행동하기' 위해서는 평등 의식이 필요하다. 평등 의식이란 '모든 사람이 자기 행위의 저자(창시자)가 될 수 있다'는 의식을 의미한다. '함께 행동하기'는 자동적으로 또는 맹목적으로 발생하지 않는다. '함께 행동하기' 위해서는 일정한 조정이 필요하다. 가장 중요한 조정 수단은 의사소통이며, 이는 주로 언어를 통해 매개된다. 그리스인 사이에서 정치가 발견된 것은 정치가 타인과의 대화로 이루어진다는 경험을 통해서였다. 정치는 명령과 강압으로 이루어지지 않는다. 그리스인들은 끊임없이 대화하여 의사소통 행위를 강압과 폭력에 대한 대항 원리로 활용했다.

그리스의 귀족 문화조차 연설을 위한 공론장(공적 공간)을 알고 있었다. 호메로스 시대에도 왕과 귀족은 의회(민회)에서 연설을 해야만 했다. 당시 귀족들의 좌우명은 "말은 유창하게 하되 행동은 강건하게 하라"였다.[7] 기원전 5세기 그리스에서는 직업적 웅변술이 발전했다. 그리스인들은 수사학도 발견해냈다. 이 도시는 페이토Peitho, 즉 설득을 바탕으로 세워졌다. 따라서 침묵을 강요하고 토론을 금지하는 폭력을 반대한다. 페이토는 선한 질서를 의인화한 에우노미아의 누이로서 그리스인들의 숭배를 받았다.

정치의 수사학적 기반이 그리스인과 함께할 수 있었던 것은 이들이 정치를 논쟁의 여지가 없는 진리의 영역으로 간주하지 않았기 때문이다. 우리는 의견을 두고 토론할 수는 있지만, 진리를 두고 토론할 수는 없다. 진리는 뒤집을 수 있는 것이 아니기 때문이다. 폴리스가 종교적인 사회였지만, 그리스인에게 신정정치라는 개념은 없었다. 그리스에서 정치직과 사제직은 분리되어 있었다.

야코프 부르크하르트는 자신의 저서《그리스 문화사Griech-ischen Kulturgeschichte》에서 그리스 초기의 귀족 문화를 체육 경기와 같다고 해석한 바 있다. 이들의 문화는 순위 싸움의 문화로 경쟁의 결과 최고의 성과를 내는 문화였다. 호메로스의 영웅들조차 누가 최고인지를 두고 서로 경쟁했다. '항상 최고가 되고 남보다 앞서기 위해 노력하는 것'이 아킬레스의 모토였다. 최고의 성과와 탁월함을 위한 경쟁과 노력은 그리스 문화의 특징이었다. 이러한 경쟁과 노력은 시인과 웅변가, 올림피아의 체육인과 플루트 연주자 사이의 경쟁에서부터 탐식과 과잉, 과도한 고뇌에 이르기까지, 그리스 문화를 특징짓는다.[8]

아레테arete라는 근본 개념으로 대표되는 그리스적 에토스는 그리스 문화의 기원을 이룬다. 아레테는 단지 덕이나 신선한 소리 같은 것이 아니다. 아레테는 능력 또는 무언가를 할 수 있다는 자각을 의미한다. 이 말은 서양 문화에서 최초로 성과에 대한 존중을 표현한 중요한 용어다.

부르크하르트와 그를 따랐던 니체가 보지 못한 것은 그리스 문화의 고뇌가 민주주의적인 세계와 양립할 수 있었다는 사실이다. 실제로도 그리스 문화의 생동감과 긴장감이 근대 부르주아적 세계에 지대한 영향을 미쳤다. 부르크하르트와 니체는 민주주의를 거부했기 때문에 이러한 사실을 볼 수 없었다. 그리스인에게 아곤agon은 탁월함, 뛰어남을 의미했다.

부르주아적 민주주의 체제는 유대와 평등을 지향한다. 그리스 문화는 귀족 시대의 경쟁적 가치에서 폴리스의 협동적 가치로 발전했다. 그러나 이 문화의 비밀은 이러한 투쟁적 가치를 단숨에 협력적 가치로 대체한 것이 아니라는 데 있다.

그리스 문화는 대립 관계를 견뎌왔다. 그리스는 우수함에 대한 의지를 협력에 대한 의지와, 성과에 대한 의지를 평등에 대한 존중과, 자신감 있는 인격의 형성을 폴리스 내의 공동체적 삶에 대한 존중과 결합했다.

경쟁과 성취와 능력을 인정하지 않는 민주주의는 천박하고 매력적이지 않다. 그러한 민주주의는 19세기에 밀과 토크빌이 한탄했듯 무차별적인 평등주의와 획일주의로 이어진다. 그리스의 민주주의는 반대파를 통합하는 위업을 달성했다. 이것만으로도 그리스의 민주주의는 모든 민주주의국가의 본보기로 남을 수 있다.

그리스인은 특별한 방식으로 현존재의 불행과 대면했다. 그것을 하찮게 여기거나 합리화하지 않았다. 그리스인들은 신이나 인생을 비난하거나 얕잡아보는 방식으로 현존재의 불행을 다루지 않았다. 특별한 심각성은 그리스적 삶의 일부분이다. 쇼펜하우어의 비관주의와 달리, 그리스인들은 현존재를 긍정했다.

기독교적인 개념과 달리, 그리스인이 생각하는 완벽한 도덕적 질서에는 고통이 포함되어 있지 않다. 그리스의 도덕질서에서는 모든 사람에게 정의가 이루어진다. 이번 생애에서 정의로운 대우를 받지 못했다면, 적어도 사후에는 정의로운 대우를 받게 된다. 그리스의 비극은 책임과 고통 사이, 단순한 실수와 무시무시한 결과 사이의 불일치를 보여준다. 대부분의 인간은 자신이 당연히 받아야 할 것들을 받지 못하고 살아간다.

그리스인의 세계관에 따르면 존재하는 모든 것은 죽을 가치가 있다. 따라서 그리스적인 현존재의 심각함은 비관주의와 다르다. 그리스인들이 비극적으로 세계를 이해하는 방법에는 일종의 특수성이 존재한다. 진지함은 오히려 희극적 재치 또는 장난기와 함께할 수 있고, 이러한 것들은 하나로 결합된다. 플라톤의 작품이 위대한 증거다. 플라톤에게 "모든 것은 단지 신 앞에서 벌어지는 놀이에 불과하다."[9]

또 그리스적 현존재의 진지함은 수동성이나 무활동성을 의미하지 않는다. 오히려 최대한 긴장하면서 능력을 발휘하는 것과 짝을 이룬다. 인생은 고통이다. 고통과 행위는 서로 얽혀 있다. 사슬에 묶여 움직이지 못하는 프로메테우스조차 제우스에 대항하는 데 매우 적극적이다. 우리에게 중요한 것은 고난에 어떻게 대처하는가다.

현존재의 진지함은 그리스 문화에 사실주의적 특성을 불어

넣었다. 우연성과 우발성을 인정할 수 있는 능력을 남긴 것이다. 그리스인들은 우발성에 대한 관용과 체념을 결합하지 않는 위업을 달성했다. 논리적 셈법이 제대로 작동하지 않더라도, 인간은 세상과 잘 어울려 지낼 수 있다. 하지만 플라톤 이후 이 모든 것이 바뀌었다. 플라톤은 비극시인과 경쟁했다. 플라톤은 시인의 세계관을 철학으로 대체했다. 이제 더 이상 비극적 불일치는 존재하지 않는다.

그리스인에게는 신에게조차 자기주장을 펼칠 수 있는 특유의 자존심, 탁월함의 추구, 경쟁심이 있었다. 하지만 이 모든 것에 대한 해독제가 없었더라면 그리스 문화는 붕괴 상태로 내몰렸을 것이다. 해독제는 다름 아닌 중용과 절제를 찾기 위한 힘겨운 노력이었다. 한편으로는 오만함과 불손함의 유혹이 존재했다. 그리스인의 자의식이 엄청나게 컸다는 사실은 여러 사실에 의해 입증된다. 호메로스의 영웅적 서사시에서부터 아리스토텔레스의 윤리학에 이르기까지, 오만에 대한 경고와 절제에 대한 훈계가 존재했다. 절제는 현존재에 대한 그리스인들의 특별한 이해 방식에 상응하는 것이었다.

그리스의 건물과 조각은 절제와 균형에 대한 그리스인의 사랑의 기록이다. 그리스인들은 '너무 많은 것'은 '없는 것'이나 마찬가지라고 생각했다. 델피의 신탁 기도 문구인 '너 자신을 알라!'는 다음과 같은 의미를 지니고 있다. '당신은 불멸

의 신이 아니라 필멸의 존재임을 깨달으시오!' 시인 핀다로
스Pindaros는 이렇게 경고했다. "제우스가 되려고 하지 마시
오. 필멸자는 필멸해야 합니다."**10**

　　모든 비극은 현존재의 필멸성에 대한 경고다. 시간에 굴복
한 인간의 본질을 기억해야 한다. 그리스적인 미덕을 규율하
는 규범에 따르면, 인간의 오만함은 수많은 평형추를 가지고
있어야 한다. 바로 수치심과 정의(정의의 여신 디케Dike)**11**, 절제
와 극기, 현명한 자기만족이다.

　　처음에 그것은 자신을 통제할 줄 아는 귀족의 징표였다. 나
중에는 소포클레스 같은 비극시인의 구호가 되었다. 플라톤
에게는 가장 낮은 계급의 미덕이지만 도시를 하나로 묶는 일
반적인 미덕이기도 했다. 갈등의 해결, 즉 조화와 합의는 그것
들로부터 파생되기 때문이다.

　　"도대체 '정치적인 것'은 어디에 있는가? 그것은 바로 국가
의 본질 속에 숨어 있다Worin besteht denn das Politische? Im Wesen
des Staates."**12**

– 하이데거

주

1부 클리셰

1장 우연의 역사, 필연의 역사

1 Fernand Braudel, *La Dynamique du Capitalisme*(1985) [2018], Paris: Flammarion, pp. 12~13.

2 Martin Heidegger, *Sein und Zeit*(Elfte, unveränderte Auflage)(1967), Max Niemeyer Verlag, §26.

3 Ernst-Wolfgang Böckenförde, Mirjam Kunkler & Tine Stein(eds.), *Constitutional and Political Theory*(2017), Oxford University Press, pp. 142~168.

4 *The Federalist Papers*: No.65(Friday, March 7, 1788. Hamilton), *The Federalist Papers*: No.66(Tuesday, March 11, 1788. Hamilton).

5 Karl Loewenstein, *Verfassungslehre*(2.Aufl.), J.C.B. Mohr, 1969, S.293.

6 앤드루 존슨Andrew Johnson(17대 대통령, 1865~1869년 재임), 빌 클린턴Bill William Jefferson Clinton(42대 대통령, 1993~2001년 재임), 도널드 트럼프Donald Trump(45대 대통령, 2017~2021년 재임). 사실상 탄핵 가능성이 가장 컸던 리처드 닉슨Richard Nixon(37대 대통령, 1969~1974년 재임)은 1974년 8월 하원 법사위원회의 조사가 끝나고 하원 본회의 소추의결 직전에 대통령직을 사임함으로써 탄핵소추를 면했다.

7 윌리엄 벨크냅William W. Belknap(전쟁부 장관Secretary of War, 1869~1876년 재임).

8 윌리엄 블런트William Blount(테네시주 상원의원, 1796~1797년 재임).

9 Wm. Holmes Brown, Charles W. Johnson & John V. Sullivan Brown, *House Practice: A Guide to the Rules, Precedents, and Procedures of the House*, 2011, ch. 27 §1 [U.S. Government Publishing Office, http://

www.gpo.gov]

10 U.S. Senate, *Report of the Impeachment Trial Committee on the Articles Against Judge G. Thomas Porteous*, Jr.(S.Rept. 111-347), 2010, 1 n.1. [U.S. Congress, https://www.congress.gov/]

11 존 피커링John Pickering(1804), 웨스트 험프리스West H. Humphreys(1862), 로버트 아치볼드Robert W. Archbald(1913), 할스테드 리터Halsted Ritter(1936), 해리 클레이번Harry E. Claiborne(1986), 엘시 헤이스팅스Alcee Hastings(1989), 월터 닉슨Walter L. Nixon, Jr.(1989), 토머스 포티어스G. Thomas Porteous(2010).

12 John Milner, *The History, civil and ecclesiastical & survey of the antiquities of Winchester*, 2018(1908), Facsimile Publisher, p. 213.

13 *U.S. Const.* art. I, § 9, cl. 3 provides "No Bill of Attainder or ex post facto Law shall be passed."

14 *Grundgesetz für die Bundesrepublik Deutschland*("GG") Art 18. Wer die Freiheit der Meinungsäußerung, insbesondere die Pressefreiheit(Artikel 5 Abs. 1), die Lehrfreiheit(Artikel 5 Abs. 3), die Versammlungsfreiheit(Artikel 8), die Vereinigungsfreiheit(Artikel 9), das Brief-, Post- und Fernmeldegeheimnis(Artikel 10), das Eigentum(Artikel 14) oder das Asylrecht(Artikel 16a) zum Kampfe gegen die freiheitliche demokratische Grundordnung mißbraucht, verwirkt diese Grundrechte. Die Verwirkung und ihr Ausmaß werden durch das Bundesverfassungsgericht ausgesprochen.

15 Bernhard Diestelkamp, *Recht und Gericht im Heiligen Römischen Reich*(1999)(Studien zur europäischen Rechtsgeschichte. Bd. 122). Klostermann, S. 289.

16 Ulich Scheuner, 'Die Überlieferung der deutschen Staatsgerichtsbarkeit im 19 und 20. Jahhundert', In: Christian Starck(Hrsg.), *Bundesverfassungsgericht und Grundgesetz I*, 1987, Mohr, S. 31. ff.

17 Robert G. McCloskey, *The American Supreme Court*. Revised by Sanford Levinson(5th ed.)(2010), University of Chicago Press, p. 25.

18 Erwin Chemerinsky, *Constitutional Law: Principles and Policies*(6th ed)(2019), Wolters Kluwer, § 2.2.1, p. 39.

19   Robert G. McCloskey, *The American Supreme Court*. Revised by Sanford Levinson(5th ed.)(2010), University of Chicago Press, pp. 23-24.

20   Erwin Chemerinsky, *Constitutional Law: Principles and Policies*(6th ed)(2019), Wolters Kluwer, § 2.2.1, p. 40.

21   Michael Stokes Paulsen, Steven G. Calabresi, Mchael W. McConnel, Samuel Bray, *The Constitution of the United States*(2013), University Casebook Series(2nd ed.), Foundation Press, p. 141.

22   Erwin Chemerinsky, *Constitutional Law: Principles and Policies*(6th ed)(2019), Wolters Kluwer, § 2.2.1, p. 40.

23   Mark Carlton Miller, *The View of the Courts from the Hill: Interactions between Congress and the Federal Judiciary*(2009), University of Virginia Press, p. 44.

24   H. L. Pohlman, *Consititutional Debate in Action: Governmental Powers*(2005), Rowman & Littlefield, p. 21.

25   Marbury v. Madison, 5 U.S.(1 Cranch) 137(1803).

26   Erwin Chemerinsky, *Constitutional Law: Principles and Policies*(6th ed)(2019), Wolters Kluwer, § 2.2.1, p. 41~42.

27   직무집행영장은 영미법상의 특별한 제도지만, 독일 같은 대륙법계 국가에서는 '의무이행소송'의 형태로 법상 의무가 있는데도 아무것도 하지 않는 정부의 부작위를 법원이 규율하고 있다. 우리나라에는 아직 '의무이행소송' 제도가 도입되지 않았다.

28   Erwin Chemerinsky, *Constitutional Law: Principles and Policies*(6th ed)(2019), Wolters Kluwer, § 2.2.1, p. 42~43.

29   Akhil Reed Amar, 'Marbury, Section 13, and the Original Jurisdiction of the Supreme Court', *University of Chicago Law Review* 56(2)(1989), p. 447.

30   Akhil Reed Amar, 'Of Sovereignty and Federalism', *Yale Law Journal* 96(7)(1987), pp. 1485~1486.

31   Erwin Chemerinsky, *Constitutional Law: Principles and Policies*(6th ed)(2019), Wolters Kluwer, § 2.2.1, p. 43.

32   *1789 Judiciary Act*, Section 13. "And be it further enacted, that the Supreme Court shall have exclusive jurisdiction of all controversies of a civil nature, where a state is a party, except between a state and its citizens; and except also between a state and citizens of other states, or aliens, in which latter case it shall have original but not exclusive jurisdiction. And shall have exclusively all such jurisdiction of suits or proceedings against ambassadors, or other public ministers, or their domestics, or domestic servants, as a court of law can have or exercise consistently with the law of nations; and original, but not exclusive jurisdiction of all suits brought by ambassadors, or other public ministers, or in which a consul, or vice consul, shall be a party. And the trial of issues in fact in the Supreme Court, in all actions at law against citizens of the United States, shall be by jury. The Supreme Court shall also have appellate jurisdiction from the circuit courts and courts of the several states, in the cases herein after specially provided for; and shall have power to issue writs of prohibition to the district courts, when proceeding as courts of admiralty and maritime jurisdiction, and writs of mandamus, in cases warranted by the principles and usages of law, to any courts appointed, or persons holding office, under the authority of the United States." (http://www.jim-riley.org/400section_13_of_1789_judiciary_act.htm)

33   *U.S. Constitution*, Article III, Section 2. "In all Cases affecting Ambassadors, other public Ministers and Consuls, and those in which a State shall be Party, the supreme Court shall have original Jurisdiction. In all the other Cases before mentioned, the supreme Court shall have appellate Jurisdiction, both as to Law and Fact, with such Exceptions, and under such Regulations as the Congress shall make." (https://www.law.cornell.edu/constitution/articleiii)

34 Laurence H. Tribe, *American Constitutional Law*(3rd ed.)(2000), Foundation Press, pp. 207~208.

35 Saikrishna Prakash, John Yoo, 'The Origins of Judicial Review', *University of Chicago Law Review* 70(3)(2003), p. 914.

36 Hamilton, Alexander, *Federalist Paper* No. 78.

37 Laurence H. Tribe, *American Constitutional Law*(3rd ed.)(2000), Foundation Press, p. 210.

38 Richard A. Epstein, *The Classical Liberal Consitution: The Uncertain Quest for Limited Government*(2014), Harvard University Press, p. 89.

39 Erwin Chemerinsky, *Constitutional Law: Principles and Policies*(6th ed)(2019), Wolters Kluwer, § 2.2.1, p. 45.

40 John E. Nowak, Ronald D. Rotunda, *Treatise on Consititutional Law: Substance and Procedure*(5th ed.)(2012), West, § 1.3, p. 53.

41 Robert G. McCloskey, *The American Supreme Court*. Revised by Sanford Levinson(5th ed.)(2010), University of Chicago Press, p. 26.

2장 슬픈 외국어와 시대정신

1 Thomas A. Sebeok, *Style In Language*, 1960, MIT Press, pp. 350~377.

2 Will Durant, *The Story of Philosophy*, 1953, Simon & Schuster, p. 267.

3 Platon, *Kratylos*, 390d~e.

4 Ferdinand de Saussure(trans. Wade Baskin), *Course In General Linguistics*, 1959, Philosophical Library, pp. 65~70.

3장 정치의 규범화와 헌법재판의 문제

1 계희열,《헌법학(상)》(2보정판), 2002, 박영사, 4쪽.

2 김철수,《헌법학개론》(15전정신판), 2003, 박영사, 12쪽.

3 권영성,《헌법학원론》(개정판), 2005, 법문사, 3쪽.

4 Konrad Hesse, *Grundzüge des Verfassungsrechts der Bundesrepublik Deutschland*(20. Aufl.), 1999, C.F. Mülker, Rn 17.

5 Carl Schmitt, *Verfassungslehre*(11. Aufl.), 2017(1928), Duncker &

Humblot, S. 76.

6 Rudolf Smend, *Verfassung und Verfassungsrecht*(reprint), 2014, Duncker & Humblot, S. 189.

7 Herman Heller, *Staatslehre*(6. Aufl.), 1983(1934), Mohr Siebeg, S. 228 ff.

8 Richard Bäumlin, *Staat, Recht und Geschichte*, 1961, EVZ, S. 17.

9 Werner Kägi, *Die Verfassung als rechtliche Grundordnung des Staates*, 1945, Villiger, S. 40 ff.

10 Horst Ehmke, *Grenzen der Verfassungsänderung*, 1953, Duncker & Humblot, S. 88 f.

11 Konrad Hesse, ob. zit., Rn. 17.

12 Horst Ehmke, *Grenzen der Verfassungsänderung*, 1953, Duncker & Humblot, S. 88f.

13 허영,《헌법이론과 헌법》(신7판), 2015, 박영사, 1014쪽.

14 대한민국 헌법은 '전문', '제1장 총강', '제2장 국민의 권리와 의무', '제3장 국회', '제4장 정부', '제5장 법원', '제6장 헌법재판소', '제7장 선거 관리', '제8장 지방자치', '제9장 경제', '제10장 헌법 개정', '부칙'으로 구성되어 있다.

15 Christoph Degenhart, *Staatsrecht I: Staatsroganisationsrecht*(37. Aufl.), 2021, C.F. Müller, Rn 808.

16 Christoph Degenhart, ob. zit., Rn 809.

17 대한민국 헌법 제111조 ① 헌법재판소는 다음 사항을 관장한다. 1. 법원의 제청에 의한 법률의 위헌 여부 심판 2. 탄핵의 심판 3. 정당의 해산 심판 4. 국가기관 상호 간, 국가기관과 지방자치단체 간 및 지방자치단체 상호 간의 권한쟁의에 관한 심판 5. 법률이 정하는 헌법소원에 관한 심판.

2부 헌법재판이 걸어온 길

1 허영(2020)은 "헌법재판은 다른 유형의 재판 작용과 달리 정치 형성으로서의 특성을 가지고 있다"고 하면서, 그 이유는 "헌법재판은 특히 헌법 문제

에 관한 다툼을 그 대상으로 하고 있고, 헌법 문제에 관한 다툼은 바로 '정치 규범으로서의 헌법'에 관한 다툼으로서 국가의 정치질서와 직결되기 때문이다"라고 주장한다. - 허영,《한국헌법론》, 2020, 박영사, 901쪽.

2 헌법재판의 법적 성격에 관해서는 학자들 간에 다양한 견해가 다음과 같이 대립하고 있다. ① 헌법 규범에 대한 해석과 적용을 본질로 하는 전형적인 사법적 법 인식 작용이므로 이는 사법 작용으로 봐야 한다는 견해, ② 헌법 문제의 다툼은 본질상 '법률 분쟁'이 아닌 '정치 분쟁'이기 때문에 정치적 작용이라는 견해, ③ 헌법의 해석은 법률의 해석과 달리 헌법을 구체화하고 보충하는 기능을 가지므로 일종의 입법 작용이라는 견해, ④ 입법·집행·사법의 모든 국가 작용을 통제하는 기능을 가지므로 제4의 국가 작용이라는 견해로 나누어진다. - 한수웅,《헌법학》, 2020, 법문사, 1389쪽. 그러나 헌법재판은 비록 분쟁의 성격상 정치와 긴밀한 연관성을 가지나, 헌법적 분쟁을 심사하는 기준은 어디까지나 최고 규범으로서의 헌법이며, 헌법재판의 결정은 공권력 작용의 헌법적 허용 여부에 대한 법적 판단을 통해 최종적인 구속력을 가지므로 본질적으로는 사법 기능에 해당한다고 본다.

1장 정의란 무엇인가
- 제대 군인 가산점 사건(1999. 12. 23.)

1 헌재 1999. 12. 23. 98헌마363, 판례집 11-2, 770.

2 Platon, *Politeia*, 433a. [www.perseus.tufts.edu]

3 Platon, *Politeia*, 433e. [www.perseus.tufts.edu]

4 Cicero, *De Natura Deorum*, III, 38. [www.perseus.tufts.edu]

5 Cicero, *De Finibus Bonorum et Malorum*, liber V, 67. [www.perseus. tufts.edu]

6 Rolf Gröschner, *Dialogik des Rechts*, 2013, Mohr Siebeg, S. 78ff.

7 Platon, *Apology*, 21d. [www.perseus.tufts.edu]

8 Aristoteles, *Ēthika Nikomacheia*, 1129a. [www.perseus.tufts.edu]

9 Rolf Gröschner/Oliver Lembcke, 'Ethik und Recht', In: Nikolaus Knoepffler/Peter Kunzmann/Ingo Pies/Anne Siegetsleitner(Hrsg.), *Einführung in die Angewandte Ethik*, 2006, Verlag Karl Alber, SS.

47~74.

10 Aristoteles, *Ēthika Nikomacheia*, 1134a. [www.perseus.tufts.edu]

11 Reinhold Zippelius, *Rechtsphilosophie*(5. Aufl.), 2007, C.H. Beck, S. 82.

12 Reinhold Zippelius, ob. zit., S. 83.

13 Platon, *Nomoi*, 757. [www.perseus.tufts.edu]

14 Platon, *Politeia*, 433a-433e. [www.perseus.tufts.edu]

15 대한민국 헌법 제11조 ① 모든 국민은 법 앞에 평등하다.

16 Mogens Herman Hansen, *The Athenian Democracy in the Age of Demosthenes*, 1998, Bristol Classical Press, pp. 81~84.

17 Herodotus, *Historiai*, 3.80. [www.perseus.tufts.edu]

18 Thucydides, *History of the Peloponnesian War*, 3.82, 4.78. [www.perseus.tufts.edu]

19 Kurt Raaflaub, *Entdeckung der Freiheit*, 1985, C.H. Beck, S. 115 f.

20 헌법재판소,《(현장에서 보는 또 다른 시선) 헌법재판소 결정과 대한민국의 변화: 1988-2017》, 2017, 헌법재판소 사무처 홍보심의관실, 41~43쪽.

21 헌법재판소, 2017, 앞의 책, 46쪽.

22 여성의 공직 진출은 제대 군인 가산점제가 폐지되기 직전인 1999년 29.7퍼센트에서 2020년 47.9퍼센트로 크게 증가했다. 행정부 기준 고위공무원단 여성 비율은 지속적으로 상승하고 있으나, 2020년 현재 8.6퍼센트에 불과해 여성에 대한 유리 천장은 아직도 매우 두터운 편이라고 할 수 있다. 통계청, 〈전체 공무원 현원 및 여성 비율〉 및 〈고위공무원단 현원〉, www.kosis.kr [retrieve. 2022. 6. 5.]; 행정자치부, "3. 여성공무원 현황", 〈2000 통계연보〉(통권 제3호), 152쪽. 87).

2장 문화와 관습은 법규범이 될 수 있는가
– 수도 이전 사건(2004. 10. 21.)

1 헌재 2004. 10. 21. 2004헌마554등, 판례집 16-2하, 1.

2 Marcus Tullius Cicero, *Tusculanae Disputations*, II. 13.(http://www.attalus.org)

3 Ralph Linton, *The Study of Man: An Introduction*, 1936, Appleton-

Century-Crofts, Inc., p. 91. [https://archive.org]

4 Konrad Hesse, *Grundzüge des Verfassungsrechts der Bundesrepublik Deutschland*(20. Aufl.), 1999, C.F. Müller, Rn. 32.

5 Konrad Hesse, ob. zit., Rn. 33.

6 Hans Huber, 'Probleme des ungeschreiebenen Verfassungsrechts', In: Kurt Eichenberger, Richard Bäumlin, Jörg P. Miller(Hg.), *Rechtstheorie, Verfassungsrecht, Völkerrecht, Stämpfli*, 1971, S. 239 ff.

7 헌법재판소, 2017, 앞의 책, 77쪽.

8 이러한 비판의 주된 논거는 한국의 성문헌법 체계에서 헌법적 관습은 헌법 과 같은 효력이 인정되는 별도의 법원法源(법의 근원 또는 존재 형식)이 될 수 없다거나, 관습헌법을 인정하더라도 이는 성문헌법에 대한 보완적 효력을 가질 뿐이므로 관습헌법의 개정 방법은 헌법개정 형식이 아닌 법률제정 또 는 개정의 방식으로 할 수 있다는 주장이다.

9 헌법재판소(2017), 앞의 책, 77쪽.

3장 여성 차별인가 전통문화인가
─ 호주제 사건(2005. 2. 3.)

1 헌재 2005. 2. 3. 2001헌가9등, 판례집 17-1, 1.

2 Max Weber, *Wirtschaft und Gesellschaft*, 1980(1922), Springer, S. 133.

3 *Die Bekenntnisschriften der evangelischlutherischen Kirche*, 1976, Vandenhoeck und Ruprecht, S. 599.

4 Hans Jonas, *Das Prinzip Verantwortung*, 1979, Suhrkamp, 189 f.

5 Hans Jonas, *Philosophische Untersuchungen und metaphysische Vermutungen*, 1992, Insel Verlag, S. 146.

6 Hans Jonas, *Das Prinzip Verantwortung*, 1979, Suhrkamp, S. 262.

7 대한민국 헌법 제10조. 모든 국민은 인간으로서의 존엄과 가치를 가지며, 행복을 추구할 권리를 가진다. 국가는 개인이 가지는 불가침의 기본적 인권 을 확인하고 이를 보장할 의무를 진다.

8 Immanuel Kant, *Werke in sechs Banden*: Bd. VI, (Hrsg. von Wilhelm Weischedel), 1956, Wissenschaftliche Buchgesellschaft, 145 f.

9 Georg Simmel, *Philosophie des Geldes*, 1977(1900), Duncker & Humblot, S. 342.

10 Schlich/Korioth, *Das Bundesverfassungsgericht*(12. Aufl.), 2021, C.H. Beck, Rn. 121.

11 헌법재판소,《(현장에서 보는 또 다른 시선) 헌법재판소 결정과 대한민국의 변화: 1988-2017》, 2017, 헌법재판소 사무처 홍보심의관실, 21~24쪽.

12 2005. 3. 31. 법률 제7427호로 민법을 일부 개정하면서 각기 개정 또는 삭제되었다. 헌법재판소,《(현장에서 보는 또 다른 시선) 헌법재판소 결정과 대한민국의 변화: 1988-2017》, 2017, 헌법재판소 사무처 홍보심의관실, 25~32쪽.

13 *Wall Street Journal*, 'Asia Struggles for a Solution to Its 'Missing Women' Problem', 2015. 11. 26., (https://www.wsj.com) [Retrieve 2019. 9. 30.]; 〈동아일보〉, 'WSJ 한국, 교육의 힘으로 남아선호 벗어나', 2015. 11. 28., (https://www. donga.com/news) [Retrieve. 2019. 9. 30.]

4장 평등은 무엇을 요구하는가
– 시각장애인 안마사 독점 사건(2008. 10. 30.)

1 헌재 2006. 5. 25. 2003헌마715등, 판례집 18-1하, 112; 헌재 2008. 10. 30. 2006헌마1098등, 판례집 20-2상, 1089; 헌재 2010. 7. 29. 2008헌마664등, 판례집 22-2상, 427; 헌재 2013. 6. 27. 2011 헌가39등, 판례집 25-1, 409; 헌재 2017. 12. 28. 2017헌가15, 판례집 29-2하, 264; 헌재 2021. 12. 23. 2019헌마656, 판례집 33-2, 870; 헌재 2021. 12. 23. 2018헌바198, 공보 제303호, 60.

2 Peter Westen, 'The empty idea of equality', In: *Harvard Law Review* 95/3, 1982, pp. 537~596.

3 Thomas Hobbes, *Leviathan*(Übers. Jacob Peter Mayer), 2006, LeClam, S. 153.

4 Genesis, 1:26~28.

5 Jeremy Waldron, *God, Locke, and Equality: Christian Foundations in Locke's Political Thought*, 2002, Cambridge University Press, p. 13, pp. 22~25.

6 Jeremy Waldron, *God, Locke, and Equality: Christian Foundations in Locke's Political Thought*, 2002, Cambridge University Press, p. 136.

7 *U.S. Declaration of Independence*, July 4, 1776, Preamble: We hold these truths to be self-evident, that all men are "created" equal, that they are endowed by their "Creator" with certain unalienable rights, that among these are Life, Liberty and the pursuit of Happiness.

8 W. Wertenbruch, 'Menschenrechte', In: Kurt Galling(Hrsg.), *Die Religion in Geschichte und Gegenwart* Bd. IV(3. Aufle.), 1957, J.C.B. Moh, Sp. 869~870.

9 *U.S. Declaration of Independence*, July 4, 1776, Preamble: "… Governments are instituted among Men, deriving their just powers from the consent of the governed…."

10 Jean-Jacques Rousseau, *Emil oder über die Erziehung*(Übers. Ludwig Schmidts), 2001, UTB, S. 186.

11 W. Wertenbruch, 'Menschenrechte', In: Kurt Galling(Hrsg.), *Die Religion in Geschichte und Gegenwart* Bd. IV(3. Aufle.), 1957, J.C.B. Mohr, Spalte 870.

12 Douglas K. Stevenson, *American Life and Institutions*, 1987, Stuttgart Klett, S. 34.; G. Jasper, 'Vereinte Nationen', In: Kurt Galling(Hrsg.), *Die Religion in Geschichte und Gegenwart* Bd. IV(3. Aufle.), 1957, J.C.B. Mohr, Sp. 1328~1329.

13 Immanuel Kant, *AA(Kant's Gesammelte Schriften)*, 1900-, de Gruyter, IV, 421.(https://korpora.zim.uni-duisburg-essen.de/kant).

14 Immanuel Kant, 'Metaphysik der Sitten', in: Felix Gross(Hrsg.), *Sämtliche Werke* B.7, 1924, Insel Verlag, S. 34f.

15 John Rawls, *Gerechtigkeit als Fairness. Ein Neuentwurf*, 2003, Suhrkamp, S. 78.

16 Aristoteles, *Nikomachische Ethik*, 1131a.

17 BVerfGE 120, 1(29); 122, 210(230).

18 BVerfGE 116, 164(180); 122, 210(230).

19 BVerfGE 116, 164(180); 117, 1(30); 120, 1(29); 123, 1(19).

20 BVerfGE 105, 73(110 f.); 112, 164(174), 122, 210(230).

21 BVerfGE 112, 268(279); 122, 210(230).

22 〈KBS NEWS〉, "시각장애인 안마사 4명 투신", 2006. 5. 30., (https://mn.kbs. co.kr) [retrieve. 2019. 9. 30.]; 〈복지뉴스(순천시장애인종합복지관)〉, "시각 장애인 안마사들 마포대교서 투신", 2008. 9. 5., (http://www.scrw.or.kr) [retiriev. 2019. 9. 30.]

23 헌재 2021. 12. 23. 2019헌마656, 판례집 33-2, 879~880쪽.

5장 국회는 어떤 모습이어야 하는가
– 미디어법 권한쟁의 사건(2009. 10. 29.)

1 헌재 2009. 10. 29. 2009헌라8등, 판례집 21-2하, 14.

2 Brian Tierney & Sidney Painter, *Western Europe in the Middle Ages: 300-1475*(4. ed.), 1983, Alfred A. Knopf, pp. 387~388.

3 Brian Tierney & Sidney Painter, op.cit, p. 399.

4 Brian Tierney & Sidney Painter, op.cit, p. 400.

5 Brian Tierney & Sidney Painter, op.cit, p. 399.

6 Sir Thomas Eskine May, *A Treatise on the Law, Privileges, Proceedings and Usage of Parliament*(12. ed.), 1917, Buterworth & Co, p. 588.

7 Carl Schmitt, *Die geistesgeschichtliche Lage des heutigen Parlamentarismus*(10. Aufl.), 2017(1923), Duncker & Humblot, SS. 21~22.

8 Albert Soboul(trans. Alan Forrest & Colin Jones), *The French Revolution 1787-1799: From the Storming of the Bastille to Napoleon*, 1974, Random House, pp. 43~52.

9 Georges Lefebvre(trans. R.R. Palmer), *The Coming of the French Revolution*, Princeton University Press, 2015, pp. 21~23. 142.

10 J. M Roberts & Odd Arne Westad, *The History of the World*(6th ed.), Oxford University Press, 2013, p. 735.

11 Ulich Scheuner, 'Das repräsentative Prinzip in der modernen Demokratie', In: Hans Huber(Hrsg.), *Festschrift für Hans Huber*, 1961, Stämpfli, SS. 222~246.

12 Martin Kriele, *Einführung in die Staatslehre*(6. Aufl.), 2003, Kohlhammer, S. 213.

13 Hans Kelsen, *Reine Rechtslehre*, 2008(1934), Mohr Siebeg, p. 357.; Arnold Brecht, *Politische Theorie*(2. Aufl.), 1976, Mohr Siebeg, S. 139 f.; Gustav Radbruch, *Rechtsphilosophie*, 2003, C.F. Müller, S. 106 f.

14 Herbert Krüger, *Allgemeiner Staatslehre*(2. Aufl.), 1966, Kohlhammer, §27.

15 Martin Kriele, *Einführung in die Staatslehre*(6. Aufl.), 2003, Kohlhammer, SS. 17~21.

16 Martin Kriele, ob. zit., SS. 226~229.

17 〈중앙일보〉, "미디어법안 막아내는 것은 한나라당 장기 집권 막는 것", 2009. 1. 2., (https://news.joins.com) [retrieve. 2019. 9. 30.]

18 〈법률신문〉, "'미디어 관련법' 헌재 결정 … 법학계서 논란", 류인하 기자, 2009. 10. 30., www.lawtimes.co.kr [retrieve. 2019. 9. 30.]

19 동 결정의 의견은 각하 4:기각 1:인용 4로 나눠졌으나, 어느 의견도 독자적으로 심판정족수를 충족하지 못하여 종래 헌법재판소 실무례로 적용하고 있는 주문별 평결 방식에 따라 법정 의견은 '기각'이 되었다.

20 박근혜 대통령 탄핵 사건의 주요한 타임라인에 대해서는 〈중앙일보〉, "[타임라인] 최순실 태블릿 PC가 대한민국 뒤집었다, 박근혜 4년의 기록", 2021. 01. 14., (https://www.joongang.co.kr/) [Retrieve. 2022. 6. 1. 21:03] 을 참조.

6장 친일의 역사, 용서할 수 있는가
- 친일 재산 환수 사건(2011. 3. 31.)

1 헌재 2011. 3. 31. 2008헌바141등, 판례집 23-1상, 276.

2 Thomas Macho, 'Fragment über die Verzeihung', In: *Zeitmitschrift*, *JfÄ(Journal für Ästhetik)*, Nr. 4. 1988, S. 135.

3 Thomas Macho, ob. zit., S. 139.

4 Jacques Derrida, 'Jahrhundert der Vergebung', Gespräch mit Michel Wieviorka, In: *Lettre International*, Heft 48, 2000, S. 11.

5 Hannah Arendt, *Vita activa oder vom tätigen Leben*(10. Aufl.), 2011, Piper, S. 305 f.

6 Hannah Arendt, 'Verstehen und Politik', In: von Ursula Ludz(Hrsg.), *Zwischen Vergangenheit und Zukunft. Übungen im politischen Denken*, 1994, Piper, S. 110.

7 Vladimir Jankélévitch, *Verzeihen?*, 2006, Suhrkamp, S. 46.

8 Immanuel Kant, *Grundlegung zur Metaphysik der Sitten*, 1999, Felix Meiner, S. 45.

9 Friedrich Nietzsche, 'Zur Genealogie der Moral', In: Giorgi Colli, Mazzino Montinari(Hrsg.), *Kritische Studienausgabe*, Bd II, 1999, de Gruyter/dtv, S. 295.

10 Friedrich Nietzsche, ob. zit., S. 297.

11 Friedrich Nietzsche, ob. zit., S. 298.

12 Reinhold Zippelius, *Rechtsphilosophie*(5. Aufl.), 2007, C.H. Beck, S. 175.

13 합헌 법정 의견에 대해 '친일반민족행위자 재산의 국가귀속에 관한 특별법' 제2조 제2호 후문의 '이 사건 추정 조항(러일전쟁 개전 시부터 1945년 8월 15일까지 친일반민족행위자가 취득한 재산을 친일 행위의 대가로 취득한 친일 재산으로 추정)'에 관해서는 추정 조항 중 '취득'에 '사정에 의한 취득'까지 포함된다고 해석하는 한 헌법에 위반된다는 2인(이동흡, 목영준)의 한정위헌 반대의견이 있다. 또 특별법 제3조 제1항 본문의 '이 사건 귀속 조항(친일 재산을 그 취득·증여 등 원인행위 시에 국가의 소유로 하도록 규정)'에 관해서는 별도의 헌법적 근거 없이 진정소급입법(이미 과거에 종료된 사실 또는 법률관계에 대해 사후에 그 전과 다른 법적 효과를 발생하는 입법을 의미하고 이러한 진정소급입법은 원칙적으로 금지한다)에 의해 재산권을 박탈하므로 헌법 제13조 제2항("모든 국민은 소급입법에 의하여 참정권의 제한을 받거나 재산권을 박탈당하지 아니한다")에 위반된다는 2인(이강국, 조대현)의 위헌 반대의견이 있다.

14 명백한 네 가지 행위는 첫째, 을사조약·한일합병조약 등 국권을 침해한 조

약을 체결 또는 조인하거나 이를 모의한 행위(반민규명법 제2조 제6호), 둘째, 한일합병의 공으로 작위를 받거나 이를 계승한 행위(동 조 제7호), 셋째, 일본 제국의회의 귀족원 의원 또는 중의원으로 활동한 행위(동 조 제8호), 넷째, 조선총독부 중추원 부의장·고문 또는 참의로 활동한 행위(동 조 제9호)를 의미한다.

15 '선의'란 '어떤 사실을 알지 못하는 것', 즉 '부지不知의 심리 상태'를, '제 3자'란 법률관계의 '직접 당사자 이외의 자'를 의미한다. 참고로 친일재산귀속법 제3조 제1항에 따르면 "친일 재산은 그 취득·증여 등 원인행위 시(친일파가 그 재산을 넘겨받은 때)에 이를 국가의 소유로 한다(대한민국이 취득한 것으로 한다). 그러나 제3자가 선의로 취득하거나(친일 재산이라는 사실을 모르고 취득하거나) 정당한 대가를 지급하고 취득한(알았더라도 대금을 모두 지급하고 취득한) 경우 그 권리를 해하지 못한다(친일 재산이 국가에 귀속되지 않고 선의의 제3자에게 귀속된다)."

16 친일재산조사위는 2006년부터 2010년까지 4년간 활동했다. 친일파 168명의 부동산 2,457필지, 1,300만 제곱미터를 환수했다. 공시지가로 1,267억 원어치였다. - SBS, 〈[마부작침] 끝나지 않은 '친일 청산'-친일 재산 환수: 정의를 언제까지 지연할 것인가〉, 2019. 8. 17., (https://news.sbs.co.kr) [retrieve. 2019. 9. 30.]

7장 정당하지 않은 헌법은 어떻게 다뤄야 하는가
- 긴급조치 사건(2013. 3. 21.)

1 헌재 2013. 3. 21. 2010헌바132등, 판례집 25-1, 180.

2 Reichsgesetzblatt(RGBl. I S. 1146). 이 법은 1945년 연합군위원회법 Kontrollratsgesetz Nr. 1 betreffend die Aufhebung von NS-Recht vom 20. September 1945에 의해 폐지되었다.

3 '유대인Jude'의 개념과 분류 기준은 이 법과 동시에 통과된 제국시민법Reichsbürgergesetz이 정하고 있었다.

4 Die Verfassung des Deutschen Reichs vom 11. August 1919(Reichsgesetzblatt 1919, S. 1383)(이하 '바이마르헌법', 'Weimarer Reichsverfassung' 또는 'WRV'이라 함) Art. 109. Alle Deutschen sind vor dem Gesetze gleich.

5 바이마르헌법 제76조(WRV. Art. 79.). 헌법Die Verfassung은 입법Gesetzgebung 으로 개정될 수 있다. 그러나 헌법 개정에 대한 독일 의회Reichstag의 결의 는 법정 의원의 3분의 2가 출석하고 출석 의원의 3분의 2 이상이 동의할 때 만 가능하다. 헌법을 개정하기 위한 독일 참사원Reichsrat의 결의는 투표수 의 3분의 2 다수결이 필요하다. 국민 발안Volksbegehren에 의한 개헌이 국민 투표Volksentscheid로 통과되려면 투표권자의 과반수의 동의가 필요하다. 독 일 참사원의 반대에도 독일 의회가 개헌안을 통과시킨 경우, 독일 참사원은 2주 이내에 국민투표를 요구할 수 있고, 이 경우 독일 대통령Reichspräsident 은 이 법을 공포할 수 없다.

6 위대한 헌법학자 게르하르트 안쉬츠Gerhard Anschütz는 바이마르헌법 제 76조에 대해 다음과 같이 말했다. "헌법이 입법부 위에 있는 것이 아니라 입법부가 헌법 위에 있다(Gerhard Anschütz, *Die Verfassung des Deutschen Reichs vom 11. August 1919*(14. Aufl.), 1960(1933), Georg Stilke, S. 401.)."

7 1933. 7. 14. 〈새로운 정당 구성에 반대하는 법률Gesetz gegen die Neubildung von Parteien〉(RGBL I, S. 179.): "독일의 유일한 정당은 국가사회주의 독일 노 동자당이다In Deutschland besteht als einzige politische Partei die Nationalsozialistische Deutsche Arbeiterpartei."

8 Carl Schmitt, *Legalität und Legitimität*, 1968(1932), Duncker & Humblot(zit. 'LuL').

9 BVerfG, 14.02.1968 - 2 BvR 557/62(1).

10 Rudiger Voigt, *Alternativlose Politik? Zukunft des Staates-Zukunft der Demokratie*, 2013, Steiner, S. 51.

11 2010. 1. 1. 〈성장촉진법Wachstumsbeschleunigungsgesetz〉.

12 헌법재판소, 《(현장에서 보는 또 다른 시선) 헌법재판소 결정과 대한민국의 변 화: 1988-2017》, 2017, 헌법재판소 사무처 홍보심의관실, 267쪽.

13 헌법재판소, 2017, 앞의 책, 264~265쪽.

14 긴급조치를 위반했다는 유죄판결에 대해 재심 절차에서 무죄판결이 확정되 었다면, 피고인이나 그 상속인은 일정한 요건 아래 '형사보상 및 명예회복 에 관한 법률'에 따른 형사 '보상'을 청구해 그 피해에 대해 보상받을 수 있 다. 앞의 판례에서 말하는 '배상'은 가해자의 불법행위를 전제로 하는 금전

적 구제절차를, '보상'은 가해자의 불법행위를 전제로 하지 않는 금전적 구제절차를 의미한다.

15 정치적 책임이란 사안이 중대한 경우 대통령이 스스로 사임하거나 선거에서 패배하는 결과를 통해 책임을 지는 것을 말한다.

16 《CBS노컷뉴스》, "민변 '긴급조치 정당화' 대법 보수적 판결에 헌법소원", 2015. 8. 24., (www. nocutnews.co.kr/news) [Retrieve. 2019. 9. 30.]

17 '각하'란 헌법소송의 형식적 요건을 충족하지 못했다는 이유로 헌법재판소가 그 실체적 내용 심사를 거부하는 것, 즉 문전박대하는 것, '기각'이란 헌법소송의 형식적 요건을 갖추어서 헌법재판소가 그 실체적 내용을 심사했지만 청구인의 주장이 '이유 없다', '타당하지 않다'고 보아 배척하는 경우, 즉 원고 패소를 의미한다.

18 민법 제166조 제1항, 제766조 제1항에 따라 국가배상청구권에 대해서는 피해자나 법정대리인이 그 손해와 가해자를 안 날(이를 주관적 기산점이라 한다)로부터 3년 또는 민법 제166조 제1항, 제766조 제2항, 국가재정법 제96조 제2항, 구예산회계법 제96조 제2항에 따라 불법행위를 한 날(이를 객관적 기산점이라 한다)로부터 5년의 소멸시효를 적용함이 원칙이다. 헌재는 과거사정리법 제2조 제1항 제3, 4호에 규정된 사건에 주관적 기산점을 적용하는 것은 피해자와 가해자 보호의 균형을 도모하기 위함이므로 합리적 이유가 있다고 판단했다.

19 대법원 2022. 8. 30. 선고 2018다212610 전원합의체 판결: "긴급조치 제9호는 위헌·무효임이 명백하고 긴급조치 제9호 발령으로 인한 국민의 기본권 침해는 그에 따른 강제수사와 공소 제기, 유죄판결의 선고를 통하여 현실화되었다. 이러한 경우 긴급조치 제9호의 발령부터 적용·집행에 이르는 일련의 국가작용은, 전체적으로 보아 공무원이 직무를 집행하면서 객관적 주의의무를 소홀히 하여 그 직무행위가 객관적 정당성을 상실한 것으로서 위법하다고 평가되고, 긴급조치 제9호의 적용·집행으로 강제수사를 받거나 유죄판결을 선고받고 복역함으로써 개별 국민이 입은 손해에 대해서는 국가배상책임이 인정될 수 있다. (…) 대통령의 긴급조치 제9호 발령 및 적용·집행행위가 국가배상법 제2조 제1항에서 말하는 공무원의 고의 또는 과실에 의한 불법행위에 해당하지 않는다고 보아 국가배상책임을 부정

한 대법원 2014. 10. 27. 선고 2013다217962 판결, 대법원 2015. 3. 26. 선
고 2012다48824 판결 등을 이 판결의 견해에 배치되는 범위에서 변경한다.
(…) 긴급조치 제9호의 발령부터 적용·집행에 이르는 일련의 국가작용은
전체적으로 보아 공무원의 위법행위에 해당하므로 국가배상책임이 인정되
고, 피고(국가)는 국가배상법 제2조 제1항에 따른 책임을 부담하므로(…) 이
와 달리 피고의 손해배상책임을 부정한 원심판결에는 국가배상책임의 성립
요건에 관한 법리를 오해하여 판결에 영향을 미친 잘못이 있다."

8장 헌법의 적은 어떻게 규정하는가
- 통합진보당 해산 사건(2014. 12. 19.)

1   헌재 2014. 12. 19. 2013헌다1, 판례집 26-2하, 1.

2   Werner Kägi, *Die Verfassung als rechtliche Grundordnung des
    Staates*, 1945, Polygraphischer Verlag, S. 40 ff.

3   Carl Schmitt, *Verfassungslehre*(10. Aufl.), 2010(1928), Duncker &
    Humblot, S. 21.

4   Rudolf Smend, *Verfassung und Verfassungsrecht*(2020 reprint), 1928,
    Duncker & Humblot, S. 82 ff.

5   대한민국 헌법 제20조 ① 모든 국민은 종교의 자유를 가진다.

6   대한민국 헌법 제19조 모든 국민은 양심의 자유를 가진다.

7   BVerfGE 12, 1(4); 19, 206(216) ; 27, 195(201).

8   Konrad Hesse, 'Kirche im demokratischen Gemeinweses', *ZevKR
    (Zeitschrift für evangelisches Kirchenrecht)* 11, 1965, S. 354 f.

9   Hans Kelsen, *Vom Wesen Und Wert der Demokratie*, 2018(1929),
    Reclam, S. 101 ff.

10 Herbert Küger, *Allgemeine Staatslehre*(2. Aufl.), 1966, Kohlhammer,
    S. 178 ff.; A. Hollerbach, 'Ideologie und Verfassung', In: Werner
    Maihofer(Hrsg.), *Ideologie und Recht*, 1968, Klostermann, S. 52 ff.;
    Klaus Schlaich, *Neutralität als verfassungsrechtliches Prinzip:
    Vornehmlich Im Kulturverfassungs- Und Staatskirchenrecht*, 1972,
    Mohr Siebeg, S. 236 ff.

11 – 1952년 독일 사회주의국가당SRP: Sozialistische Reichspartei Deutschlands 해산
사건(BVerfGE 2, 1. SRP-Verbot): 독일이 제2차 세계대전에서 패전한 이후 연
합군이 주축이 된 뉘른베르크 전범재판소는 나치당(국가사회주의 독일 노동자
당NSDAP: Nationalsozialistische Deutsche Arbeiterpartei)을 범죄 조직으로 인정해 해
산시켰다. 그러나 1949년 연합군의 군정이 끝나고 독일 연방공화국(서독)이
출범하자, 잔존해 있던 나치 추종자들이 나치당을 계승한 독일 사회주의국
가당Sozialistische Reichspartei Deutschlands을 창당했다. 1951년 이 정당이 과
거 프로이센의 영향으로 군국주의 성향이 강하던 북부인 니더작센 주의회
에서 16석을 차지하자, 위기를 느낀 서독 정부는 위헌정당해산심판을 청구
했고 독일 연방헌법재판소는 이 정당을 위헌정당으로 인정하여 강제 해산
시켰다.

– 1956년 독일(서독)공산당(KPD) 해산 사건(BVerfGE 5, 85. KPD-Verbot):
독일이 제2차 세계대전에서 패전한 이후 연합군 점령 지역(서독)에서는 독
일(서독)공산당(KPD: Kommunistische Partei Deutschlands)이 재건되었고
1949년 하원 선거에서 5.7퍼센트의 득표율을 얻고 원내 진입에 성공했다.
헌법의회Parlamentarischer Rat에 참여했던 공산당 대표들은 스탈린의 명령
에 따라 독일 기본법에 대한 서명을 거부하는 등 서독의 정통성을 부정했
다. 이후 서독공산당은 노동조합과 사이가 벌어지고 당내 내분이 격화되자
동독 정부와 동독공산당SED: Sozialistische Einheitspartei Deutschlands의 지원을
받아 당내 온건파를 지도부에서 축출했다. 1951년 이후 독일공산당은 동
독공산당이 채택한 '국민저항운동nationalen Widerstand'을 강령으로 채택하
고 장외투쟁에 전념했으며, 1956년에는 '무장투쟁에 의한 서독 정부 전복
revolutionären Sturz des Adenauer-Regimes'을 당의 목표로 설정하기도 했다. 이에
독일 연방헌법재판소는 이 정당을 위헌정당으로 인정해 강제 해산시켰다.

12 독일(서독)공산당이 1956년 해산되었음에도 이후 동독은 지속적으로 서
독의 체제 전복 또는 약화를 모색했음이 통일 후 동독의 정보기관 슈타지
STASI: Ministerium für Staatsicherheit(국가안전부)의 비밀문서를 통해 밝혀졌다. 통
일독일 이전 슈타지는 서독에 대한 정보 공작을 위해 HVA(중앙정보본부)라
는 전담 기구를 별도로 두고 있었다. HVA는 서독의 정치인을 매수해 서독
의 주요 정책을 동독에 유리하게 이끌고, 재계, 노동계, 학계, 종교계, 학생운

동 세력 등에 효과적으로 침투하여 그 영역을 확대하거나 깊숙이 관여하는 것을 목표로 활동했다. 통일 후 슈타지의 비밀문서를 분석한 결과, 서독에서 활동한 동독의 고정간첩은 약 2만~3만 명으로 추산되었으며 이들의 활약상은 충격적이었다. 서독 총리 빌리 브란트Willy Brandt의 보좌관으로 암약했던 귄터 기욤Günter Guillaume은 동독의 현역 육군 대위로서 서독으로 탈출한 것처럼 가장한 후 장기간의 잠복기를 거쳐 당국의 감시망을 벗어난 다음 관계에 진출했다. 결국 이 사건으로 브란트는 1974년 4월 총리직을 사임했다. 슈타지는 나치 전력, 축첩, 부정축재 등 약점을 잡아 협박하거나 매수하는 등의 방법으로 서독 정치인들을 그들의 프락치로 만들었으며, 서독 의회에는 한때 교섭단체를 구성할 수 있을 만큼 많은 의원들이 슈타지의 첩자 노릇을 했다. 슈타지가 도청한 서독 총리 헬무트 콜Helmut Kohl의 전화 통화 기록만도 7,000페이지에 달했다(Gregor Schöllgen, 'Der Kanzler und sein Spion', In: *Die Zeit*(https://www.zeit.de) [2003, Vol. 40, 2003.9.25.])).

13 R. Schuster, 'Relegalisierung der KPD oder Illegalisierung der NPD? Zur Politischen und rechtlichen Problematik von Parteiverboten', *ZfP(Zeitschrift für Politik)* 15, 1968, S. 417 ff.

14 대한민국 헌법 제8조 ④ 정당의 목적이나 활동이 민주적 기본 질서에 위배될 때에는 정부는 헌법재판소에 그 해산을 제소할 수 있고, 정당은 헌법재판소의 심판에 의하여 해산된다.

15 대한민국 헌법 제8조 ② 정당은 그 목적·조직과 활동이 민주적이어야 하며, 국민의 정치적 의사 형성에 참여하는 데 필요한 조직을 가져야 한다. ④ 정당의 목적이나 활동이 민주적 기본 질서에 위배될 때에는 정부는 헌법재판소에 그 해산을 제소할 수 있고, 정당은 헌법재판소의 심판에 의하여 해산된다.

16 Klaus Stern, *Das Staatsrecht der Bundesrepublik Deutschland*, Bd. I, (2. Aufl.), 1984, C.H. Beck, S. 206.; Fabian Wittreck, in: H. Dreier(Hrsg.), Grundgesetz-Kommentar I(3. Aufl.), 2013, Art. 18., RdNr. 24 ff.

17 Konrad Hesse, *Grundzüge des Verfassungsrechts der Bundesrepublik Deutschland*(20. Aufl.), 1999, C.F. Müller, Rn. 714.

18 Urteil des BVerfG vom 17. Januar 2017(zum NPD-Verbotsverfahren), 2

BvB 1/13, LS 3 und Abs.-Nr. 529; BVerfGE 144, 20-367.

19 대한민국 헌법 제10조.

20 대한민국 헌법 제11조.

21 대한민국 헌법 전문, 제1조, 제4조, 제8조.

22 대한민국 헌법 제8조, 제24조, 제41조, 제67조

23 대한민국 헌법 제1조, 제7조.

24 대한민국 헌법 제103조, 제112조.

25 대한민국 헌법 제12조, 제13조, 제16조, 제111조.

26 BVerfGE 144, 20-367(Ls. 3).

27 BVerfGE 2, 1(2, 12 f.).

28 Otto Mayer, *Deutsches Verwaltungsrecht*(Bd. I), (1. Aufl.), 1895, Duncker & Humblot, S. 267 : "Die Polizei soll nicht mit Kanonen auf Spatzen schießen."

29 헌재 1992. 12. 24. 92헌가8, 판례집 4, 853; 헌재 1999. 12. 23. 99헌마135, 판례집 11-2, 800등.

30 Peter Lerche, *Übermaß und Verfassungsrecht*, 1961, Heymann, S. 61 ff.

31 재판부는 피고인들이 내란 범죄 실행을 목적으로 선동 행위를 했다는 점에서 내란 선동 혐의에 대해서는 유죄, 그러나 내란 범죄 실행을 위한 준비 행위까지 나아갔다고 볼 수 없고 지하 혁명 조직 RO의 존재 가능성을 배제할 수는 없지만 이를 입증할 증거가 충분치 않다는 이유로 내란 음모 혐의에 대해서는 무죄를 선고했다(서울고법 2014. 8. 11. 선고 2014노762 판결).

32 헌법재판소, 《(현장에서 보는 또는 다른 시선) 헌법재판소 결정과 대한민국의 변화: 1988-2017》, 2017, 헌법재판소 사무처 홍보심의관실, 177쪽.

9장 형벌은 도덕의 최소한인가
- 간통죄 사건(2015. 2. 26.)

1 헌재 2015. 2. 26. 2009헌바17등, 판례집 27-1상, 20.

2 Genesis. 1, 3.

3 Wofgang Schild, *Die Geschichte der Gerichtsbarkeit*, 1997, Nikol

Verlagsgesellschaft, S. 66 ff.

4   Peter Dinzelbacher, *Das fremde Mittelalter: Gottesurteil und Tier-prozess*, 2006, Magnus Verlag, S. 125 ff.

5   Bjorn Burkhardt, 'Schuld-rechtliche Perspektiven. Rechtstheoretische und praktisch-empirische Überlegungen', In: Hermes Andreas Kick/ Wolfram Schmitt(Hrsg.), *Schuld: Bearbeitung, Bewaltigung, Losung. Strukturelle und prozessdynamische Aspekte.* 2011, LIT Verlag, SS. 57~78.

6   Thomas Gutmann, 'Christliche Impragnierung des Strafgesetzbuchs', In: Horst Dreier/Eric Hilgendorf(Hrsg.): *Kulturelle Identität als Grund und Grenze des Rechts*, 2008, Franz Steiner, SS. 295~313.

7   Kurt Bayertz(Hrsg.), *Verantwortung-Prinzip oder Problem?*, 1995, Wissenschaftliche Buchgesellschaft, S. 16.

8   Ludger Heidbrink, *Kritik der Verantwortung: Zu den Grenzen verantwortlichen Handelns in komplexen Kontexten*, 2003, Velbrück Wissenschaft, S. 23f.

9   Horst Dreier, 'Verantwortung als Rechtsbegriff', In: Ulfrid Neumann/ Lorenz Schulz(Hrsg.): *Verantwortung in Recht und Moral*. 2003, Franz Steiner, S. 12 ff.

10 Max Weber, *Wirtschaft und Gesellschaft*(5. Aufl.), (hrsg. Johannes Winckelmann), 1980(1922), Springer, S. 18.

11 Bürgerliches Gesetzbuch(BGB) § 1353 Eheliche Lebensgemeinschaft. (1) Die Ehe wird von zwei Personen verschiedenen oder gleichen Geschlechts auf Lebenszeit geschlossen. Die Ehegatten sind einander zur ehelichen Lebensgemeinschaft verpflichtet; sie tragen füreinander Verantwortung. (2) Ein Ehegatte ist nicht verpflichtet, dem Verlangen des anderen Ehegatten nach Herstellung der Gemeinschaft Folge zu leisten, wenn sich das Verlangen als Missbrauch seines Rechts darstellt oder wenn die Ehe gescheitert ist.

12 민법 제815조(혼인의 무효) 혼인은 다음 각 호의 어느 하나의 경우에는 무효

로 한다. 1. 당사자 간에 혼인의 합의가 없는 때.

13 민법 제812조(혼인의 성립) ① 혼인은 '가족관계의 등록 등에 관한 법률'에
    정한 바에 의하여 신고함으로써 그 효력이 생긴다. ② 전 항의 신고는 당사
    자 쌍방과 성년자인 증인 2인의 연서한 서면으로 하여야 한다.

14 민법 제826조(부부 간의 의무) ① 부부는 동거하며 서로 부양하고 협조하여
    야 한다. 그러나 정당한 이유로 일시적으로 동거하지 아니하는 경우에는 서
    로 인용하여야 한다. ② 부부의 동거 장소는 부부의 협의에 따라 정한다. 그
    러나 협의가 이루어지지 아니하는 경우에는 당사자의 청구에 의하여 가정
    법원이 이를 정한다.

15 헌법재판소, 《(현장에서 보는 또는 다른 시선) 헌법재판소 결정과 대한민국의
    변화: 1988-2017》, 2017, 헌법재판소 사무처 홍보심의관실, 433~438쪽.

16 적극적 소추조건은 소추하기 위한 조건, 소극적 소추조건은 이 요건이 있으
    면 소추할 수 없게 되는 조건을 의미한다.

17 이혼율 통계를 보면, 간통죄 폐지 이전 3년간(2012~2014년)은 34만 5,118건
    인 데 비해, 이후 3년간(2015~2017년)은 32만 2,513건으로 6.6퍼센트 감소
    했으며, 배우자 부정으로 인한 이혼은 폐지 이전 3년간(2012~2014년)은 2만
    5,891건인 데 비해, 이후 3년간(2015~2017년)은 2만 3,108건으로 10.7퍼센
    트 감소한 것으로 나타나고 있다. 통계청, 〈인구 동태 건수 및 동태율 추이
    (출생, 사망, 혼인, 이혼)〉, www.kosis.kr [retrieve. 2022. 6. 5.].

10장 의회는 토론하는가 타협하는가
- 국회선진화법 권한쟁의 사건(2016. 5. 26.)

1 헌재 2016. 5. 26. 2015헌라1, 판례집 28-1하, 170.

2 Carl Schmitt, *Die geistesgeschichtliche Lage des heutigen Parlamen-
   tarismus*(10. Aufl.), 2017(1923), Duncker & Humblot, SS. 12~13.

3 Carl Schmitt, ob. zit., SS. 89~90.

4 Carl Schmitt, ob. zit., SS. 47~50.

5 Carl Schmitt, ob. zit., S. 6.

6 Carl Schmitt, ob. zit., SS. 43~47.

7 Carl Schmitt, ob. zit., S. 5.

8 Carl Schmitt, ob. zit., S. 28.

9 Carl Schmitt, ob. zit., S. 10.

10 Carl Schmitt, *Politische Theologie: Vier Kapitel zur Lehre von der Souveränität*, 1934(1922), Duncker & Humblot, S. 78.

11 Matthias Kaufmann, *Recht ohne Regel? Die philosophischen Prinzipien in Carl Schmitts Staats und Rechtslehre*, 1988, Alber, S. 170.

12 Hartmuth Becker, *Die Parlamentarismuskritik der Carl Schmitt und Jürgen Habermas*, 1994, Duncker & Humblot, 83 f.

13 Carl Schmitt, *Die geistesgeschichtliche Lage des heutigen Parlamentarismus*(10. Aufl.), 2017(1923), Duncker & Humblot, S. 8.

14 야스차 뭉크 지음, 함규진 옮김, 《위험한 민주주의 People vs. Democracy: Why Our Freedom is in Danger and How to Save It》, 2018, 와이즈베리: (주)미래엔, 17~24, 39~40, 62~64, 80~83, 104~105쪽 참조.

15 신상준, 《국회란 무엇인가》, 2020, 생각의창, 88쪽.

16 입법부작위는 진정입법부작위와 부진정입법부작위로 나뉘는데, 진정입법부작위는 입법 주체가 입법 의무가 있는 어떤 사항에 대해 전혀 입법하지 않는 행위를 말하고, 부진정입법부작위는 입법 주체가 입법은 하되 그 실질적 내용에 관해 부적절하거나 불완전하게 입법하는 경우를 말한다.

17 문화일보, ['패스트트랙' 후폭풍] 대화·타협 없이 고발만 난무··· 한계 드러낸 '국회선진화법', 2019. 5. 1.(http://www.munhwa.com) [retrieve. 2019. 9. 30.].

11장 탄핵, 정치재판인가 사법판단인가
— 대통령 탄핵 사건(2004. 5. 14. '노무현'; 2017. 3. 10. '박근혜')

1 헌재 2004. 5. 14. 2004헌나1, 판례집 16-1, 609 '노무현'; 2017. 3. 10. 2016헌나1, 판례집 29-1, 1 '박근혜'.

2 Alan Brinkley, *The Unfinished Nation*(2. ed.), McGrow-Hill, 1993, pp. 139~161.

3 J. M. Roberts, *The History of the Europe*(1. ed.), Penguin Press, 1997, p. 307.

4 *The Federallist Papers*: No. 67(Tuesday, March 11, 1788, Hamilton)(https://guides.loc.gov/federalist-papers).

5 Alan Brinkley, *The Unfinished Nation*(2. ed.), McGrow-Hill, 1993, p. 136.

6 J. M. Roberts, *The History of the Europe*(1. ed.), Penguin Press, 1997, p. 731.

7 J. M. Roberts, op.cit, p. 731.

8 유사한 견해로는 정종섭,《헌법학원론》(제5판), 2010, 박영사, 1058~1059쪽: "탄핵심판제도는 군주 또는 지배자의 전단적인 권력 행사와 자의적인 권력남용에 대한 통제의 수단으로 생겨났다. 국민주권 이념의 성장으로 지배자의 권력에 대한 통제는 주권자인 국민의 신임을 바탕으로 국민을 대변하는 의회가 관장하는 것이 정당한 것으로 받아들여졌고, 이념적으로나 법리적으로나 이는 철저하게 국민주권, 민주주의에 의존하는 형태를 띠게 되었다."

9 *The Federalist Paper*, No. 65(Hamilton) [https://guides.loc.gov].

10 U.S. Constitution. Art. II, Sec. 4.

11 U.S. Senate, *Report on the Impeachment Trial Committee on the Articles against Judge G. Thomas Porteous Jr.*, 11the Congress 2d Session Report 111~347, 2010.11.16., p. 1.

12 Committee on the Judiciary of House of Representatives, *Constitutional Grounds for Presidential Impeachment*, 93d Congress, 1974.2., pp. 49~50.

13 Michael J. Gerhardt, 'Putting the Law of Impeachment in Perspective', *St. Louis Law Journal*(43:905), 1999, p. 908.: "미국의 탄핵제도는 민간인을 포함하지 않는다는 점에서 왕족royal family을 제외한 모든 사람을 탄핵의 대상으로 삼고 있는 영국의 탄핵제도와 다르다."

14 Wm. Holmes Brown, Charles W. Johnson & John V. Sullivan, *House Practice: A Guide to the Rules, Precedents, and Procedures of the House*, 112th Congress, Ist Session, 2011., pp. 592~599.

15 U.S. Constitution. Art. II, Sec. 4.

16 CRS(Congressional Research Report) 98-882, *Impeachment Grounds: A Collection of Selected Materials*(by Charles Doyle), 1998, pp. 3~5.; U.S. Constitution. Art. III, Sec. 3. [1].

17 *The Federalist Paper*, No. 65(Hamilton) [https://guides.loc.gov].

18 U.S. Constitution. Art. I, Sec. 2. [5].

19 U.S. Constitution. Amendment XXV.(July 6, 1965).

20 U.S. Constitution. Art. I, Sec. 3. [6], [7].

21 U.S. Constitution. Art. I, Sec. 3. [6], [7].

22 U.S. Senate, *Senate Manual: Rules of Procedure and Practice in the Senate When Sitting on Impeachment Trials*, at III, 113th Congress (2014).

23 U.S. Constitution. Art. I, Sec. 2. [3].

24 U.S. Constitution. Art. I, Sec. 2. [6].

25 U.S. Constitution. Art. II, Sec. 4.

26 U.S. House of Representatives, *Precedents of the House of Representatives: Hinds' Precedents*, Volume 3, Chapter 74, §2397, 1907.3.4. [U.S. Government Publishing Office, https://gpo.gov.].

27 U.S. House of Representatives, *Precedents of the House of Representatives: Cannon' Precedents*, Volume 6, Chapter 200, §312, 1936.1.1. [U.S. Government Publishing Office, https://gpo.gov.].

28 U.S. Constitution. Art. II, Sec. 2. [1].

29 U.S. Constitution. Art. III, Sec. 2. [3].

30 U.S. Constitution. Art. I, Sec. 3. [7].

31 U.S. Senate, *Senate Manual Containing the Standing Rules, Orders, Laws, and Resolutions affecting the Business of the United States Senate*(113th Congress, 1st Session Senate Document 113-1), 2014, Section 170, pp. 223~231.

32 U.S. Senate, *Rules of Procedure and Practice in the Senate When Sitting on Impeachment Trials*(Revised pursuant to S. Res. 479, 99-2), 1986.8.16., VII, XI, XVI and XXV.

33 Grundgesetz für die Bundesrepublik Deutschland("GG") Art. 61.

34 GG. Art. 98. II, V.

35 Weimarer Reichsverfassung. Art. 41.

36 GG. Art. 54.

37 Weimarer Reichsverfassung. Art. 43.

38 GG. Art. 61.(1).

39 Maunz/Dürig, *Grundgesetz(Kommentar)*, Bd. 4., 2002, C.H. Beck, §61, Rn. 19.

40 v. Münch/Kunig, *Grundgesetz(Kommentar)*, Bd. 2., 1995, C.H. Beck, § 61, Rn. 5.; Michael Sachs, *Grundgesetz(Kommentar)*, (3. Aufl.), 2003, C.H. Beck, §61, Rn. 13.

41 Axel Azzola(u.a.), *Reihe Alternativkommentare*, Bd. 2., 1989, Luchterhand Verlag, §61, Rn. 5.

42 Dreier(Hrsg.), *Grundgesetz(Kommentar)*, Bd. 2., 1998, C.H. Beck, §61, Rn. 14.

43 독일 연방참사원Bundesrat 은 국민이 선거로 직접 선출하지 않고, 16개 주 Bundesland에서 파견한 주정부의 대표(주정부의 각료나 공무원)로 구성된다. 독일의 모든 법률은 국민이 직접 선출한 연방하원Bundestag 이 제정하지만, 각 주의 이익에 관계된 재정 및 행정 분야의 입법이나 독일 기본법에 영향을 미치는 법안에 대해서는 연방참사원이 거부권(동의권)을 갖는다. 독일의 주들은 이러한 방식으로 국가 전체의 의사 형성에 자신의 이해를 반영한다.

44 GG. Art. 61.(1).; BVerGG. Art. 50.

45 GG. Art. 61.(1).; BVerGG. Art. 49.(3).

46 BVerGG. Art. 49.(1).; BVerGG. Art. 52.(1).

47 GG. Art. 57.; BVerGG. Art. 53.

48 GG. Art. 93.(1).; BVerGG. Art. 2.; BVerGG. Art. 5.(1).; BVerGG. Art. 14.(2).; BVerGG. Art. 15.

49 BVerGG. Art. 54.; BVerGG. Art. 55.(1).

50 BVerGG. Art. 28.(1).; BVerGG. Art. 55.(2).; BVerGG. Art. 55.(5).

51 v. Münch/Kunig, *Grundgesetz(Kommentar)*, Bd. 2., 1995, C.H. Beck, §61,

Rn. 2.

52 GG. Art. 61.(2).; BVerGG. Art. 24.(4).; BVerGG. Art. 56.(2).; BVerGG. Art. 57.

53 탄핵심판은 정치적 동인動因에 의한 의회의 소추절차와 독립된 사법기관에 의해 헌법과 법률에 따라 진행되는 사법(심판)절차로 구성되어 있다. 이는 하원에 탄핵소추권을 부여하고 상원에 탄핵심판권을 부여하는 등 탄핵심판을 정치적 절차로만 구성하고 있는 미국, 영국, 러시아, 멕시코 등과는 현저한 차이가 있다. 따라서 두 대통령에 대한 헌법재판소의 탄핵재판은 국민 여론이나 정치적 압력과는 상관없이 '대통령의 법 위반행위가 헌법 수호 관점에서 용납될 수 없는 중대한 헌법 및 법률 위반행위인지 여부'가 핵심적인 쟁점이자 본질이었다. 또 그 최종 결론도 '헌법에 의한 권력 통제'와 '헌법의 수호'를 어떻게 실현할지에 중점을 두었다.

54 이 탄핵심판의 결과를 두고 국내외 언론에서는 "한국의 젊은 민주주의가 얼마나 진화했는지 보여주는 신호였다(〈뉴욕 타임스〉)", "30년에 불과한 한국 민주주의 역사에 이번 탄핵은 '역사적 순간'을 남겼다(〈워싱턴포스트〉)" 등의 평가가 이어졌다. 〈연합뉴스〉, '[대통령 탄핵] 美 언론 "한국 민주주의 진화 신호"', 2017. 3. 10.(https://www.yna.co.kr/view/AKR20170310202300 009) [retrieve. 2022. 6. 19. 20:16].

12장 양심이란 무엇인가
– 양심적 병역 거부 사건(2018. 6. 28.)

1 헌재 2018. 6. 28. 2011헌바379등, 판례집 30-1하, 370.

2 Plato, *Apology*(Loeb Classical Library, Plato I, translated by H.N. Fowler), Harvard University Press, 1914, pp. 135~137. 이 책의 원제는 그리스어 Ἀπολογία로 그 뜻은 자신의 행동에 대한 후회를 나타내는 변명alopogy이 아니라 법정에서의 자기방어인 변론apologia이다. 플라톤의 저작《아폴로기아Ἀπολογία, Apologia》역시 기원전 399년 벌어진 형사사건에서 소크라테스가 행한 외로운 자기변론 과정을 그리고 있다.

3 Hans Joachim Stoerig, *Kleine Weltgeschichte der Philosophie*(16. Aufl.), Kohlhammer, 1995, S. 720.

4 Ludger Honnefelder, *Was soll ich tun, wer will ich sein?*: *Vernunft und Verantwortung, Gewissen und Schuld* (1. Aufl.), 2008, Berlin Universität, S. 56.

5 Martin Luther, *Ausgewählte Schriften* (Hrsg. K. Bornkamm & G. Ebeling), Bd. I: Aufbruch zur Reformation (1. Aufl.), Insel, 1990, S. 269.

6 헌재 2002. 1. 31. 2001헌바43, 판례집 14-1, 56.; 헌재 1998. 7. 16. 96헌바35, 판례집 10-2, 166.; 헌재 1991. 4. 1. 89헌마160, 판례집 3, 153-154.

7 헌재 2011. 8. 30. 2008헌가22등, 판례집 23-2, 188.; 헌재 2007. 8. 30. 2005헌마975, 판례집 19-2, 340.; 헌재 2004. 8. 26. 2002헌가1, 판례집 16-2, 151.; 헌재 2002. 4. 25. 98헌마425, 판례집 14-1, 363.; 헌재 1997. 3. 27. 96헌가11, 판례집 9-1, 263.

8 Gerhard Anschütz, 'Die Religionsfreiheit,' In: Gerhard Anschütz & Richard Thoma (Hrsg.), *Handbuch des Deutschen Staatsrechts*, Bd. II, 1998(1930), Mohr Siebeg, S. 583ff.

9 헌재 1998. 7. 16. 96헌바35, 판례집 10-2, 166.

10 헌재 2004. 8. 26., 2002헌가1, 판례집 16-2, 151-152.; 헌재 2011. 8. 30., 2008헌가22등, 판례집 23-2, 189.

11 Erwin Chermerinsky, *Constitutional Law* (3. ed.), 2006, ASPEN, p. 1188.

12 GG. Art. 4.(3).

13 Gillette v. U.S.(401 U.S. 437).

14 BVerGE 12, 45(52).

15 The Selective Service Act of (40 Stat. 76).

16 Military Selective Service Act(50 USC 451).

17 Selective Service Regulations(32 CFR 1600).

13장 생명권은 절대적 기본권인가
- 낙태죄 사건(2019. 4. 11.)

1 헌재 2019. 4. 11. 2017헌바127, 판례집 31-1, 404; 헌재 2012. 8. 23. 2010헌바402, 판례집 24-2상, 471.

2 허영, '생명권에 관한 헌법적 고찰', 〈율산 한태연 박사 회갑 기념 논문집〉,

1978, 법문사, 130쪽 이하.

3 대한민국 헌법 제10조 모든 국민은 인간으로서의 존엄과 가치를 가지며, 행복을 추구할 권리를 가진다. 국가는 개인이 가지는 불가침의 기본적 인권을 확인하고 이를 보장할 의무를 진다.

4 George H. W. Bush, 'Presidential Proclamation 6158', In: *Project on the Decade of the Brain*, 1990. 7. 17.(www.loc.gov.).

5 Markus Gabriel, *Ich Ist Nicht Gehirn*(2. Aufl.), 2019, ullstein, S. 33 ff.

6 Edward O. Wilson, *The Social Conquest of Earth*, 2012, Norton, p. 15.

7 GG. Art. 2.(2).

8 헌재 1996. 11. 28. 95헌바1, 판례집 8-2, 537.

9 BVerGE 30, 127/194.

10 BVerGE 39, 1/36.

11 BVerGE 88, 203/251.

12 BVerGE 88, 203/251.

13 BVerGE 39, 1/41.

14 〈한겨레신문〉, "법무부는 보사부와 가족계획협회를 조사하라", 2018. 9. 3.(https://www.hani.co.kr/) [Retrieve. 2020. 4. 19].

15 전효숙·서홍관, '해방 이후 우리나라의 낙태의 실태와 과제', 〈의사학〉(제12권 제2호), 2003.

16 BVerGE, 39, 1.; BVerGE 88, 203.

17 Roe v. Wade, (410 U.S. 113)(1973).

18 Planned Parenthood v. Casey, (505 U.S. 833)(1992).

19 Pennsylvania Abortion Control Act of 1982.

20 Planned Parenthood v. Casey, (505 U.S. 833)(1992)

21 U.S. Constitution Amendment 14-Citizenship Rights.(Ratified 7/9/1868.) 1. All persons born or naturalized in the United States, and subject to the jurisdiction thereof, are citizens of the United States and of the State wherein they reside. No State shall make or enforce any law which shall abridge the privileges or immunities of citizens of the United States; nor shall any State deprive any person of life, liberty,

or property, without due process of law; nor deny to any person within its jurisdiction the equal protection of the laws(합중국에서 출생하거나 귀화해 합중국의 관할권에 속하는 모든 사람은 합중국 및 그 거주하는 주의 시민이다. 어떠한 주도 합중국 시민의 특권과 면책권을 박탈하는 법률을 제정하거나 시행할 수 없다. 어떠한 주도 정당한 법의 절차due process of law에 의하지 않고는 어떠한 사람으로부터든 생명, 자유, 재산life, liberty, or property을 박탈할 수 없으며, 그 관할권 내에 있는 어떠한 사람에 대해서도 법률에 의한 평등한 보호를 거부하지 못한다).

22 이번 판결에서 미국 대법원의 다수의견은 '로 대 웨이드 판결은 임부의 낙태권을 프라이버시권으로부터, 가족계획협회 대 케이시 판결은 적법 절차due process of law 조항으로부터 도출하고 있다'고 설명하고 있다. 이들의 논리에 따르면 프라이버시권은 수정헌법 제1조, 제4조, 제5조, 제9조, 제14조에, 적법 절차는 제14조에 근거한다. 하지만 미국 대법원의 다수의견은 기본적으로 두 판결을 자매판결로 이해하고 있다.

23 Dobbs v. Jackson Women's Health Organization, 19-1392.

24 *CNN*, 'Supreme Court overturns Roe v. Wade', 2022. 6. 24., (https://edition.cnn.com/2022/06/24/politics/dobbs-mississippi-supreme-court-abortion-roe-wade/index.html) [retrieve. 2022. 6. 26. 19:21].

25 최근 아마존, 애플, 마이크로소프트, 리프트 등 빅테크 기업은 물론이고 JP모건, 시티 그룹 등과 같은 금융 기업도 근로자들이 원정 낙태를 해야 할 경우 이에 해당하는 비용을 지원하겠다고 발표했다. *NBC NEWYORK*, 'Amazon, Apple Among Companies That Will Cover Abortion Travel Costs for Employees,' 2022. 6. 24., (https://www.nbcnewyork.com/news/local/amazon-apple-among-companies-that-will-cover-abortion-travel-costs-for-employees/3748609) [retrieve. 2022. 6. 26. 19:32].

26 2022년 7월 8일 바이든 대통령은 '연방대법원이 노골적으로 정치 권력을 행사하고 있다'고 비난하면서, 여성의 임신중절 서비스에 대한 접근을 용이하게 할 목적으로 행정명령executive order을 내렸다(*Reuters*, Biden signs executive order on abortion, declares Supreme Court 'out of control', 2022. 7. 9.(https://www.reuters.com/world/us/biden-sign-executive-order-helpsafeguardaccess-abortion-contraception-2022-07-08) [retrieve 2022. 7. 10. 19:15]).

바이든 행정명령은 '약물 낙태medication abortion, 응급의료 조치, 가족계획family planning 및 피임 등에 대한 접근 가능성을 확대'하고, '낙태 시술에 관여한 의사, 여성, 이동식 낙태 클리닉 등을 보호'하는 것을 주된 내용으로 하고 있지만, 이러한 목적 달성을 위한 구체적인 방법을 제시하지 못하고, 보건복지부 장관에게 30일 이내에 필요 사항을 조사하여 대통령에게 보고하는 형식을 취하고 있다(White House, *FACT SHEET: President Biden to Sign Executive Order Protecting Access to Reproductive Health Care Services*, 2022. 7. 8.(https://www.whitehouse.gov/briefing-room/statements-releases/2022/07/08/fact-sheet-president-biden-to-sign-executive-order-protecting-access-to-reproductive-health-care-services) [retrieve 2022. 7. 10. 20:31]).

이러한 대통령의 행정명령에 대해서 '낙태 반대론자'들은 대통령이 연방 문제가 아닌 지방 문제에 대해 위헌적으로 관여하고 있다고 비난했고, '낙태 옹호론자'들은 낙태 금지 주州 내에서도 주법이 미치지 않는 인디언 거주 지역이나 연방 소유 부동산 내에서의 낙태 시술을 허용하거나 공중보건 비상사태public health emergency를 선포하는 등 보다 강력하고 실효적인 조치를 담아내지 못했다고 비판한 바 있다(*The New York Times*, 'Under Pressure, Biden Issues Executive Order on Abortion', 2022. 7. 8.(https://www.nytimes.com/2022/07/08/us/politics/biden-abortion-executive-order.html) [retrieve 2022. 7. 10. 21:17]).

27 *Gallup*, "Pro-Choice' Identification Rises to Near Record High in U.S.' 2022. 6. 2., (https://news.gallup.com/poll/393104/pro-choice-identification-rises-near-record-high.aspx) [retrieve. 2022. 6. 26. 20:04].

28 대한민국 헌법 제113조 제1항.

29 1783년 미국혁명의 결과 만들어진 1787년 미국 연방헌법에는 권리장전(기본권 조항)이 없었다. 하지만 연방헌법 비준 과정에서 여러 정파가 합의한 대로 1789년 헌법 개정을 통해 10개 조문으로 이루어진 권리장전(수정헌법 제1~10조)이 만들어졌다. 새로 만들어진 권리장전은 연방정부로부터 국민을

보호하기 위해 만들어졌기 때문에 '국민은 ○○의 권리를 가진다'는 권리부
여의 형식이 아니라 '연방정부는 ○○를 하지 못한다'라는 금지 형식으로 규
정되어 있었고 권리장전의 수범자는 연방정부이지 주정부가 아니기 때문
에 주정부를 구속하지 못했으며(Barron v. The Mayor and City of Baltimore,
32 U. S. 243, 1833 등) 보장되는 기본권도 제한적이었다. 1865년 내전에서 승
리한 북부동맹은 남부연맹을 통제할 헌법적 근거를 마련하기 위해 1868년
헌법을 개정했고(수정헌법 제13, 14, 15조), 그 결과 유명한 수정헌법 제14조
가 만들어졌다. 특히 수정헌법 제14조 제1항은 "합중국에서 출생하거나 귀
화해 합중국의 관할권에 속하는 모든 사람은 합중국 및 그 거주하는 주state
의 시민이다. 어떠한 주도 합중국 시민의 특권과 면책권privileges or immunities
을 박탈하는 법률을 제정하거나 시행할 수 없다. 어떠한 주도 정당한 법의
절차에 의하지 않고는 어떠한 사람으로부터든 생명, 자유, 재산을 박탈할 수
없으며, 그 관할권 내에 있는 어떠한 사람에 대해서도 법률에 의한 평등한
보호를 거부하지 못한다"고 규정함으로써 연방헌법상의 권리장전이 주정
부를 구속할 수 있는 안전장치 또는 통로를 만든다. 이후 미국 연방대법원
은 "권리장전이 보장하는 제 권리는 수정헌법 제14조의 적법 절차 조항이
보호하는 생명, 자유, 재산에 속한다"고 해석함으로써(Gitlow v. New York,
268 U.S. 652, 1925 등) 주정부의 권리침해로부터 시민의 기본권을 보호하는
역할을 적극적으로 수행한다. 최근 미국에서 '낙태죄 처벌'을 둘러싸고 벌
어지고 있는 헌법적 혼란은 이같이 복잡한 역사적 경험, 권리장전(기본권 조
항)의 불완전성 등에서 비롯된 것이다. 우리나라의 경우 미국과 같이 복잡
한 역사적, 지역적, 인종적 갈등이 존재하지 않는 데다 1948년 민주공화국
수립 이후 지속적으로 민주주의가 발전해왔고, 1987년 개정된 현행 헌법은
전 세계에서 유례없이 풍부한 권리장전(기본권 조항, 헌법 제2장 제10~39조)을
보유하며, 1988년 헌법재판소 설립 이후 수많은 헌법적 갈등과 분쟁을 합
리적이고 공정한 헌법재판을 통해 해소한 경험이 있고 국민의 입헌적 의지
와 헌법재판에 대한 신뢰가 굳건하기 때문에 오늘날 미국에서 벌어지고 있
는 헌법적, 정치적 혼란이 이곳에서 재현될 여지는 거의 없다.

30 "재생산권reproductive rights이란 모든 부부와 개인all couples and individuals
이 자녀의 수, 자녀를 가질 시기와 장소를 자유롭고 책임 있게freely and

responsibly 결정할 수 있는 권리, 이와 관련된 정보와 수단을 제공받을 권리, 가능한 최고 수준의 성적 건강과 재생산 건강sexual and reproductive health을 향유할 권리를 가진다는 인식을 기반으로 한다rest on the recognition. 재생산권은 차별, 강압, 폭력이 없는 상태에서 재생산에 대한 결정을 내릴 수 있는 권리를 포함한다."(WHO, *Gender and reproductive rights*(https://web.archive.org) [retrieve 2022. 7. 3. 13:08)

31 〈서울신문〉, "낙태죄 헌법 불합치 3년…", 2022. 4. 24.(https://www.seoul.co.kr/news) [retrieve 2022. 5. 31. 19:37].

3부 분열과 갈등의 시대, 헌법재판이 가야 할 길

1 토마 피케티Thomas Piketty는 "우리는 현대의 경제성장과 지식의 확산 덕분에 마르크스적인 종말은 피해 갈 수 있었지만, 자본과 불평등의 심층적인 구조가 바뀐 것은 아니었다. 적어도 제2차 세계대전 이후 낙관적인, 수십 년 동안 상상할 수 없었던 만큼의 변화는 일어나지 않았다. 자본의 수익률이 생산과 소득의 성장률을 넘어설 때 자본주의는 자의적이고 견딜 수 없는 불평등을 자동적으로 양산하게 된다. 19세기에 이런 상황이 벌어졌으며, 21세기에도 그렇게 될 가능성이 상당히 높은 것으로 보인다"고 주장한다. -토마 피케티 지음 / 장경덕 외 옮김, 《21세기 자본》, 2014, 글항아리, 8쪽.

1장 사회적 약자를 배려하고 책임지는 공동체

1 박한철, '한국정치와 헌법재판', 〈헌법논총〉 제31집, 헌법재판소, 2020. 11., 55쪽.

2 사회적 기본권의 경우에는 자유권과 같은 4단계 비례심사 척도가 유용하지 않다. 왜냐하면 보장되어야 할 급부 내용이 우선적으로 국가의 재정적 가능성에 유보되어 있기 때문이다. 또 재정적으로 가능한 범위 내에 있다 하더라도 한정된 자원을 어떻게 적정하게 배분할 것인가 하는 문제와 관련되어 있어 구체적인 수급 자격, 급부의 종류나 범위, 방법 등은 입법자의 광범위한 형성재량의 범위에 놓이게 된다.

3 입법권은 국회에 속한다(헌법 제40조, 국회 입법의 원칙). 하지만 국회의 입법 기능에는 일정한 현실적 한계가 있다. 현대 국가의 기능 확대에 따른 기술적 입법 수요의 증가, 임기제 선출직으로 구성되는 합의제기관의 전문성 부족, 글로벌화에 따른 대내외 변동성의 증가 등이 국회의 입법 기능을 제약하는 주요한 요인으로 작용한다. 따라서 국회는 국민의 권리, 의무 및 통치 조직과 작용의 본질적인 사항은 스스로 법률의 형식으로 규율하되, 법률을 집행하기 위한 세부적인 사항이나 비본질적 법률사항은 행정부, 사법부 등에서 규율하도록 입법권한을 위임하고 있다(위임입법). 하지만 "국민주권주의, 권력분립주의 및 법치주의를 기본원리로 하고 있는 우리 헌법하에서 국민의 헌법상 기본권 및 기본 의무와 관련된 중요한 사항 내지 본질적인 내용에 대한 정책 형성 기능은 원칙적으로 주권자인 국민에 의하여 선출된 대표자들로 구성되는 입법부가 담당하여 법률의 형식으로써 이를 수행하여야 하고, 이와 같이 입법화된 정책을 집행하거나 적용함을 임무로 하는 행정부나 사법부에 그 기능을 넘겨서는 아니된다(헌재 1995. 7. 21. 헌마125, 판례집 7-2, 155)(포괄 위임 입법 금지 원칙)."

4 헌법재판소는 1994년 생계 보호 기준 위헌 확인 사건(헌재 1997. 5. 29. 94헌마33, 판례집 9-1, 543)과 2002년도 국민기초생활보장 최저생계비 위헌 확인 사건(헌재 2004. 10. 28. 2002헌마328, 판례집 16-2하, 195)에서 "국가가 인간다운 생활을 보장하기 위한 헌법적 의무를 다했는지의 여부가 사법적 심사의 대상이 된 경우에는 국가가 생계 보호(최저생활 보장)에 관한 입법을 전혀 하지 않았다든가 그 내용이 현저히 불합리해 헌법상 용인될 수 있는 재량의 범위를 명백히 일탈한 경우에 한해 헌법에 위반된다고 할 수 있다"고 판시하고 있다.

5 장영철(2014)은 "헌법재판소의 기본권 보호의 밀도에서는 제한유보의 정당성 심사 기준인 과잉금지 원칙이 직업의 자유 제한의 단계 이론, 상업광고 제한입법에 대한 완화된 비례의 원칙 등으로 이중 내지 삼중 기준으로 발전하고 있지만, 기본권 형성입법에 대한 형성권의 위헌 심사 기준은 과소 보호 금지 원칙, 본질 내용 침해금지 원칙 및 완화된 비례의 원칙으로 일정한 기준 없이 다양하게 나타나고 있다. 이는 제한과 형성유보의 구분을 고려하지 않기보다는 제한유보를 심사하는 과잉금지 원칙의 심사 요소만큼, 형성

유보의 심사 기준의 이론적 개발이 이루어지지 않은 것에 기인한다"고 지적한다. - 장영철, "기본권 유보에 관한 고찰: 기본권과 법률의 관계 정립방안", 서울시립대학교 법학연구소,《서울법학》, 22, 2014. 11, 717쪽.

6 급부행정의 침익적 효과와 관련해서, 김대환(2005)은 "급부행정과 관련해서도 헌법상의 자유와 권리의 제한이나 제약 또는 침해와 관련되는 한 과잉금지 원칙은 적용 가능성을 가진다. 예컨대 수익적 효과와 침익적 효과가 동시에 일어나는 경우에는 침익과 관련해 과잉금지 원칙의 적용 여지가 있고, 수익적 효과와 관련해서는 적어도 평등 원칙과 관련되는 한 역시 과잉금지 원칙이 적용된다"고 설명한다. - 김대환. "우리나라 헌법상 과잉금지 원칙", 2005, 한국비교공법학회,《공법학연구》, 6(3), 191~223, 217쪽.

7 박한철, "사회적 기본권의 적극적 보장 방안: 제1회 한·독 재판관 공동 세미나(2) 발표문",《아시아의 항구적인 평화와 번영의 길》, 박한철 헌법재판소장 문집 간행위원회(2017), 서라벌이앤피, 475~476쪽.

8 독일 연방헌법재판소는 최저생계 보장과 관련한 Hartz Ⅳ 법률에 대한 판결(BVerfG 1 BvL 1/09, 1 BvL 3/09, 1 BvL 4/09)에서 산정 절차에 대한 '밀도 있는 통제'를 위해 결과 정합성, 투명성 및 공정성, 타당한 수요 충족 등 엄격한 평가 기준을 제시하고 있다. - 이은선, "지정토론문: 한국과 독일의 심사 기준 비교",《아시아의 항구적인 평화와 번영의 길》, 박한철 헌법재판소장 문집 간행위원회, 2017, 서라벌이앤피, 532~534쪽.

9 당해 사건에서 청구인들은 "위 고시 조항이 건강과 행복을 지키려는 행복추구권을 침해하고 있다"고 주장했으나, 헌법재판소 다수의견은 "우리 헌법 제10조의 행복추구권은 국민이 행복을 추구하기 위해 필요한 급부를 국가에 적극적으로 요구할 수 있는 것을 내용으로 하는 것이 아니라, 국민이 행복을 추구하기 위한 활동을 국가권력의 간섭 없이 자유롭게 할 수 있다는 포괄적인 의미의 자유권으로서의 성격을 가지므로(헌재 2011. 6. 30. 2008헌마715, 판례집 23-1하, 430, 441 등 참조), 요양급여를 요구하는 것이 포괄적 자유권인 행복추구권의 내용에 포함될 수 없다"며 이를 배척했다. 우리 헌법 제10조는 "모든 국민은 인간으로서의 존엄과 가치를 가지며, 행복을 추구할 권리를 가진다. 국가는 개인이 가지는 불가침의 기본적 인권을 확인하고 이를 보장할 의무를 진다"고 규정하고 있다. 이 조항은 1980년 신군부

가 제8차 헌법 개정을 하면서 최초로 도입했고, 1987년 민주혁명의 결과 탄생한 현행 헌법(제9차 개정헌법)에도 그대로 수용되었다. 행복추구권에 대한 입법례는 전 세계적으로 매우 희귀하다. 행복추구권은 1776년 미국 버지니아 권리장전과 미국 독립선언문("모든 사람은 평등하게 창조되었고, 창조주는 몇 개의 양도할 수 없는 권리를 부여했으며, 그 권리 중에는 생명과 자유와 행복의 추구가 있다")에서 처음으로 나타났고, 1946년 일본 헌법 제13조("모든 국민은 개인으로서 존중받는다. 생명, 자유 및 행복추구에 대한 국민의 권리에 대해서는 공공의 복지에 반하지 않는 한 입법, 그 밖의 국정상 최대한 존중한다")가 이를 수용했지만, 현행 미국 헌법, 독일 기본법, 프랑스 헌법에는 행복추구권이 명시되어 있지 않다. 앞에서 인용한 문구를 통해 알 수 있듯 미국 버지니아 권리장전이나 미국 독립선언문의 행복추구권은 종교적이고 선언적인 의미가 강하고, 일본 헌법 제13조는 국민의 권리가 아니라 국가의 소극적인 존중 의무의 형식으로 규정되어 있다. 그러나 우리 헌법 제10조는 행복추구권을 헌법 제2장(국민의 기본적 권리와 의무)의 가장 첫머리에 두며, '인간의 존엄'과 대등한 권리 형식으로 규정한다. 1980년대 국내 학계에서는 제8차 개정 헌법, 특히 행복추구권의 해석을 둘러싸고 백가쟁명식 논쟁이 벌어졌다. 쿠데타로 집권한 신군부에 대한 국민적 반감이 남아 있는 데다, 국내 학계가 기댈 수 있는 외국의 헌법 이론이 부족했기 때문이다. 현재 헌법학계의 주류를 형성하고 있는 이론도 알고 보면 1980년 당시 논의된 내용과 별반 다를 게 없다. 특히 사회권과 자유권을 이분법적으로 구분하고, 행복추구권을 자유권의 영역에서만 논의하는 태도가 그렇다. 하지만 이러한 주류적 태도에 대해서는 다음 같은 의문을 가질 필요가 있다. 첫째, 1987년 민주혁명의 결과물로 탄생한 현행 헌법이 1980년 신군부가 도입한 행복추구권을 그대로 존치한 이유가 무엇일까? 둘째, 행복추구권은 정치적 프로파간다에 불과할까? 아니면 국민이 국가에 대해 적극적으로 주장할 수 있는 기본권일까? 셋째, 행복추구권이 기본권이라면, 단순한 기본권일까 아니면 기본권의 이념이나 원리를 내포한 보다 높은 차원의 기본권일까? 넷째, 현대 국가에서 국민이 행복을 추구하기 위해서는 무엇이 필요할까? 최소한의 생활보장, 의료보장, 교육보장, 정보보장 없는 행복이 가능할까? 다섯째, 무엇보다도 헌법은 장래의 형성을 예정하고 있는 개방적 규범이 아닌가?

1987년 현행 헌법이 만들어지고 다시 35년이 흘렀다. 그사이 우리는 1997년 IMF 외환 외기를 겪었고, 현재 진행 중인 글로벌 금융 위기, 코로나 19 감염병 위기를 경험하고 있다. 대한민국은 개발도상국가에서 세계 10위의 경제력을 지닌 선진국가로 성장했다. 이제 전 세계는 녹색성장, 지속 가능한 성장, 또는 ESG Environmental, Social, Governance 라는 실존적 화두에 휩싸여 있다. 이같이 변화하는 국내외의 여러 상황을 고려해보면, '사회적 기본권'은 실질적 자유와 평등을 보장하기 위한 전제 조건이고, '행복추구권'은 사회적 기본권과 사회적 통합국가를 뒷받침하는 헌법의 기본 이념으로 볼 여지가 있다.

10 이 결정에서 종전 견해를 변경하여 다수의견에 합류한 재판관 1인(안창호)은 산재보험수급권과 같은 사회권 관련 영역에서의 평등심사는 그 심사 강도를 강화할 필요가 있다고 보충의견(헌재 2016. 9. 29. 2014헌바254, 재판관 안창호의 보충의견, 판례집 28-2상, 316, 329~333)을 제시했다.

2장 극단적 정치갈등 완화를 위한 미래 지향적 처방

1 2009. 10. 8. 독일 기본법 제93조 제1항 제2호가 개정(2010. 12. 1. 발효)되어 추상적 규범통제 청구를 위한 연방의회 정족수는 재적 '3분의 1'에서 재적 '4분의 1'로 변경되었다(BGBl. I S. 1926).

2 독일기본법 제93조(1) 연방헌법재판소는 다음과 같은 사항을 관장한다. 2. 연방법이나 주법이 기본법과 형식적 및 실질적으로 합치하는지 여부 또는 주법이 그 밖의 연방법과 합치하는지 여부에 관해 다툼이 있거나 의문이 있는 경우로, 연방정부나 주정부 또는 연방의회 재적 의원의 4분의 1이 제청한 사건.

3 Klaus Schreich & Stefan Korioth, *Das Bundesverfassungsgericht*(6. Aufl.), 2003, C.H. Beck, Rn. 104.; Franz-Joseph Peine, 'Normenkontrolle und konstitutionelles System', *Der Staat*, 22(4), 1983, S. 521 ff.

4 정종섭,《헌법학원론》(11판), 2016, 박영사, 1033쪽.

5 Konrad Hesse, *Grundzüge des Verfassungsrechts der Bundesrepublik Deutchnand*(20. Aufl.), 1999, C.F. Müller, Rn. 680.

6 Maunz/Zippelius, *Deutsches Staatsrecht*(29. Aufl.), 1994, C.H. Beck, S. 356.

7 E. Friesenhahn, 'Staatsgewalt und Rechtskontrolle 1932–1982', In: J. Listl & H. Schrambeck(Hrsg.), *Festschrift für Johannes Broermann*, 1982, Duncker & Humblot, S. 531ff.; BVerfGE 60, 360(369f.).

8 Geiger, 'Das Verhältnis von Bundesverfassungsgericht und vorlegendem Gericht im Falle der konkreten Normenkontrolle', *EuGRZ(Europäische Grundrechte-Zeitschrift)*, 1984, S. 419.

9 Konrad Hesse, *Grundzüge des Verfassungsrechts der Bundesrepublik Deutschland*(20. Aufl.), 1999, C.F. Müller, S. 282ff.

10 대한민국 헌법 제111조.

11 한수웅, "현행 헌법재판제도에서 추상적 규범통제의 도입 문제", 《아시아의 항구적인 평화와 번영의 길》, 박한철 헌법재판소장 문집 간행위원회, 2017, 서라벌이앤피, 346~350쪽.

12 GG. Art. 93.(1) [2].

13 조직법lois organiques이란 프랑스 헌법 제46조에 따라 만들어진 특별한 지위의 법률을 의미한다. 현재 약 30개의 조직법이 존재하는데, 그 숫자는 정치적 상황에 따라 변한다. 조직법은 일반 법률보다 상위 법률이다. 예산 법률, 사회보장 법률 등이 대표적인 조직법이다.

14 Constitution du 4 octobre 1958(2013.12.13.)("Constitutions françaises"). Art. 61.(1).

15 Constitutions françaises. Art. 54.

16 프랑스는 2008년 헌법을 개정하면서 헌법 제61-1조를 신설하여 구체적 규범통제 제도를 도입했다. 즉 법원의 소송 중 당사자가 법률의 위헌 여부를 주장하는 경우, 국사원Conseil d'État(최고행정법원)이나 파기원cour de cassation(최고사법법원)은 헌법재판소에 위헌법률심판을 제청할 수 있고, 헌법재판소는 해당 법률의 위헌 여부를 심판한다(constitutions françaises. Art. 61-1.(1)). 따라서 프랑스의 'conseil constitutionnel'은 헌법재판소라고 불러야 한다.

17 Constitutions françaises. Art. 61.(2).

18 Constitutions françaises. Art. 62.(1).

19 Constitutions françaises. Art. 62.(3).

20 Conseil constitutionnel, Décision n°85-197 DC du 23 août 1985. (https://www.conseilconstitutionnel.fr)

21 Sophie Boyron, *The Constitution of France*, Hart, 2013, Hart Publishing, pp. 150-173.

22 허영,《헌법이론과 헌법》(신7판), 2015, 박영사, 1031쪽. 401.

23 Konrad Hesse, *Grundzüge des Verfassungsrechts der Bundesrepublik Deutchnand*(20. Aufl.), 1999, C.F. Müller, Rn. 682.

24 K. A. Bettermann, 'Die konkrete Normenkontrolle und sonstige Gerichtsvorlagen', in: Christian Starck(hrsg.), *Bundesverfassungsgericht und Grundgesetz: Bd. I. Verfassungsgerichtsbarkeit*(1. Aufl.), 1976, Mohr, S. 323 ff.

25 한수웅(2017)은 실질적으로 추상적 규범통제에 귀속할 수 있는 영역으로서 본서 다음 문단의 첫째 및 둘째 사례를 언급하고 있다. - 한수웅, "현행 헌법재판 제도에서 추상적 규범통제의 도입 문제",《아시아의 항구적인 평화와 번영의 길》, 2017, 박한철 헌법재판소장 문집 간행위원회, 서라벌이앤피, 324~333쪽.

26 한수웅,《헌법학》, 2020, 법문사, 252쪽.

27 이동흡,《헌법소송법》, 2015, 박영사, 207~209쪽.

28 한수웅, 앞의 논문, 2017, 319~321, 340~342쪽.

3장 최종적 가치판단 기관으로서의 책임과 의무

1 정치, 사회 영역이 사법에 의존적이 되어가는 현상에 대해, 박은정(2010)은 "사법심사제 도입과 상당히 연관되나, 더 다양한 배경과 사회구조적 변화 요인에 따른 것이라고 봐야 한다"고 설명한다. - 박은정, "'정치의 사법화' 와 민주주의", 서울대학교 법학연구소, 서울대학교《법학》제51권 제1호, 2010. 3., 3쪽.

2 인사권자가 인물의 능력과 자질이나 인품, 도덕성과 관계없이 정치적 이념 이나 성향, 학연, 지연 등에 의해 특정 인물을 공직에 임명하는 것을 말한다.

특히 사법기관에 대한 '코드 인사'는 구체적인 법적 분쟁이 발생한 경우 무엇이 법인가를 선언하여 법질서와 법적 평화를 유지하는 사법권의 기능을 손상시키고, 결국 사법기관의 존립과 권위를 훼손하여 법치주의를 심각하게 침해할 우려가 크다는 점에서 더욱 큰 문제가 될 수 있다.

3 김하열은 이를 '사법의 정치화'라고 정의하고 있다. - 김하열, 《헌법소송법》, 2016, 박영사, 31쪽.

4 우리 헌법 제112조 제1항은 "헌법재판소 재판관의 임기는 6년으로 하며, 법률이 정하는 바에 의하여 연임할 수 있다"라고 규정하고 있다. 이에 비해 미국은 종신이고 오스트리아는 임기 제한이 없으며(다만 70세 정년 제한이 있음), 독일은 12년, 이탈리아 9년, 스페인 9년, 포르투갈 9년 등으로 모두 연임은 할 수 없다.

5 크리스티안 슈타르크Christian Starck 는 "헌법의 우위를 보장해야 하는 헌법재판소는 헌법해석에 큰 책임이 있다. 즉 헌법재판소는 헌법해석에서 최종 선언을 한다. 다시 말하면 헌법재판소는 헌법이 정치 과정에 부과하는 한계를 결정한다. 그러나 헌법의 효력 우위는 헌법재판의 결정 우위를 의미하는 것은 아니다. 따라서 헌법재판소는 승인된 법률해석 원칙에 복종한다. 그래야만 정해진 척도의 통제로 헌법재판을 보장할 수 있다"라고 설명한다. - 김대환 대표 편역, 《슈타르크 헌법논집 민주적 헌법국가: 헌법재판소·기본권·정부제도》, 2015, 시와진실, 188쪽.

6 A형 혈우병 환자의 요양급여 배제 위헌 확인 사건(헌재 2012. 6. 27. 2010헌마716, 판례집 24-1하, 754), 출퇴근 재해의 산업재해보상 배제 위헌 확인 사건(헌재 2016. 9. 29. 2014헌바254, 판례집 28-2상, 316), 청원경찰의 노동운동을 금지한 청원경찰법 헌법 불합치 사건(헌재 2017. 9. 28. 2015헌마653, 판례집 29-2상, 485), 대학교원에게 단결권을 인정하지 않는 교원노조법에 대한 헌법 불합치결정(2018. 8. 30. 2015헌가38, 판례집 30-2, 206) 등.

4장 21세기 사회통합국가 헌법

1 성낙인, 《헌법학》(제16판), 2016, 법문사, 6쪽.

2 한수웅, 《헌법학》, 2020, 법문사, 295~296쪽.

3 성낙인(2016)은 "20세기 후반에 시작된 정보사회의 급속한 전개는 이제 헌

법학의 이해와 실천에 그 누구도 예측할 수 없는 엄청난 변화를 초래하고 있다. 21세기 전자민주주의 시대의 전개에 따라 새로운 도전에 직면하고 있으며, 지난 2세기에 걸쳐 정립된 헌법상 기본권도 재발견과 재해석이 불가피하다"고 주장한다. – 성낙인, 앞의 책, 2016, 10~11쪽.

4 토마 피케티는 "사유재산에 바탕을 둔 시장경제는 그대로 내버려두면 특히 지식과 기술의 확산을 통해 격차를 좁혀가는 강력한 수렴의 힘을 지니고 있다. 그러나 시장경제는 또한 민주 사회와 그 사회의 기반이 되는 사회 정의의 가치에 대한 잠재적 위협이 될 양극화의 힘도 지니고 있다. 불안정을 초래하는 주된 힘은, 민간 자본의 수익률(r)이 장기간에 걸쳐 소득과 생산의 성장률(g)을 크게 웃돈다는 사실과 관련이 있다. 기업가는 필연적으로 자본소득자가 되는 경향이 있으며, 자신의 노동력밖에 가진 게 없는 이들에 대해 갈수록 더 지배적인 위치를 차지한다. 이것이 부의 분배의 장기적인 동학에 미치는 영향은 어쩌면 끔찍할 수도 있다. 자본 수익률이 초기의 투자 규모에 따라 달라지며 부의 분배의 양극화가 전 세계적으로 일어나고 있다는 점을 함께 생각하면 특히 그렇다"고 지적하고 있다. – 토마 피케티 지음 / 장경덕 외 옮김, 《21세기 자본》, 2014, 글항아리, 689~690쪽.

5 '미래의 헌법재판의 역할'과 관련해, 김성수(2018)는 "한국 사회가 당면한 미래의 도전 중 하나는 세계의 어느 나라보다도 빠르게 진행되고 있는 고령화, 고령사회, 그리고 초고령사회로의 진입이다. 여기에 더하여 저출산 문제도 이미 심각한 수준을 넘어섰다. 저출산과 고령화 극복을 위한 한국 사회 미래의 커다란 변혁 과정에서 헌법재판은 과연 어떠한 역할과 책무를 수행할 것인가? 인구의 축소는 상수이며 이민정책이나 남북관계의 개선을 변수로 볼 때 고용과 산업의 고도화를 위해서 입법자와 헌법재판은 시장의 자율성과 혁신을 한층 존중할 필요가 있다. 작은 인구로 움직이는 역동적인 경제는 기업과 시장의 주도적인 혁신 없이는 가능하지 않기 때문이다. 물론 시장의 혁신과 역동성은 일부 기업에 대한 시장 지배를 의미하는 것이 아니기 때문에 기업과 시장의 건전한 생태계를 유지하기 위한 상생과 동반성장, 공정한 경쟁 등은 헌법재판이 주목해야 할 부분이다. 결국 고령화, 저출산 대책은 재정 문제로 귀결된다. 헌법재판은 국가와 자치단체의 역할과 권능을 원칙적으로 존중하면서도 이들이 자신의 재정 건전성을 해치지 않도록

공공 부문의 재정 활동의 한계에 대한 유의미한 심사 기준을 마련하고 국민의 부담을 최소화하는 헌법적 통제 기준을 확립하여야 할 것이다. 여기에는 전통적인 비례성 원칙과 함께 재정의 건전성 원칙, 효과성 원칙이나 경제성 원칙 등을 법적 원칙과 심사 기준으로 적용하는 문제를 깊이 고민할 필요가 있다. 오늘날 한국인들은 생활 속에서 가장 시급하게 해결해야 할 문제로 미세 먼지와 오염된 물을 들고 있다. 결국 미래에 헌법재판은 환경문제와 마주 앉아야 한다. 헌법재판소는 헌법상 환경권이 자유권과 생존권 등의 성격이 혼합된 종합적 권리로 보면서 환경보호를 위한 입법의 수준에 대하여 이른바 과소 보호 금지 원칙을 적용하고 있지만 현재의 명백성 통제 기준만을 가지고 향후 환경입법의 위헌 여부를 판단할 수 있을지는 의문이다"라고 주장한다. - 김성수, 앞의 논문, 2018, 439~440쪽.

6   '독일 통일에서 동·서독 간 실질적 통합을 위한 헌법상 제도적 보장'에 관한 주요 쟁점과 독일 연방헌법재판소의 역할에 대해서는, 박한철 헌법재판소장 문집 간행위원회, "제2회 한·독 공동세미나 개요", 《아시아의 항구적인 평화와 번영의 길》, 2017, 558~641쪽 참조.

7   헌법재판소는 헌법의 추상성, 개방성으로 인해 구체적 심판 사건에서 헌법의 내용을 해석하고 구체화할 수 있는 법 창조적, 최종적 권한을 가지고 있다. 예를 들면 헌법재판소가 헌법의 내용을 사실상 무제한 확대 또는 축소해 결정하더라도 다른 헌법기관의 통제를 받거나 그 결정에 의해 구속된 국가기관이 불복할 구제절차가 없다. 이에 대해 한수웅(2020)은 "헌법재판소는 '통제받지 않는 통제자'로서의 한계를 지니고 있다"고 하면서 "헌법재판소에 의한 포괄적이고 빈틈없는 헌법의 구체화는 필연적으로 권력분립 원칙 및 민주주의 원칙과의 충돌을 의미한다. 다른 국가기관도 각자에게 귀속된 헌법상의 기능을 행사함으로써 헌법을 실현하기 때문에, 헌법재판소가 다른 국가기관에 의한 헌법의 구체화의 실현을 일정 범위 내에서 존중해야만 각 기능의 독자성이 유지될 수 있다. 그러므로 권력분립 원리 및 민주주의 원리는 헌법재판소에 의한 헌법 실현의 한계를 요구한다"고 주장한다. - 한수웅, 앞의 책, 2020, 1390~1392쪽.

8   헌법 제1조 제2항은 "대한민국의 주권은 국민에게 있고, 모든 권력은 국민으로부터 나온다"는 국민주권 원리를 규정하고 있으며, 국민주권 원리에 의

해 창설된 국가권력은 주권자인 국민으로부터 정당성을 인정받아야 한다. 즉 국가의 통치권력은 권력분립을 형성한 국민에게 소급된다고 간주되어야만 민주적 정당성을 보장받을 수 있다. 민주적 정당성은 유일하지는 않지만 우선적으로 국민의 직접선거에 의해 부여된다. 이러한 점에서 헌법재판소는 민주적 정당성이 취약하다고 볼 수 있다. 허영(2020)은 "헌법재판소의 구성에서 권력통제 기능을 효율적으로 수행하기에는 그 민주적 정당성이 취약하다는 점을 지적하지 않을 수 없다"고 한다. - 허영,《한국헌법론》, 2020, 박영사, 817쪽.

한편, 장진호(2010)는 "헌법재판이 권력분립적 역할을 통해 승인받는 민주적 정당성도 국민의 직선이나 대표기관에 의한 간접 선임이라는 어떤 형태를 취하든 주권자인 국민에서 유래된 정당성이라면 주권적인 민주적 정당성인 것이다. 그러므로 헌법재판소의 민주적 정당성은 국민에게 확고한 위상의 선언과 각인으로 극복할 수 있다"고 주장한다. - 장진호, "헌법재판소의 민주적 정당성 연구 민주적 재조정을 위한 권력분립적 역할", 성균관대학교 박사 학위 청구 논문, 2010, 39, 268쪽.

9 이상경(2010)은 매우 강한 사법심사권을 가진 미국 연방대법원의 위헌심사권 행사도 "선거를 통하여 나타난 국민의 정치적 의사와 그에 근거하여 연방의회에서 제정된 법률의 내용에 대해서 존중하는 태도deference를 취하게 되는바, 이는 또한 권력분립 원칙의 내용인 견제와 균형의 관점에서도 정당화될 수 있는 입법부의 형성재량권의 존중의 정신에 입각한 것이라고 할 수 있다"고 설명한다. - 이상경, "헌법적 쟁점에 대한 판단 자제의 원리: 미국 연방대법원의 위헌성·위법성 통제의 구별", 2010, 한국공법학회,《공법연구》제38집 제4호, 2010년 6월, 4쪽.

10 토마 피케티 / 장경덕 외 옮김,《21세기 자본》, 2014, 글항아리, 689~690쪽.

11 토마 피케티, 앞의 책, 2014, 8쪽.

4부 정치와 사회통합을 위한 철학적 담론

1장 국가란 무엇인가

1   Paul-Ludwig Weinacht, *Staat*, 1968, Duncker & Humblot, S. 13 f.

2   Livius, *Ab urbe condita(From the Founding of the City)*, XXXIV, 7, 1.
    [https://www.thelatinlibrary.com].

3   Niccolò Machiavelli, *The Prince*(2nd ed.), (trans. H.C. Mansfield), The
    University of Chicago Press, 1998, p. 7.

4   Carl Schmitt, 'Staat als ein konkreter, an eine geschichtliche Epoche
    gebundener Begriff'(1941), In: Carl Schmitt, *Verfassungsrechtliche
    Aufsätze*, 1985, Duncker & Humblot, SS. 373~385.

5   Max Weber, 'Die drei reinen Typen der legitimen Herrschaft'(1922),
    In: Johannes Winckelmann(Hrsg.), *Gesammelte Aufsätze zur
    Wissenschaftslehre*(3. Aufl), 1968, Mohr Siebeck, SS. 457~488.

6   Georg Jellinek, *Allgemeine Staatslehre*, 1914, Springer, S. 183.

7   Aristoteles, *Politiká*, III, 3.

8   Thukydides, *History of the Peloponnesian War*, VII, 7, 4-7.

9   Herodotus, *Historíai*, VIII, 41.

10 F. Hampl, 'Poleis ohne Territorium'(1939), In: F. Gschnitzer(Hrsg.),
    Zur griechischen Staatskunde, 1969, Darmstadt Wissenschaftliche
    Buchges, SS. 403~473.

11 Carl Schmitt, *Der Begriff des Politischen*(Text von 1932 mit einem Vorwort
    und drei Corollarien von 1963), 1991(1932), Duncker & Humblot, S. 7.

12 Carl Schmitt, ob. zit., Vorwort.

13 Carl Schmitt, *Hüter der Verfassung*(3. Aufl.), 1985(1931), Duncker &
    Humblot, S. 79.

14 Carl Schmitt, ob. zit., t, S. 79.

15 F. Blindow, *Carl Schmitts Reichsordnung: Strategien für einen
    europäischen Großraum*, 2014(1999), De Gruyter, S. 25.

16 Carl Schmitt, *Positionen und Begriffe: im Kampf mit Weimar-Genf-*

Versailles 1923-1939(4. Aufl.), 2014(1940), Duncker & Humblot, S. 157.

17 Carl Schmitt, ob. zit., S. 152.

18 Carl Schmitt, ob. zit., S. 153.

19 Carl Schmitt, *Der Begriff des Politischen*(Text von 1932 mit einem Vorwort und drei Corollarien von 1963), 1991(1932), Duncker & Humblot, S. 48.

20 딥 스테이트는 처음에는 주로 튀르키예(터키), 이집트, 파키스탄 등 권위주의 국가의 막후에서 영향력을 행사하는 군부세력 등을 지칭하는 용어로 사용되었으나, 2017년 3월 트럼프 미국 대통령이 대선 기간 중 오바마 전 대통령으로부터 도청당했다고 주장하고 극우 매체인 브레이트바트 뉴스 Breitbart News가 이를 '딥 스테이트 게이트'라는 제목으로 보도하면서 보편화되었다. 현재는 법제도를 초월해 영향력을 행사하는 권력 카르텔을 의미하는 정치학적 용어로 그 의미가 확장되었다.

2장 정치인가 정치적인 것인가

1 Dolf Sternberger, *Das Wort Politik und der Begriff des Politischen*, 1982, NCO-Verlag, S. 14.

2 Carl Schmitt, *Der Begriff des Politischen*(Text von 1932 mit einem Vorwort und drei Corolarien von 1963), 2015(1932), Duncker & Humblot, S. 21.

3 Max Weber, *Politik als Beruf*, 2014(1919), Anaconda Verlag, S. 78 ff.

4 Max Weber, *Parlament und Regierung im neugeordneten Deutschland*(2. Aufl.), 2011(1918), Duncker & Humblot, S. 18.

5 Heinrich Triepel, *Staatsrecht und Politik*, 2012(1927), De Gruyter, S. 16.

6 Carl Schmitt, *Der Begriff des Politischen*(Text von 1932 mit einem Vorwort und drei Corolarien von 1963), 2015(1932), Duncker & Humblot, S. 18.

7 철학적 의미에서 '허무주의虛無主義'는 허무虛無라는 단어의 사전적 의미, 즉 '아무것도 없이 텅 빔' 또는 '무가치하고 무의미하게 느껴져 매우 허전하고 쓸쓸함'과 관련성이 없다. 허무주의Nihilismus는 비존재nichts를 의미하는 라틴어 'nihil'에서 유래했다. 허무주의는 '비존재'를 중시하는 가치관을 의미한다. 이러한 허무주의는 모든 존재질서, 지식 체계, 가치 체계, 사회질서가 갖는 가치를 부정하는 세계관을 의미하기도 하고, 니체와 하이데거의 심오

한 철학적 사유를 의미하기도 하며, 기성 종교와 정치질서를 비판하는 의미로 사용하기도 하고 특히 구어적으로는 '모든 긍정적 방식에 대한 부정'을 의미하기도 한다. 하이데거는 존재에 초점을 맞추지 않고 존재를 고려하지 않는 형이상학을 진정한 허무주의로 보았다. 또 하이데거는 니체 철학에서 허무주의가 역사적 절정에 이르렀다고 보았다. 왜냐하면 니체는 자신의 철학을 '권력에 대한 의지Willen zur Macht'라는 형이상학적 원리에 기반하고 있었기 때문이다. 하이데거에 따르면 니체는 단순히 이러한 형이상학적 명제를 반전시킴으로써 허무주의를 극복할 수 있다고 생각하지만, 그럴수록 더욱더 형이상학적 사고에 갇히고 만다(Wilhelm Weischedel, *Die philosophische Hintertreppe: Die großen Philosophen in Alltag und Denken*. dtv, 1975, S. 256~264.; Elisabeth Kuhn, 'Nihilismus,' In: Henning Ottmann(Hrsg.), *Nietzsche-Handbuch*, Metzler, 2011, S. 293~298).

카를 슈미트의 철학은 '적과 동지의 구분', '삶과 죽음의 투쟁'이라는 형이상학적 원리에 기반하고 있다. 그런 의미에서 슈미트는 허무주의적이다.

3장 정치적인 것의 귀환

1 Carl Schmitt, *Der Begriff des Politischen*(Text von 1932 mit einem Vorwort und drei Corolarien von 1963), 2015(1932), Duncker & Humblot, S. 7.

2 Carl Schmitt, ob. zit., S. 21.

3 Carl Schmitt, ob. zit., SS. 26~27.

4 Matth. 5:44.

5 Carl Schmitt, *Der Begriff des Politischen*(Text von 1932 mit einem Vorwort und drei Corolarien von 1963), 2015(1932), Duncker & Humblot, SS. 16~17.

6 H. Boldt, 'Über Carl Schmitts Begriff des Politischen', In: *Zeitschrift für Politikwissenschaft*(ZfP), 15, 2005, S. 95.

7 Carl Schmitt, *Der Begriff des Politischen*(Text von 1932 mit einem Vorwort und drei Corolarien von 1963), 2015(1932), Duncker & Humblot, SS. 33-41.

8 Rupert Simon, *Die Begriffe des Politischen bei Carl Schmitt und*

Jacques Derrida(1. Aufl.), 2007, Peter Lang, S. 15 f.

9   Heinrich Meier, *Carl Schmitt, Leo Strauss und Der Begriff des Politischen: Zu einem Dialog unter Abwesenden*, 1998, J.B. Metzler, 153 ff.

10 Emmanuel Levinas, *Totalität und Unendlichkeit: Versuch über die Exteriorität*, 1987, Karl Alber, S. 103.

11 Jaque Derrida, *Politik der Freundschaft*, (Stefan Lorenzer, Übersetzer), Suhrkamp, 2000, S. 225.

12 Jaque Derrida, ob. zit., S. 219.

13 카를 슈미트는 오늘날 독일은 물론이고, 영국, 스페인, 이탈리아, 미국, 일본에 이르기까지 전 세계적으로 다시 논의되고 있는 매우 흥미로운 사상가다. 슈미트의 사유는 그와 우리 시대를 아우르고 있다. 20세기가 제시하고 21세기가 해결했어야 하는 문제적 사유는 대부분 그로부터 나왔다. 특히 위기, 비상상황, 비상사태(예외상태) 등이 그러하다. 한편 슈미트는 20세기의 가장 논쟁적인 법률가이기도 하다. 어떤 사람들은 그를 '홉스와 같은 반열의 사상가'로 평가하는 반면, 또 어떤 사람들은 그를 '헌법적 악마'라고 평가하기도 한다. 슈미트에 대한 악평은 1933~1936년 그가 나치 정권에 협력했다는 사실에 기인한다. 슈미트는 1933년 히틀러의 총애를 받는 황제 법률가로 화려하게 등장했으나, 1937년 신년 전당대회에서 친위대SS 법률가들(라인하르트 횐R. Höhn, 오토 쾰로이터O. R. Koellreutter, 카를 아우구스트 에크하르트K. A. Eckhardt, 한스 프랑크H. Frank 등)의 무자비한 공격을 받고 실각한다. 슈미트가 반유대주의에 대해 명확한 입장을 밝히지 않았고, 그의 정치철학이 가톨릭적 정치신학에 오염되어 있다는 것이 이유였다. 그러나 제2차 세계대전 이후 슈미트는 유럽 정치학의 위대한 대척점에 서 있다. 대부분의 정치철학자가 한편에 서 있고, 그 반대편에 슈미트가 혼자 서 있다. 하지만 오늘날까지 독일 헌법의 기둥으로 자리 잡고 있고 유럽 헌법에 지대한 영향을 미치고 있는 건설적 불신임제, 헌법의 불가침적이고 핵심적 가치, 헌법의 수호자로서의 헌법재판소 등은 모두 그의 사유의 산물이다.

14 중요한 정치사상가들이 그렇듯 카를 슈미트도 그를 중심으로 좌우 학파가 형성되었다. 그의 우측에는 에른스트 포르스트호프Ernst Forsthoff, 에른스트

볼프강 뵈켄푀르데Ernst-Wolfgang Böckenförde 같은 헌법학자, 로베르트 슈패만Robert Spaemann, 한스 블루멘베르크Hans Blumenberg 같은 철학자, 크리스티안 마이어Christian Meier, 라인하르트 코젤레크Reinhart Koselleck 같은 역사가들이 포진해 있고, 그의 왼쪽에는 독일 사회민주당, 프랑크푸르트학파, 마르크스주의자가 줄지어 서 있다. 이들 중에서도 프랑크푸르트학파는 카를 슈미트와 매우 특이한 관계를 유지했다. 여기서 '특이하다'는 '각별하다'도, '기이하다'는 의미도 아니다. 만년의 슈미트가 말하던 "적은 나의 형제다"라는 구절이 연상되는 역설적 관계 같은 것이다. 오토 키르히하이머Otto Kirchheimer는 슈미트가 총애하던 제자로 그의 밑에서 박사 학위를 받았고, 프란츠 노이먼Pranz Neuman은《괴물Behemoth》이라는 저서를 통해 슈미트의 비상사태(예외상태)Ausnahmezustand를 복원했다. 발터 벤야민은 자신의 저서《독일 비극의 기원Der Ursprung des deutschen Trauerspiels》에서 슈미트의 주권이론Souveränitätslehre을 채택했다. 자존심이 강한 아도르노는 벤야민의 유고집을 출간하면서 의도적으로 슈미트와 벤야민이 주고받은 편지를 누락했다. 지금까지 왕성한 활동을 하고 있는 하버마스는 직접적 교류가 없었음에도 슈미트와 유사한 방식으로 의회주의를 맹렬하게 비판했기 때문에 슈미트 좌파라는 의혹을 받고 있다. 슈미트의 좌측에 서 있는 아감벤의 베스트셀러《호모 사케르Homo Sacer》는 사실 슈미트의 정치철학을 바탕으로 벤야민과 푸코의 지적 사유를 뒤섞어놓은 것에 불과하다. 슈미트의 정치철학은 크게 (i) 1932년 이전, (ii) 1933~1936년, (iii) 1937년 이후로 구분된다. (i)의 시기 슈미트는 20세기를 관통하는 원숙한 정치철학과 헌법이론*을 완성했지만 (ii)의 시기 히틀러의 황제 법률가로 등극하면서 나치의 국내 정책과 대외정책을 합법화하는 데 주력했으며 (iii)의 시기에는 오랜 은둔생활을 하며 국제법과 전쟁법**에 관한 저술에 전념했다.

일찍이 베이컨은 플라톤이 던진 화두를 이어받아 인간이 지닌 인식 능력의 한계를 설명하려 했다. 특히 그가 말하는 '극장의 우상idola theatri'이란 주류 학자들이 만들어놓은 기존의 학문 체계를 맹신하면서 발생하는 인식적 오류를 말한다. 베이컨이 '극장의 우상'을 통해 말하려는 것은 우리가 기존의 학문 체계를 따르더라도 반드시 이에 대해 충분한 검토와 심사숙고를 거쳐야 한다는 것이다.

* 《정치신학Politische Theologie》(1922), 《현대 의회주의의 정신사적 상황Die geistesgeschichtliche

Lage des heutigen Parlamentarismus》(1923), 《로마가톨릭과 정치형식Römischer Katholizismus und

politische Form》(1923), 《헌법이론Verfassungslehre》(1928), 《정치적인 것의 개념Der Begriff des

Politischen》(1932), 《합법성과 정당성Legalität und Legitimität》(1932) 등

** 《입장과 개념들Positionen und Begriffe》(1940), 《땅과 바다Land und Meer》(1942), 《대지의 노모

스Der Nomos der Erde》(1950), 《햄릿인가 헤쿠바인가Hamlet oder Hekuba》(1956), 《빨치산 이

론Die Theorie des Partisanen》(1963), 《정치신학 II Politische Theologie II》(1970) 등

4장 다시 그리스로

1 Jacob Burckhardt, *Griechische Kulturgeschichte*(4. Bde), 1977(1898), Deutscher Taschenbuch, S. 202 ff.

2 Fustel de Coulanges, *Der antike Staat: Kult, Recht und Institutionen Griechenlands und Roms*, 1988(1864), Taschenbuch-Verlag, S. 304 ff.

3 Paul Veyne, 'Kannten die Griechen die Demokratie?' In: Christian Meier(Hrsg.), *Kannten die Griechen die Demokratie?*, 1988, K. Wagenbach, S. 12~46.

4 Thukydides, *History of the Peloponnesian War*, II, 37, 29.(https://web.archive.org).

5 Aristoteles, *Politiká*, V, 1317b.(http://www.perseus.tufts.edu).

6 Platon, *Politeia*, VIII, 555a-558d.(https://www.perseus.tufts.edu).

7 Homeros, *Iliad*, IX, 443.(https://www.perseus.tufts.edu).

8 Max Pohlenz, *Der hellenische Mensch*, 1946, Vandenhoeck, S. 415 ff.

9 Platon, *Nómoi*, 803c-804c.(https://www.perseus.tufts.edu).

10 Pindar, *Isth*. V, 14.(https://ryanfb.github.io/); Pindar, *The Ode of Pindar*(trans. John Sandys), 1957, William Heinmann(Loeb Classic), p. 473.

11 원래 정의는 '고르게 하다ausgleichen', '같게 하다'라는 의미를 지닌다.

12 Martin Heidegger, *Gesamtausgabe*, Bd. 86(Seminare: Hegel-Schelling)(Hrsg. Peter Trawny), 2011, Vittorio Klostermann, S. 173.

찾아보기

IN SEARCH OF
THE CONSTITUTION

헌법의 자리